Christian Wulff

GANZ OBEN
GANZ UNTEN

Das Buch

Am 17. Februar 2012 trat Christian Wulff nach 598 Tagen von seinem Amt als Bundespräsident zurück. Obwohl sich vor Gericht auch der letzte gegen ihn erhobene Vorwurf als haltlos erwies, reichte die öffentliche Demütigung noch über den Tag des Freispruchs hinaus. Niemals zuvor haben die Medien unseres Landes einen Politiker in solcher Weise verfolgt. Christian Wulff schildert aus seiner Sicht, wie die Affäre inszeniert wurde, was sich hinter den Kulissen abspielte und wie es sich anfühlt, derlei massiven Angriffen ausgesetzt zu sein. Auch seine eigenen Fehler benennt er. «Ganz oben Ganz unten» ist ein Lehrstück über Politik, Presse und Justiz, das nachdenklich macht.

Der Autor

Christian Wulff, geboren 1959, war von 2003 bis 2010 niedersächsischer Ministerpräsident und von 2010 bis zu seinem Rücktritt im Februar 2012 zehnter Bundespräsident.

Christian Wulff

GANZ OBEN
GANZ UNTEN

HERDER

FREIBURG · BASEL · WIEN

HERDER spektrum Band 6786

MIX
Papier aus verantwortungsvollen Quellen
FSC® C083411

Umschlagkonzeption: Kunst oder Reklame,
Büro für Gestaltung, München
Umschlaggestaltung: Verlag Herder

Satz: Greiner & Reichel, Köln
Herstellung: CPI books GmbH, Leck

Printed in Germany

ISBN 978-3-451-06786-0

INHALT

STATT EINES VORWORTS

Warum dieses Buch nötig war
Christian Wulff im Gespräch mit Manfred Bissinger

MANFRED BISSINGER: *Ihr Rücktritt im Februar 2012 war ein Fanal. Inzwischen sind dreieinhalb Jahre ins Land gegangen. Nach Ihrem Freispruch stellt sich heute die Frage: War der Rücktritt wirklich notwendig?*

CHRISTIAN WULFF: Der Rücktritt musste sein. Die Staatsanwaltschaft Hannover hatte die Aufhebung meiner Immunität beantragt. Ein Bundespräsident aber kann seine Arbeit nicht wirkungsvoll leisten, wenn der Staat, den er repräsentiert, gegen ihn ermittelt. Tragisch war allerdings, dass dem Antrag der Staatsanwaltschaft ein *Bild*-Artikel zugrunde lag, der durch ein Gericht noch kurz zuvor in einer Vielzahl von Punkten als wahrheitswidrig bezeichnet wurde und dessen Rechtswidrigkeit später auch vom Springer-Verlag anerkannt werden musste.

War der Rücktritt auch wegen des zuvor eingetretenen Chaos unabwendbar? Wollten Sie mit einem Schlussstrich die Auseinandersetzung beenden?

Der Rücktritt erfolgte ausschließlich wegen des Antrags zur Aufhebung der Immunität.

Sie waren ein erfolgreicher Bundespräsident, beliebt bei den Bürgern, und Sie könnten noch heute amtieren, wenn es Ihnen gelungen wäre, die Kritiker zu neutralisieren. Oder wenn Ihnen intensiver zur Seite gestanden worden wäre?

Dem öffentlichen Druck der Medien habe ich standgehalten, worauf ich bis heute stolz bin. Aber dass die Justiz sich so hat unter Druck setzen lassen, das bleibt aufzuarbeiten. Selbst die Information zur beantragten Aufhebung meiner Immunität landete zuerst bei *Bild* und dann bei mir, dem Beschuldigten. Selbst der Antrag wurde der Presse zugespielt.

Jede Phase Ihres Lebens ist mehrfach umgepflügt worden. War es wirklich angemessen, dass eine 28-köpfige Ermittlungsgruppe 14 Monate lang 30 000 Seiten Akten zusammengetragen hat. Am Ende waren gerade mal 753,90 Euro strittig. Sind hier nicht bewusst und absichtsvoll alle Proportionen gesprengt worden?

Von Anfang an sind sowohl der Grundsatz der Verhältnismäßigkeit als auch der Grundsatz der Unschuldsvermutung mit Füßen getreten worden. Nach dem Motto «Wenn wir nur lange und intensiv genug suchen, werden wir schon irgendwas finden» sollte ich psychisch zermartert werden.

Ein ziemlich einmaliger Vorgang in unserer Rechtsgeschichte ...

... ein Justizskandal! Inzwischen hat eine Staatsanwaltschaft festgestellt, dass es im Zusammenhang mit dem Ermittlungsverfahren zu mehrfachem Geheimnisverrat, also zu Straftaten gekommen ist. Diese Straftaten wurden aus der Justiz heraus begangen. Nur der Straftäter lässt sich offenbar nicht ermitteln. Die Staatsanwaltschaft hat festgestellt, es muss einer von Fünfen sein, nur welcher, das wissen sie nicht. Es ist tatsächlich einzigartig in unserer Rechtsgeschichte, dass es deshalb zu einem Ermittlungsverfahren gegen den Chefankläger des Landes Niedersachsen gekommen ist. Während des Verfahrens musste der Richter die Staatsanwaltschaft ausdrücklich darauf hinweisen, dass sie Organ der Rechtspflege ist und nicht nur Belastendes, sondern auch Entlastendes zu ermitteln hat.

Und das alles hat Sie nicht verzweifeln lassen?

Das hat mich erschüttert. Aber ich bin nach wie vor ein Anhänger unseres Rechtsstaates, denn am Ende hat das Gericht Recht gesprochen und ein faires Verfahren gesichert. Aber wie sich der Generalstaatsanwalt den Journalisten angedient und sie mit Informationen versorgt hat – das alles hat es in Deutschland so nie gegeben. Ich bin der Landesregierung dankbar, dass sie Vorsorge zu treffen versucht, dass sich solche Vorgänge nicht wiederholen.

Als Ihr Buch erschien, ist das Grundsätzliche des «Falles» durchaus thematisiert worden. Ich zitiere einige Stimmen, die deutlich machen, wie Sie den Nerv der «Affäre» freigelegt haben: Der Cap-Anamur-Gründer Rupert Neudeck schrieb: «‹Ganz oben, ganz unten› ist ein Beleg dafür, wie Revolver-Blätter uns beherrschen ... Das Thema ist Respekt vor der Würde eines Menschen, aber auch vor der Würde eines Amtes.» Der Politologe Werner Weidenfeld befürchtete gar: «Staatsanwaltlicher Aktivismus erfindungsreichster Art kann in dieser Republik offenbar jeden zur Strecke bringen, vielleicht auch irgendwann den Rechtsstaat.» Die Schweizer Neue Züricher Zeitung *kommentierte: «Wulffs Rechenschaftsbericht ist ein beklemmender Report darüber, wie aus Bagatellen, Ungeschicklichkeit und ungeheuerlichen Verdächtigungen eine Staatsaffäre inszeniert und ein Politiker zum Absturz gebracht wird. Wulffs Buch ist frei von Rachegelüsten und Selbstgerechtigkeit. Besonders beeindruckt, dass der gestrauchelte Politiker seine eigenen Fehler und Dummheiten nicht verschweigt.» Sind Sie mit dem Echo auf Ihr Buch zufrieden?*

Ich bin froh, dass ich mit dem Buch eine Debatte anstoßen konnte über die Verantwortung der Medienmacher und der Justiz. Ich wollte nicht emotionalisieren, ich wollte, dass die Leserinnen und Leser die Möglichkeit haben, sich selber ein Urteil zu bilden und ihre Schlussfolgerungen zu ziehen. Ich habe auch bewusst keine Ratschläge zum künftigen Umgang von Politikern und Medien formuliert. Mir ist wichtig, eine Diskussion angestoßen zu haben. So gibt es jetzt ein kluges Buch von Alexander Görlach über die wachsende Häme in unserem Land, die uns schon deshalb schadet, weil immer weniger Menschen bereit sein werden, öffentlich Verantwortung zu übernehmen. Und es gibt jetzt einen wunderbaren satirischen Ratgeber von Leander März, der die Krise satirisch verarbeitet hat: «Wie kann ich innerhalb kürzester Zeit jeden fertig machen» ist das überschrieben.

Und da ist das interessante Buch von Thomas Meyer bei Suhrkamp über die «Unbelangbaren», in dem er feststellt, dass die Journalisten alles besser wissen, aber selber eher unfähig zur Selbstkritik sind. Solche Bücher befördern die Debatte, die allerdings daran krankt, dass sie wesentlich nur über die Medien transportiert werden kann und manche von ihnen kein zureichendes Interesse zeigen. Wenn ich mal von *Zeit*, *Süddeutscher Zeitung*, *taz* und einigen anderen absehe, dann hält sich das veröffentlichte Interesse in Grenzen. Aber wenn das Thema in die Schulen und Universitäten kommt, dann ist schon viel erreicht. Auf Dauer werden sich die Journalisten dieser Debatte nicht entziehen können.

Viele hat überrascht, dass Sie in den ersten Monaten der Angriffe so allein dastanden. Wenig Zuspruch, wenig Verteidigung aus der politischen Klasse. Die Kollegen haben sich weggeduckt. Warum war das so?

Da ist natürlich Populismus im Spiel, die Sorge, sich gegen den Strom zu stellen. Politiker suchen Mehrheiten, sie wollen gewählt und unterstützt werden. Sie haben Angst, selbst Gegenstand der Berichterstattung zu werden, wenn sie sich wichtigen Medien entgegenstellen.

Sie selber aber haben auch Fehler gemacht?

Richtig. Meine Fehler mussten erörtert werden, und das ist auch hinlänglich geschehen. Dennoch steht außer Frage, dass ebenso über die Fehler von Medien, Justiz und Politik diskutiert werden darf.

Glauben Sie wirklich, dass Politiker Angst hatten, selber in den Strudel zu geraten, wenn sie Partei für Christian Wulff ergriffen hätten?

Es war schon eine ziemlich geschlossene Front, die mir da entgegenstand; sie reichte von *Bild* bis *Spiegel* und von *FAZ* bis zu öffentlich-rechtlichen Sendern. Es ist doch keine unbegründete Furcht, wenn angesichts dieser Walze Politiker reale Gefahren für sich selber sehen. 100 investigative Journalisten haben meine letzten 30 Jahre, alle Urlaube, privaten Aktivitäten, familiären Verhältnisse intensivst durchwühlt. Ich fühle mich auch deshalb heute so frei, weil ich sicher einer der am intensivsten gescreenten Politiker Deutschlands bin. Am Ende ist auch noch die letzte 140-Euro-Einladung zum Oktoberfest als korrekt eingestuft worden.

Nochmal anders gefragt: Haben Sie es versäumt, rechtzeitig Allianzen zu schmieden? Haben Sie sich überschätzt und gedacht, das stehe ich schon durch, einer wie ich braucht keine Hilfe?

Ich war der Überzeugung, stets rechtens gehandelt zu haben, und glaubte deshalb, dass mir die Sache nichts anhaben kann. Das Ausmaß der Skandalisierung und Personalisierung habe ich bis zuletzt nicht für möglich gehalten, und dass am Ende die Staatsanwaltschaft noch gedrängt wird, einen Anfangsverdacht zu bejahen wegen manipulierter Berichterstattung, das konnte ich mir beim besten Willen nicht ausmalen. Insofern war ich der Meinung – Angriffe hin oder her –, ich werde mich weiterhin auf meine Amtsführung konzentrieren und die Menschen mit meiner Arbeit überzeugen. Im Nachhinein musste ich feststellen, dass ich zum Beispiel mit der Äußerung, der Islam gehöre inzwischen zu Deutschland, diejenigen irritiert hatte, die mich gewählt haben, aber diejenigen noch nicht gewinnen konnte, die mich nicht gewählt hatten. Meine Amtszeit war einfach zu kurz, die einen mitzunehmen und die anderen zu gewinnen.

Im Abstand von bald vier Jahren gefragt: Würden Sie Ihre Gegenwehr heute anders organisieren?

Damit habe ich mich nie groß befasst, das ist vergossene Milch. Die Dinge sind doch sehr kompliziert; wenn es einfach wäre, hätte ich nicht 250 Buchseiten gebraucht, um die Komplexität der Abläufe darzustellen. Ich finde interessant, was Ulrich Deppendorf, bis vor kurzem noch Leiter des Hauptstadt-Studios der ARD, zu meiner Causa jüngst schrieb: Die Journalisten in Berlin hätten 2010 mehrheitlich Joachim Gauck gewollt und mich als den Mann aus der Provinz und Emporkömmling gesehen. Dieser Konflikt ist nicht auf der politischen, er ist auf einer ganz anderen Bühne, der der vierten Gewalt, ausgetragen worden. Es war ein Machtkampf zwischen Politik und Medien.

Ihr Freispruch muss eine persönliche Befreiung gewesen sein. Mit einem Schlag ein Ende der medialen Selbstgerechtigkeit, der Missgunst, der Häme und der offenen Feindseligkeit. Genießen Sie den Richterspruch noch heute?

Mich haben drei Dinge zu innerer Ruhe finden lassen. Erstens der formale Freispruch im Gerichtsverfahren. Zweitens meine wahren Freunde, also diejenigen, die zu mir gehalten hatten, und drittens dann die Veröffentlichung meines Buches. Es war für mich wichtig, das Geschehene zu verarbeiten, um mich neuer Themen annehmen zu können.

Sie haben eine Art Fegefeuer überlebt. Und jetzt stellt sich die Frage: Gibt es die zweite Chance? Also ein Leben nach der «Affäre»?

Ich jedenfalls will und werde nicht in der Vergangenheit leben, sondern mich Themen der Zukunft widmen. Und die sind vielfältig, sie reichen von der ökologischen Tragfähigkeit unserer Erde bei wachsender Weltbevölkerung bis hin zur Frage des Friedens angesichts zunehmender religiös motivierter Konflikte. Es könnte auch der Zeitpunkt kommen, zu dem man auf meine Kenntnisse gerade der arabischen, der muslimischen Welt und auf meine Kontakte dort zurückgreifen will.

Keine Rachegefühle mehr?

Ich will weder Opfer noch Märtyrer sein, sondern wieder Akteur und Handelnder werden, selbstkritisch und ohne Rachegelüste – gegen niemanden. Es gibt weder Bedürfnisse nach Entschuldigungen noch nach Kniefällen, auch da bin ich mit mir im Reinen.

Sind denn Journalisten kritikunfähiger als Politiker?

Wenn sie selbstbewusster wären, würden sie auch souveräner mit Kritik umgehen können. Ich bin überzeugt, dass viele Journalisten Angst um ihre persönliche und die Zukunft ihres Mediums haben. Wegbrechende Werbeeinnahmen, Konzentrationsprozesse, die Digitalisierung und dass heute einfach jeder im Netz einen Blog aufmachen und sich zum Journalisten erklären kann – das stellt den Journalismus vor große Herausforderungen. Hinzu kommen härtere Arbeitsbedingungen, immer weniger Kolleginnen und Kollegen, die dazu immer schneller produzieren. Wir sollten die Debatte um den Qualitäts-Journalismus aber möglichst offensiv führen. Er muss uns etwas wert sein. Die Lage der Journalisten ist bedrückend. Vielleicht hätte die Politik früher mehr Solidarität artikulieren sollen, auch gegenüber den Verlagshäusern, die ihre Erfolge heute doch eher mit Partnervermittlung als mit redaktionellen Inhalten erzielen.

Tatsächlich steht die Printbranche unter heftigem Druck. Nicht allein ökonomisch. Auf den Pegida-Demonstrationen ging es lautstark gegen die «Lügenpresse».

Dieser Vorwurf ist unerträglich, hier wird nicht differenziert, sondern unterstellt, es gäbe Systematik und Koordination, wo es doch harten Konkurrenzkampf gibt und die Mehrzahl der Journalisten versucht, gut zu recherchieren und fair zu berichten. Das Wort «Lügenpresse» ist skandalös und feindselig gegen unser demokratisch freiheitliches System, dessen notwendige Voraussetzung die Pressefreiheit ist.

Heribert Prantl erinnerte in der Süddeutschen Zeitung *daran, dass sich die Affäre Wulff fast genau 50 Jahre nach der Spiegel/Strauß-Affäre abspielte. Damals ließ die Politik Journalisten verhaften, und Prantl stellt fest: Der Maßlosigkeit der Politik folgte also 50 Jahre später die Maßlosigkeit der Medien. Frage: Haben Sie sich mit den Medien ausgesöhnt?*

Ich bin Journalisten wie Heribert Prantl oder Hans Leyendecker von der *Süddeutschen Zeitung* dankbar für ihren Mut, sich gegen den Mainstream gestellt zu haben. Auch der Gerichtsreporterin Gisela Friedrichsen vom *Spiegel*. Ich bin auf Konsens und Versöhnung angelegt. Wer unversöhnlich ist, schadet sich am allermeisten selbst.

Sie haben sich sicher oft gefragt: Wie konnte es überhaupt zu dieser Affäre kommen? Sie hatten eine geradlinige politische Karriere hinter sich. Sie waren erfolgreicher Oppositionsführer, erfolgreicher Ministerpräsident; schließlich waren Sie sogar Hoffnungsträger als Kandidat für den CDU-Vorsitz, selbst das Kanzleramt kam in den Blick. Am Ende wurden Sie ins höchste Amt des Staates gewählt. Was hat den Bruch bewirkt?

Die Antwort ist kompliziert und vielschichtig – auch deshalb habe ich dieses Buch geschrieben. Klar ist aber auch: Wenn man sich hart durchzusetzen hat, dann erhöht dies die Zahl der Kritiker und Gegner. Und wenn dann CDU/CSU und FDP mich als Bundespräsidenten vorschlagen, gegen den Willen der Opposition und wichtiger Verleger und Chefredakteure, dann wird der Widerstand nicht geringer.

Ihre Rede zum Tag der Deutschen Einheit 2010, in der Sie sich mit dem Verhältnis der Deutschen zu einer für sie neuen und ungewohnten Religion auseinandersetzten und dabei zu dem Schluss kommen, der Islam gehöre inzwischen auch zu Deutschland – das war offenbar für manche eine zu große Provokation?

Ich hatte den Satz ganz bewusst in meine Rede hineingeschrieben, weil mir auf dem Höhepunkt der Diskussion um das Buch des damaligen

Bundesbank-Vorstandes Thilo Sarrazin ein klares Signal an die Menschen mit Zuwanderungs-Geschichte, an unsere muslimischen Bürger notwendig schien. Ich wollte deutlich machen, wir fragen nicht, woher jemand kommt und woran jemand glaubt, sondern wohin jemand will und ob er sich an die bei uns geltenden Gesetze zu halten gedenkt. Dieses Signal war erforderlich, um falsche Grenzziehungen zu vermeiden zwischen den Christen hier und den Muslimen dort. Grenzziehung ist notwendig, aber nur zwischen den Gesetzestreuen und denen, die unsere Freiheit und unsere Art zu leben gefährden oder abschaffen wollen. In meiner Rede vom 3. Oktober stehen die klaren Sätze, dass die Gesetze für alle gelten und der Staat gegen die, die sie nicht akzeptieren, viel konsequenter vorgehen müsse. Ich bin bis heute froh darüber, dass das genau so verstanden wurde und viele Muslime gesagt haben, sie fühlten sich das erste Mal wirklich in Deutschland angekommen. Wenn jetzt der Vorsitzende des Zentralrates der Muslime in Deutschland sagt, Wulff kann Forderungen an die Muslime stellen, er soll sagen, was er von ihnen erwartet, weil er ihnen generell mit Wohlwollen begegnet, dann ist dies die Erfüllung meines Wunsches. Sarrazins Botschaft, wir können euch hier nicht gebrauchen, weil ihr weniger intelligent und dazu genetisch vorbelastet seid – dagegen musste und wollte ich ein Signal setzen.

Hatten Sie in der Zwischenzeit nie Zweifel an dieser Position?

Nein, meine Position war schlüssig, und ich bin heute noch froh, sie bezogen zu haben. Inzwischen registriere ich nach den grauenvollen Attentaten von Paris, dass immer mehr Menschen erkennen, wir dürfen keine falschen Gräben aufreißen. Wir müssen mit Juden, mit Muslimen, mit Christen und mit Humanisten die Freiheit und den Frieden verteidigen gegen diejenigen, die unsere Werte zerstören wollen.

Nahm denn Ihre Präsidentschaft nach dieser Rede eine neue Richtung?

Von bestimmten Medien wurde ich harsch verfolgt, gar als Moslem auf der Titelseite abgebildet. Die Luft war rauer geworden.

Kann es sein, dass Deutschland auf eine solche Debatte nicht vorbereitet war?

Das war wohl so. Aber inzwischen sind es immer mehr, die sagen, es ist ja wohl richtig, obwohl wir es eigentlich nicht wahrhaben wollten. Viele wollen sich arrangieren und akzeptieren, dass für die vier Millionen Muslime Moscheen gebaut werden, dass es islamischen Religionsunterricht gibt und Imame ausgebildet werden. Im übrigen haben die Pegida-Demonstrationen dafür gesorgt, dass viele Bürger endlich Position für unsere Verfassung, die Religions- und Glaubensfreiheit verbürgt, bezogen haben.

Haben Sie Genugtuung verspürt, als die Kanzlerin Ihre These wieder aufgenommen hat und zum Kern einer Rede im Deutschen Bundestag machte?

Es hat mich gefreut, dass die Muslime bei uns und in vielen islamischen Ländern dies der Kanzlerin gedankt haben und es als Signal aufgenommen haben – von Marokko bis Jordanien, von Tunesien bis in die Türkei. Ich fand es mutig von Angela Merkel, weil sie den Widerstand gegen diesen Satz kannte, und ich bin ihr nachhaltig dankbar, dass sie sich hinter meine Aussage gestellt hat.

Haben Sie manchmal das Gefühl, das Land hat an Ihnen etwas gutzumachen? Die Kanzlerin hat Sie ja im Januar 2015 als Vertreter Deutschlands zum Thronwechsel nach Saudi Arabien geschickt, und man kann sich vorstellen, dass es weitere solcher Anlässe geben wird.

Diese Kategorie der Kontenaufrechnung von Soll und Haben ist mir fremd.

Herr Wulff, wie müssen wir uns Ihr Leben heute vorstellen? Der Herausgeber des Handelsblatts, *Gabor Steingart, hat geschrieben: «Wir haben einen Präsidenten verloren, aber eine Persönlichkeit gewonnen.»*

Durch Niederlagen und Krisen wird man tatsächlich stärker. Man hat Zeit, über sich nachzudenken und Schlüsse zu ziehen. Ich bin sehr gerne Anwalt in Hamburg, ich bin sehr gerne Alt-Bundespräsident in Berlin, ich betreue als Mentor junge Leute. Erstmals in meinem Leben habe ich Zeit für meine Kinder, für die Familie, für Privates.

Und, nicht zu vergessen, Sie leben wieder mit Ihrer Frau zusammen.

Ich bin sehr erleichtert, dass meine Frau und ich auf neue Weise, in großer Intensivität wieder zueinander gefunden haben. Dass sich die Dinge wieder zurecht ruckeln und man selber eben nicht einfach nur wieder der alte ist, sondern um manche Erfahrung reicher. Ich frage Sie: Gehört es nicht zum Sinn des Lebens, sich zu verändern, immer dazuzulernen, sich im Zweifel zu verbessern?

Eine letzte Frage. Der schon zitierte Heribert Prantl hat den schönen Satz geschrieben «Pressefreiheit ist nicht dazu da, Nebensächlichkeiten und Petitessen aufzublasen und zu skandalisieren.» Was meinen Sie, könnten die Lehren aus Ihrem Fall in einen Kodex münden und als eine Art freiwilliger Selbstverpflichtung verbindlich vorgeschrieben werden?

Diese Debatte sollen jetzt andere führen. Ich habe mit meinem Buch «Ganz oben Ganz unten» dazu beigetragen.

Berlin, im August 2015

Das Gespräch führte Manfred Bissinger, u.a. Gründer, Herausgeber und Chefredakteur von *Die Woche,* heute selbstständiger Kommunikationsberater.

ERSTER TEIL

30. Mai 2010 – 12. Dezember 2011

«Wulff muss das Amt des Bundespräsidenten neu erfinden, oder er wird scheitern.»

Herfried Münkler in der Frankfurter Rundschau drei Wochen nach Amtsantritt

DIE WAHL

Am Nachmittag des 1. Juni 2010 rief mich Angela Merkel an und fragte, ob ich es einrichten könne, am selben Abend zu ihr ins Kanzleramt zu kommen. Es war ein Dienstag, der Tag nach dem überraschenden Rücktritt von Horst Köhler als neunter Bundespräsident der Bundesrepublik Deutschland.

Der Rücktritt kam zu einem denkbar ungünstigen Zeitpunkt: Die Regierung der christlich-liberalen Koalition war gerade einmal sieben Monate im Amt und stand unter erheblichem Druck. Ich ging davon aus, dass Angela Merkel die Neubesetzung des Amtes des Bundespräsidenten mit einer Kabinettsumbildung verknüpfen werde. Zwei der Kandidaten, die einem spontan einfielen und deren Namen von der Presse auch sofort nach Horst Köhlers Rücktritt genannt worden waren, leiteten zentrale Ministerien: Wolfgang Schäuble das Finanz-, Ursula von der Leyen das Ressort für Arbeit und Soziales.

Dieses Szenario vor Augen, nahm ich an, dass Angela Merkel mich als einen ihrer Stellvertreter im CDU-Bundesvorsitz nach meiner Meinung zu Nachfolgern für das Amt des Bundespräsidenten fragen wollte. Ich konnte auch nicht ausschließen, dass sie herausfinden wollte, ob ich im Zuge einer Kabinettsumbildung Interesse hätte, nach Berlin zu wechseln. Ein Umzug nach Berlin schien meiner Frau und mir zum damaligen Zeitpunkt wenig verlockend. Wir hatten unser Leben mit Kindern in Hannover gerade einigermaßen organisiert. Trotzdem wollte ich mich darüber mit meiner Frau noch einmal besprechen, deshalb rief ich sie an, und um 19.31 Uhr stiegen wir gemeinsam in den ICE nach Berlin. Es verstand sich für mich von selbst, Angela Merkel bei der Wahl ihres Kandidaten oder ihrer Kandidatin für das höchste Staatsamt zu unterstützen. Die Möglichkeit meiner Nominierung habe ich auf dieser Zugfahrt nicht in Erwägung gezogen.

In ersten Sondierungsgesprächen zwischen den Parteivorsitzenden von CDU, Angela Merkel, FDP, Guido Westerwelle, und CSU, Horst Seehofer, waren am Montag und Dienstag wenige Namen diskutiert worden. Der Vorschlag Schäuble scheiterte am Widerstand der FDP, die Nominierung von Bundestagspräsident Norbert Lammert hätte eine neue Lücke gerissen. Bei Ursula von der Leyen und in meinem Fall hatten sowohl Horst Seehofer als auch Guido Westerwelle wohl grundsätzliche Zustimmung erkennen lassen. Damit war der Ball wieder im Feld von Angela Merkel.

Warum sich die Bundeskanzlerin letzten Endes gegen Ursula von der Leyen und für mich entschied, weiß ich nicht. Ich vermute, dass es am Ende meine Erfahrung gewesen sein könnte, die den Ausschlag gegeben hatte. Ich war seit zwölf Jahren stellvertretender CDU-Bundesvorsitzender – und zwar schon unter Wolfgang Schäuble –, und ich war seit über sieben Jahren Ministerpräsident von Niedersachsen. Ursula von der Leyen gehörte zu den herausragenden Persönlichkeiten der CDU-Ministerriege. Als sie am Dienstagmorgen die Arbeitsmarktzahlen verkündete und von den versammelten Journalisten gefragt wurde, ob sie denn als Nachfolgerin von Horst Köhler zur Verfügung stehe, fuhr sie mit beiden Händen von unten nach oben über ihre Lippen und deutete einen Reißverschluss an. Am Mittwochmorgen erschien sie eine Viertelstunde vor den Kollegen im Kabinett, setzte sich an den Tisch und strahlte. Als Rainer Brüderle herein kam, hat er sie so überschwänglich geküsst und geherzt, dass manche Beobachter meinten, er habe den Eindruck vermeiden wollen, als einziger nicht über ihre beabsichtigte Kandidatur informiert zu sein. So verselbständigen sich manchmal die Dinge. Brüderle sagte später, er habe sich an diesem Morgen über das blaugelbe Kostüm von Ursula von der Leyen gefreut. In der Presse waren bereits Porträts ihres Ehemanns als des künftigen «First Man» zu lesen.

Die Nachricht vom bevorstehenden Rücktritt Horst Köhlers

hatte die Bundeskanzlerin in der CDU-Präsidiumssitzung am Montagmorgen erhalten. Gegen 11.50 Uhr war ihr ein Zettel hereingereicht worden, der Bundespräsident bitte um ihren Anruf. Angela Merkel ließ ausrichten, sie rufe gleich zurück. Zehn Minuten später rief das Bundespräsidialamt wieder an. Jetzt verließ die Bundeskanzlerin den Raum. Als sie zurück kam, brachte sie die Sitzung zügig zu Ende und bat ihren Generalsekretär und ihre Stellvertreter in ihr Büro. Dort teilte sie uns mit, dass Horst Köhler gleich zurücktreten werde. Nach Artikel 54 Grundgesetz musste die Bundesversammlung spätestens dreißig Tage nach dem Rücktritt zusammentreten, das hieß am 30. Juni 2010, um einen Nachfolger zu wählen. Uns blieb nicht viel Zeit.

Als Horst Köhler am Montag um 14.00 Uhr seine Rücktrittserklärung abgab, saß ich bereits wieder im Zug zurück nach Hannover. Bei meiner Ankunft dort waren Kameras vor der Staatskanzlei aufgebaut: Was sagen Sie? Wer wird Nachfolger? Stünden Sie zur Verfügung? Ich antwortete, was man in solchen Situationen stets antworten sollte: Die Parteivorsitzenden der Koalition werden jetzt in Ruhe beraten und einen guten Vorschlag unterbreiten.

Horst Köhler hatte überlegt, 2009 nicht für eine zweite Amtszeit anzutreten. Er bat damals auch mich zu einem Gespräch. Ich habe ihn ermutigt. Er sei angesehen, beliebt, mache eine gute Arbeit, sagte ich zu Horst Köhler und versuchte, auch an seine Solidarität zu appellieren. Der Hintergrund war folgender: Im September 2009 standen Bundestagswahlen an, und die CDU/CSU, die mit der SPD in großer Koalition regierte, konnte sich angesichts der gegenüber 2004 viel knapperen Mehrheitsverhältnisse in der Bundesversammlung das Risiko eines neuen Kandidaten nicht leisten, den sie dann möglicherweise nicht durchgesetzt hätte. Die Bundespräsidentenwahl ist eine politische Weichenstellung. Das wissen wir spätestens seit der Wahl Gustav Heinemanns, mit der 1969 der sozialliberale Machtwechsel in Bonn eingeleitet wurde.

Ich erinnerte mich auch noch sehr gut an die Wahl 1994. Die Regierung von Helmut Kohl befand sich damals in rauher See, und im Mai konnte Roman Herzog nur knapp gegen Johannes Rau durchgesetzt werden. Für die Bundestagswahlen im Oktober 1994, bei denen Helmut Kohl ein letztes Mal wiedergewählt wurde, war die Bundespräsidentenwahl im Mai ein wichtiger Meilenstein. Andernfalls wäre Rau damals wohl zu einem weiteren Rückschlag für Helmut Kohl und seine Koalition geworden. Ganz ähnlich schien uns die Wiederwahl Horst Köhlers im Mai 2009 daher eine wichtige Voraussetzung für ein gutes Wahlergebnis im Herbst zu sein.

Am Abend des 1. Juni empfing mich die Bundeskanzlerin in ihrem Arbeitszimmer; am langen Tisch war ein kleines Essen für uns arrangiert. Sie kam schnell zum Punkt. Ob ich Vorschläge hätte für die Köhler-Nachfolge, sie sei für Vorschläge offen. Während ich mich noch auf ihre Frage einstellte, meinte sie plötzlich: «Was ist eigentlich mit dir? Könntest du dir das vorstellen? Du bist lange dabei, du hast viel Erfahrung.»

Tatsächlich hielt ich das Amt des Bundespräsidenten seit längerem für ein besonders reizvolles Amt, das zu meinem Politikverständnis passte. In diesem Sinne antwortete ich Angela Merkel und ließ auch keinen Zweifel daran, dass ich mir dieses Amt zutraute. Ob mich ein solches Amt denn auch glücklich mache, fragte sie, ob es mich als politischen Menschen ausfülle. Es sei doch viel Protokoll, den ganzen Tag hätte man Urkunden zu unterschreiben, zu akkreditieren, zu repräsentieren.

Ich habe schon immer gern unterschiedliche Menschen zusammengeführt und motiviert. Lebendiger Zusammenhalt entsteht, wenn Menschen füreinander eintreten, wenn die einen Chancen bieten und die anderen Chancen wahrnehmen, wenn in einer Gesellschaft Empathie und Respekt vorherrschen. Für mich heißt Zusammenhalt aber auch: Empathie und Respekt für Fremde und Fremdes. Zusammenhalt im Innern muss mit Weltoffenheit korrespondieren. Schon als Ministerpräsident pflegte ich gerne und intensiv die Auslandskontakte. Nicht zuletzt war ich der Überzeugung, dass es dem Amt gut täte, wenn der Bundespräsident auch einmal jünger wäre. Das Amt sollte nicht zwangsläufig als Abschluss einer politischen Laufbahn betrachtet werden.

Ich müsste aber auch an die Zeit danach denken, meinte die Bundeskanzlerin, selbst nach zwei Amtszeiten wäre ich noch immer relativ jung. «Wenn du Bundespräsident wirst, kannst du nicht mehr in die aktive Politik zurück.» Was meine angeblichen Ambitionen auf das Kanzleramt anging, hatte ich bereits im Juli 2008 in einem Interview mit dem *Stern* klargemacht, dass mir zwei wesentliche Voraussetzungen fehlten: der unbedingte Wille zur Macht und die Bereitschaft, dem alles unterzuordnen. Das Gespräch, das unter der Schlagzeile «Kanzler trau ich mir nicht zu» erschien, erregte einiges Aufsehen, weil Politiker sich normalerweise nicht dadurch qualifizieren, dass sie zugeben, was sie alles nicht können. Ich war es aber leid, von Journalisten ständig mit der Frage konfrontiert zu werden, wann ich denn endlich gegen Angela Merkel antreten würde und ob der Aufstand gegen sie schon geplant sei. Ich hatte an alldem kein Interesse. Die merkwürdige Dialektik unserer Mediengesellschaft führte dann allerdings dazu, dass einige mir unterstellten, ich hätte mit dem *Stern*-Interview das Gegenteil von dem beabsichtigt, was ich gesagt hatte.

Angela Merkel war sich vollkommen im Klaren darüber, dass man sie für meine Kandidatur kritisieren werde, sie machte sich in dieser Hinsicht keine Illusionen. Die entsprechenden Schlagzeilen der vergangenen Jahre, denen zufolge sie einen nach dem anderen ihrer potenziellen Rivalen mehr oder weniger sanft aus dem Weg geräumt habe, hatte sie natürlich registriert. «Man wird sagen, dass ich dich abschiebe.» Als meine Nominierung zwei Tage später bekannt gegeben wurde, bekam die Bundeskanzlerin in der Tat Unmut zu spüren.

Das Gespräch wurde in großer Offenheit geführt, und wir haben dabei natürlich auch die schwierige Lage der Koalition angesprochen. Als ich kurz nach Mitternacht aufbrach, hatte ich bis nächsten Mittag Bedenkzeit. Ich verließ das Kanzleramt in der Überzeugung, dass Angela Merkel jetzt etwas für mich riskierte. Noch in der Nacht fuhr ich zurück nach Hannover, beriet mich mit meiner Frau und am nächsten Morgen mit meinen engsten Vertrauten und rief gegen 12.00 Uhr, wie vereinbart, Angela Merkel an, um ihr meine Bereitschaft zu erklären.

Damit war ich noch nicht der gemeinsame Kandidat der Regierungskoalition. Wir mussten damit rechnen, dass die FDP doch noch die Chance nutzen wollte, sich zu profilieren und einen eigenen Kandidaten aufzustellen, der dann im zweiten oder dritten Wahlgang verzichtet hätte. Mit 148 Wahlmännern war die FDP in der Bundesversammlung so stark vertreten wie nie zuvor. Es gab Stimmen in der FDP, die dazu rieten, den ehemaligen Bundesvorsitzenden Wolfgang Gerhardt zu nominieren. Dass die FDP diese Gelegenheit ausschlug, war eine mutige Entscheidung von Guido Westerwelle. Für ihn hatten in diesem Moment die Geschlossenheit der Regierungskoalition und ein Signal ihrer Handlungsfähigkeit Vorrang.

Am Donnerstag war ich auf dem Deutschen Seeschifffahrtstag in Cuxhaven, der unter dem Motto stand «Volle Kraft voraus». Während der Veranstaltung erhielt ich am Mittag eine SMS der Bundeskanzlerin. Erst gegen 14.45 Uhr konnte ich sie anrufen, und da erfuhr ich, dass ich gemeinsamer Kandidat von CDU/CSU und FDP werden würde, ich sollte so schnell wie möglich nach Berlin kommen, damit wir uns mit Horst Seehofer und Guido Westerwelle besprechen könnten. Ich nutzte an diesem Tag ausnahmsweise einen Hubschrauber der Polizei.

Bei der Landung auf dem Hof des Bundesverteidigungsministeriums wurde bereits gefilmt. Die Zeit drängte jetzt. Eigentlich wollte Angela Merkel die Personalie am Freitagmorgen in einer Telefonschaltkonferenz mit dem CDU-Bundesvorstand besprechen und mich am Mittag in der Bundespressekonferenz zusammen mit Horst Seehofer und Guido Westerwelle als gemeinsamen Kandidaten der Regierungskoalition vorstellen. Als ich im Kanzleramt eintraf – Seehofer und Westerwelle waren bereits da –, meinte die Bundeskanzlerin, wir hielten das nicht bis zum nächsten Tag durch, wir müssten die Kandidatur noch am Abend bekanntgeben.

Es war nicht allein die Sorge, meine Kandidatur nicht bis zum nächsten Morgen geheimhalten zu können, die Frau Merkel zur Eile trieb. Am Abend trafen sich die Ministerpräsidenten der Länder zur Vorbereitung auf die am Freitag stattfindende Bundesratssitzung. Die Ministerpräsidenten der SPD-regierten Länder verabredeten sich traditionell in der rheinland-pfälzischen Landesvertretung, die Chefs der CDU/CSU-regierten Länder kamen dieses Mal in der Landesvertretung von Thüringen zusammen. An dem Abendessen nahmen neben den Ministerpräsidenten der Union auch die Bundeskanzlerin, der CDU-Fraktionsvorsitzende, der die Runde koordinierte, der Generalsekretär und der parlamentarische Geschäftsführer teil.

Ich hielte es für riskant, hatte ich zu Angela Merkel gesagt, am Freitagmorgen eine Schaltkonferenz zu machen und am Vorabend im Kreis der Ministerpräsidenten nicht über das Thema zu reden. Würde man sich in dieser Runde auf mich verständigen, gäbe es allerdings am nächsten Tag Probleme in der Schalte, weil der Vorstand sich durch die Runde der Ministerpräsidenten nicht präjudizieren lasse. Und über die online-Dienste durfte es der Vorstand schon gar nicht erfahren.

Also machten wir um 18.00 Uhr eine Telefonschaltkonferenz mit dem CDU-Bundesvorstand. Die Grundstimmung war ausgesprochen positiv. Nur ein einziger äußerte Bedenken, Peter Müller, der Ministerpräsident des Saarlandes. Die CDU könne es sich nicht leisten, einen wichtigen jungen Ministerpräsidenten mit erst sieben Jahren Amtszeit zu verlieren. Ich zollte Peter Müller stillen Respekt, weil er seine Meinung offen aussprach. Um 19.30 Uhr, direkt im Anschluss an die Schaltkonferenz, traten Angela Merkel, Horst Seehofer und Guido Westerwelle mit mir vor die Presse. Jeder erläuterte aus Sicht seiner Partei die Vorteile meiner Kandidatur, ich erklärte meine Bereitschaft und nannte einige meiner Anliegen. Danach fuhren die Bundeskanzlerin und ich zur Runde der Ministerpräsidenten in die thüringische Landesvertretung.

Zu den vorrangigen Aufgaben eines Bundespräsidenten gehört es, zwischen unterschiedlichen gesellschaftlichen Interessen zu vermitteln, Rivalitäten abzubauen, Gräben zu überwinden und den Zusammenhalt des Ganzen zu fördern. Damit er diesem politischen Auftrag gerecht werden kann, ist dem Bundespräsidenten in der Verfassung eine Stellung jenseits der Parteien zugewiesen, deshalb lässt er traditionell mit dem Tag seiner Wahl seine Parteimitgliedschaft ruhen. Auch diejenigen, die politisch im anderen Lager stehen und ihn nicht gewählt haben, sollen sich fortan durch ihn repräsentiert fühlen.

Die Wahl des Bundespräsidenten unterscheidet sich in einem wesentlichen Punkt von Landtags- oder Bundestagswahlkämpfen. Während in Wahlkämpfen die zur Regierungsbildung erforderliche parlamentarische Mehrheit durch Auszählung der Stimmen erst gefunden werden muss, stehen die Mehrheitsverhältnisse in der Bundesversammlung de facto von vornherein fest. Seit Gründung der Bundesrepublik 1949 wurde jeder von der Mehrheit der Bundesversammlung aufgestellte Kandidat auch gewählt. Dennoch schickt die Minderheit mindestens einen Kandidaten oder eine Kandidatin ins Rennen. Dieser Gegenkandidat, der rechnerisch keine Chance hat, wird im wesentlichen nach drei Kriterien ausgewählt: Ist er für das Amt geeignet? Kann er das eigene Lager überzeugen? Gelingt es ihm, Verwirrung in die Reihen des politischen Gegners zu tragen und in der Bundesversammlung möglichst viele Wahlmänner und -frauen aus dem anderen Lager herauszubrechen?

Ich erinnere mich an die Bundespräsidentenwahl 1999, als die Mehrheit in der Bundesversammlung auf Johannes Rau hindeutete. Kohl hatte die Wahlen 1998 verloren, die Regierungsmehrheit war weg. In dieser für die Partei schwierigen Phase war es Wolfgang Schäuble gelungen, unter Einbeziehung seiner Stellvertreter, in wochenlanger mühevoller Kleinarbeit eine parteiinterne Mehrheit für die damals eher unbekannte Dagmar Schipanski zu zimmern und erst die Partei und dann die Öffentlichkeit zu überraschen. Frau Schipanski verkörperte in idealer Weise eine Kandidatin der Opposition: Ohne rechnerische Chance auf eine eigene Mehrheit konnte sie als Frau und Ostdeutsche Stimmen auf sich ziehen und so die Bundesversammlung doch noch spannend werden lassen.

In der politischen Praxis sucht die Minderheit einen Kandidaten oder eine Kandidatin, die möglichst weit in das Lager des politischen Gegners hinein Wirkung entfalten können. Aber nicht einmal diejenigen, die diese Person vorschlagen, rechnen ernsthaft damit, dass sie auch gewählt wird. Man spricht deshalb auch von einem Zählkandidaten. Er wird aufgestellt, weil er möglichst viele Diskussionen auslösen soll.

Dreimal in der Geschichte der Bundesrepublik kam ein solcher Kandidat bei einer späteren Wahl doch noch in das Amt. 1974 hatte Helmut Kohl die Nominierung von Richard von Weizsäcker unterstützt, ohne dass Weizsäcker eine Chance gehabt hätte gegen den Kandidaten der sozialliberalen Koalition, Walter Scheel. Als Richard von Weizsäcker zehn Jahre später noch einmal ins höchste Staatsamt strebte, war er für Helmut Kohl bereits recht unbequem geworden. Marianne von Weizsäcker muss damals intensiv auf Helmut Kohl eingeredet haben; dieser hatte sich eigentlich für Ernst Albrecht entschieden, aber Albrecht wollte sich nicht gegen Weizsäcker instrumentalisieren lassen und verzichtete.

Nachdem die CDU/CSU 1994 Roman Herzog knapp gegen Johannes Rau durchgesetzt hatte, trat dieser fünf Jahre später, gestützt auf neue Mehrheitsverhältnisse in der Bundesversammlung, wiederum an und wurde der achte Bundespräsident. Zum zweiten Mal war ein unterlegener Kandidat im zweiten Anlauf erfolgreich.

Joachim Gauck war ein idealer Kandidat für die Opposition, weil er für Wahlmänner und Wahlfrauen aus CDU, CSU und FDP und für Ostdeutsche besonders attraktiv war. Anderthalb Jahre später, im Februar 2012, hätten sich Sigmar Gabriel und Jürgen Trittin vermutlich gern einen Kandidaten aus ihren eigenen Reihen gesucht. Die Bundeskanzlerin war skeptisch, aber am Ende war der Druck aus der FDP auf sie so groß, dass der Minderheitskandidat von 2010 – diesmal bei nahezu gleichen Mehrheitsverhältnissen – mit überwältigender Mehrheit im Frühjahr 2012 ins Amt kam.

Joachim Gauck stand politisch näher bei der CDU als bei Grünen und SPD, den Linken war er von vornherein nicht als Kandidat zu vermitteln. Wäre für Jürgen Trittin und Sigmar Gabriel im Juni 2010 die Geschlossenheit der Opposition einschließlich der Linken vorrangig gewesen, dann hätten sie einen Kandidaten aus ihren Parteien vorgeschlagen. Die Verunsicherung des Regierungslagers erschien ihnen jedoch um vieles reizvoller, daraus ließ sich politisch mehr machen. Das war und ist legitim. Die Präsentation ihres Kandidaten, von dem sie behaupteten, dass er für alle wählbar sei, verschleierte diese eigentliche Motivation. Es brachte demnach die Regierungskoalition in Verlegenheit, die jetzt erklären musste, warum sie ihrem Kandidaten dennoch den Vorzug gab.

Es ging dabei weniger um die Frage, ob Joachim Gauck oder ich der bessere Bundespräsident wäre. Politische Argumente wurden vom ersten Tag an durch andere Kategorien ersetzt. Als am Morgen nach meiner Nominierung Joachim Gauck der Öffentlichkeit als der gemeinsame Kandidat von SPD und Grünen vorgestellt wurde, brachte der SPD-Vorsitzende Sigmar Gabriel den Gegensatz vermeintlich geschickt auf die verletzende Formel: «Joachim Gauck bringt ein Leben mit in seine Kandidatur, und der Kandidat der Koalition bringt eine politische Laufbahn mit.» Und Grünen-Chef Özdemir sekundierte, viele Wahlmänner und -frauen würden sich sicher überlegen, «ob sie der Parteilogik oder ob sie ihrem Herzen und Verstand folgen wollen».

Der Satz von Gabriel war anmaßend. Er sprach mir den Bezug zur Lebenswirklichkeit ab und stellte mich als Parteikarrieristen in die Ecke. Welcher erfolgreiche Politiker in Deutschland ist, genau genommen, nicht Parteipolitiker? Gabriels Satz war «nichts anderes als ein Dementi gegen praktisch jeden einzelnen Politiker des Westens ab dem Jahrgang 1949», schrieb *FAZ*-Herausgeber Frank Schirrmacher. Aber Gabriel sorgte damit für größtmögliche Verwirrung im bürgerlichen Lager. Das Publikum, des politischen Betriebs vielfach überdrüssig, hat ihn dankbar aufgenommen, bediente der SPD-Vorsitzende doch ein altes Klischee: auf der einen Seite die tollen Individualisten, Rebellen und Freiheitskämpfer, auf der anderen Seite die Parteisoldaten, die mit 15 Jahren in die Jugendorganisationen eintreten, weil sie sich dort den schnellen Aufstieg erhoffen. Am Ende könnte mir Gabriels Entgleisung indirekt allerdings geholfen haben, weil sich Politiker auch in den Reihen der SPD unfair behandelt fühlten.

Zwei Tage vor der Wahl legte Gabriel in einem Gastkommentar für *Die Welt* nach. Die beeindruckende «Bürgerbewegung für Gauck» zeuge «von einem tiefen Unbehagen gegenüber der Art und Weise, wie ‹die da oben in Berlin› Politik zu machen gewohnt sind. Das kann keinen Politiker kaltlassen.» Gauck sei der Richtige, weil man ihm zutraue, zwischen «Regierten» und «Regierenden» zu vermitteln. Da konnte ich mich dann doch nicht enthalten, tags darauf in einem Interview darauf hinzuweisen, dass Gabriel, wenn er die von ihm aufgestellten Kriterien an sich selbst anlegen würde, als Kandidat für das Amt des Bundespräsidenten jedenfalls nie in Frage käme – oder er «müsste jetzt gleich aus der Politik aussteigen».

Am Montag vor der Bundesversammlung sprach der *Spiegel* von einem «Aufstand gegen Wulff». Darin stecke auch «ein Aufstand gegen die deutsche Parteiendemokratie», schrieb das Blatt und traf damit ziemlich genau den Dualismus, den SPD und Grüne mit der Nominierung von Joachim Gauck hatten heraufbeschwören wollen. Parteipolitisch war es ein höchst gelungener Schachzug, Gauck als Kandidaten des Volkes gegen mich als angeblichen Vertreter des Systems in Stellung zu bringen. Viele Medien griffen diesen Dualismus dankbar auf und sprachen von der Sehnsucht nach einer anderen Politik, die in Joachim Gauck ihren glaubwürdigen Repräsentanten gefunden habe.

Im Rückblick erkenne ich drei Faktoren, aus denen sich der Widerstand gegen mich zusammensetzte: eine Regierung, die in einer tiefen Krise steckte; ein überparteilicher Kandidat der Opposition, der auch im bürgerlichen Lager Beifall fand, und die mir unterstellte mangelnde Lebenserfahrung.

Wenn die Opposition den legitimen Versuch unternimmt, einen Kandidaten zu präsentieren, der für die Mehrheit der Bundesversammlung wählbar ist, dann muss man schnell entscheiden, ob man ihn will oder nicht, und wenn man einen eigenen Kandidaten durchsetzen will, dann muss man schnell handeln. Als Sigmar Gabriel in einer SMS an Angela Merkel am Mittwoch gegen 13.00 Uhr – warum eigentlich so ultimativ, warum nicht in einem persönlichen Gespräch? – Joachim Gauck als gemeinsamen Kandidaten vorschlug, erkannte die Bundeskanzlerin sofort die damit verbundene Absicht. Man würde ihr ein solches Arrangement als Schwäche auslegen und behaupten, dass sie sich die Durchsetzung ihres eigenen Kandidaten offenbar nicht zutraue. Lehnte sie den Vorschlag hingegen ab, drohte die Abstimmung in der Bundesversammlung für Angela Merkel automatisch – unabhängig vom Kandidaten – zu einer Abstimmung über die Regierungskoalition zu werden.

Gabriel wusste, dass er die Bundeskanzlerin mit seinem scheinbar generösen Vorschlag in eine schwierige Situation manövrierte. Noch zwei Tage vor der Bundesversammlung empfahl er unseren Wahlmännern und -frauen in dem bereits erwähnten Kommentar der *Welt* ein bisschen «Mut zur Unabhängigkeit». Gauck zu wählen, sei «kein Zeichen von Schwäche, sondern von Stärke» und mitnichten das Ende von Schwarz-Gelb. Mit sichtlichem Vergnügen mischten die Spitzen von SPD und Grünen in diesen Wochen das bürgerliche Lager auf. Das Ganze ging zu Lasten der Kandidaten, der Preis war zunehmender Verdruss bei vielen Bürgern, denen die taktischen Spiele der Parteien missfielen.

Mit Blick auf die Mehrheitsverhältnisse in der Bundesversammlung blieb ich in diesem Juni 2010 gelassen. Spätestens im dritten Wahlgang würde ich gewählt werden. Um dann zu zeigen, was in mir steckt und wofür ich stehe – mit neuen Akzenten und großer Akribie. Ich hatte mich in der Politik früh daran gewöhnen müssen, dass ich Zeit brauchte, um Vorbehalte gegen mich zu überwinden. Ob an der Universität, ob in meiner Heimatstadt Osnabrück oder später im Land Niedersachsen, überall musste ich Überzeugungsarbeit leisten. In meiner manchmal übervorsichtigen Art gelang es mir gelegentlich erst im zweiten oder dritten Anlauf, Mehrheiten zu gewinnen.

In einer Kaffeepause des Landtages erzählte mir einmal ein Abgeordneter, dass er die meisten Stimmen erstaunlicherweise in einer Gegend seines Wahlkreises bekommen habe, in der er in all den Jahren noch nie gewesen sei. Das sollte ihn nachdenklich stimmen, dachte ich mir, sagte es aber nicht so direkt, denn die Rückschlüsse, die er daraus hätte ziehen müssen, wären für ihn deprimierend gewesen. Ich dagegen freute mich, dort gut abzuschneiden, wo ich häufiger aufgetreten war. Direkt gewählt zu werden, heißt, sich für die Leute in seinem Wahlkreis direkt verantwortlich zu fühlen. Das verschafft eine zusätzliche Motivation gegenüber einem Listenmandat.

Ein prägendes Erlebnis war meine erste Niederlage gegen Gerhard Schröder 1994 gewesen. Ich war 34 Jahre alt und musste mich in Niedersachsen erst einmal bekannt machen. Wir fielen von 42 Prozent auf 36,4 Prozent und verloren viele Wahlkreise. Einen einzigen Wahlkreis jagten wir der SPD ab: meinen Heimatwahlkreis Osnabrück. Diesem Ergebnis konnte ich entnehmen, dass die Menschen da, wo sie mich kannten, wo sie meinen Einsatz sehen und meine Arbeit beurteilen konnten, mich unterstützten. Hätte ich in meiner Heimatstadt nicht gewonnen, hätte ich 1998 womöglich nicht erneut als Ministerpräsident kandidiert. So aber sagte ich mir, wenn ich jetzt Osnabrück gewonnen und im Land verloren habe, dann arbeite ich ein paar Jahre hart, bis mich auch im Land genügend Leute kennen und ich auch dort gewinnen kann. Und so wie ich mir im dritten Anlauf die Zustimmung der Niedersachsen erkämpft hatte, so wollte ich mir auch als Bundespräsident die Zustimmung der Menschen erarbeiten.

Im Juni 2008 hatte ich David McAllister den Parteivorsitz überlassen. Später, so meine langfristigen Überlegungen, hätte ich das Amt des Ministerpräsidenten an ihn übergeben können. Wenn ein Verlust der Mehrheit droht, müssen Optionen vorbereitet sein, und ein neuer Ministerpräsident kann auch neuen Schwung bringen. Zu diesem Wechsel an der Spitze kam es infolge meiner Wahl zum Bundespräsidenten bereits Anfang Juli 2010. Das Feld war bestellt.

Ich habe Niedersachsen schweren Herzens verlassen. Zum einen fühlte ich mich den Niedersachsen eng verbunden. Zum anderen verband ich mit meinem Wechsel nach Berlin erhebliche Bedenken. Das politische Berlin schien mir eine Schlangengrube zu sein. Was die Anforderungen an das hohe Amt betraf, empfand ich meine Herkunft aus der Landespolitik allerdings überhaupt nicht als Nachteil. Ein Ministerpräsident ist eben Regierungschef und Staatsoberhaupt seines Landes zugleich, Repräsentation gehört zu seinen vorrangigen Pflichten. Ein Ministerpräsident vertritt sein Land nach außen.

Eine Ansprache zu halten, die Menschen motiviert, anschließend ansprechbar zu sein für jeden Bürger, sich Zeit zu nehmen, dem einzelnen die ihm gebührende Aufmerksamkeit zu widmen und später das Nötige zu veranlassen – das, was für manche Politiker auf kommunaler, Landes- und Bundesebene bloße Routine, für manche auch nur lästige Pflicht ist, zählte für mich immer zu den schönsten Aufgaben im politischen Alltag, weil es mich nah an die Menschen, ihre Fragen und Nöte heranführte. Ich habe viel getan, um Ehrenamt und Freiwilligenengagement zu fördern, auf diesem Gebiet war Niedersachsen mit der Einführung des Ehrenamtspasses und den Ehrenamtstagen vorangegangen. Ich besuchte gern das Technische Hilfswerk oder die Freiwilligen Feuerwehren, begleitete intensiv den Tag der Niedersachsen und kümmerte mich um die Förderung von Musik, Bildung und Kultur.

Eine besondere Verantwortung verspüre ich gegenüber Kindern. Wer dafür sorgt, dass in den Kleinen starke Persönlichkeiten heranwachsen, hat später weniger soziale Problemfälle. Sich Kindern zuzuwenden, ist Teil einer langfristigen nachhaltigen Politik. Weil Kinder die Zukunft unserer Gesellschaft sind, sollten sich Politiker Zeit nehmen für Kinderfragen. In Japan habe ich einmal zwei kleine Kinder auf eine Bank gehoben, damit sie auf Augenhöhe mit mir und dem Dolmetscher reden konnten. In Deutschland gäbe es eine wunderbare Tradition, hieß es am nächsten Tag in der Zeitung, Kinder und Erwachsene würden bei uns auf gleicher Stufe kommunizieren.

Die Aufgaben des Bundespräsidenten würden meinen Fähigkeiten entsprechen: zusammenführen, Gräben zuschütten, Brücken bauen, Zwischentöne beachten. So habe ich es in zahlreichen Interviews auf meiner Kandidatentour im Juni 2010 gesagt, und dafür wollte ich als Bundespräsident werben. Die besondere Herausforderung des Amtes lag für mich darin, zu integrieren. Ein Amt, von dem ein hohes Maß an Objektivität, Überparteilichkeit, Neutralität, auch Orientierung verlangt wird, setzt zweierlei voraus: Abstand zum Politikbetrieb und eine gewisse Lebenspraxis. Die Frage, ob ich beides mitbrachte, habe ich mir vorgelegt, und ich habe sie positiv für mich entschieden. Meine Prüfung hat mich aber auch ehrfürchtig gemacht – ehrfürchtig vor dem Amt.

Mein Vater war Sozialdemokrat. Am Tag der Bundestagswahl 1969 fragte er mich, was ich denn wählen würde. Ich war zehn Jahre alt. Ich habe geantwortet, dass ich das nicht wüsste, darüber hätte ich mir noch keine Gedanken gemacht. Mein Vater war erschüttert über das Wiedererstarken der Rechten und fürchtete, dass die NPD es schaffen könnte, in den Bundestag einzuziehen. Er war politisch tief geprägt durch die bürgerkriegsähnlichen Auseinandersetzungen am Ende der Weimarer Republik. Ihren Untergang führte er später darauf zurück, dass es in Deutschland zu wenige Demokraten gegeben habe. Vom Krieg beschädigt wie seine ganze Generation, überdies als Frontsoldat traumatisiert, wurde er nach dem Krieg leidenschaftlicher Pazifist und trat in die SPD ein.

Bei den Bundestagswahlen 1969 stand viel auf dem Spiel, weil der Einzug der NPD ins Parlament einen direkten Angriff auf die noch junge westdeutsche Demokratie bedeutet hätte. So sah es zum Glück nicht nur mein Vater. Man müsse die Demokratie stärken, wenn man verhindern wolle, dass sie zum zweiten Mal in Deutschland scheitere. Deshalb müsse man sich politisch engagieren. Wenn ich etwas älter sei, sollte ich mich umschauen unter den demokratischen Parteien, um mir ein Bild zu machen. Natürlich wäre es ihm am liebsten, fügte er hinzu, ich ginge in die SPD, aber wichtiger sei, dass ich mich überhaupt in einer demokratischen Partei engagieren würde. Er freute sich über den Sieg von Willy Brandt. Meine Mutter betrübte die Niederlage, sie war eine überzeugte Anhängerin von Kurt Georg Kiesinger. Die NPD erreichte 4,3 Prozent und kam erfreulicherweise nicht in den Bundestag.

Sicher wäre es übertrieben, zu behaupten, dass an diesem Tag mein politisches Bewusstsein erwachte. Aber das Gespräch mit meinem Vater im September 1969 hat sich mir eingeprägt. Anfang der siebziger Jahre habe ich bei Wahlkämpfen die Stände der Parteien besucht, mich erkundigt, diskutiert, Programme und Werbebroschüren mitgenommen, und 1974 bin ich mit 15 Jahren dann der Schüler-Union beigetreten. Die hieß ursprünglich Verband Kritischer Schüler und war von der Jungen Union 1972/73 als Gegenbewegung gegen die gut organisierten Gruppen der Linken ins Leben gerufen worden. Auch an meiner Schule herrschte eine linke politische Grundstimmung, wie es damals dem allgemeinen Zeitgeist in Deutschland entsprach. Das Ernst-Moritz-Arndt-Gymnasium, ein liberal und freiheitlich ausgerichtetes Reformgymnasium, wurde damals «das rote EMA» genannt.

Ich wurde an dieser Schule viele Jahre zum Schülersprecher gewählt, habe mich an der Gründung des Stadtschülerrats beteiligt, wurde in den ersten Landesschülerrat Niedersachsens gewählt, Landes- und später Bundesvorsitzender der Schüler-Union. Als ich zum ersten Mal zu einer Versammlung der Schüler-Union ging, rechnete ich mit mehreren hundert Teilnehmern. Erschienen waren aber nur knapp zwanzig. Da bekam ich zum ersten Mal eine Vorstellung, was mit repräsentativer Demokratie auch gemeint ist. Die Mehrheit schien sich für die Fragen, über die gestritten wurde, zwar zu interessieren. Aber statt die eigene Meinung zu artikulieren und sich einzumischen, überließ man das Feld den wenigen, die sich engagierten. Daraus zog ich für mich persönlich zwei Schlussfolgerungen. Erstens: Die Tatsache, dass von denen, die sich für Politik interessieren, nur wenige auch zu politischem Einsatz bereit sind, führt schnell zu einer Verzerrung der politischen Verhältnisse. Zweitens: Diejenigen, die ein politisches Mandat übernehmen, tragen umso mehr Verantwortung.

Meine Hinwendung zur CDU entsprach sicher auch meinem Naturell, das auf Ausgleich bedacht ist. Die Politik von Willy Brandt erschien mir damals in vielem als zu revolutionär. Das Programm der SPD vermittelte einem das Gefühl, dass hier eine Partei an der Macht war, deren wichtigstes Versprechen darin bestand, alles anders zu machen. «Wir stehen nicht am Ende unserer Demokratie, wir fangen erst richtig an», hatte Brandt in seiner Regierungserklärung gesagt. Aber war die Bundesrepublik in den ersten zwanzig Jahren wirklich so schlecht gefahren, dass man glaubte, alles in Frage stellen zu müssen?

Die Ostpolitik von Willy Brandt war in meinen Augen jedoch durchaus eine sinnvolle Öffnung, nachdem die Bundesrepublik durch Konrad Adenauer in der Europäischen Gemeinschaft und im westlichen Verteidigungsbündnis fest verankert worden war. Mit seinem Kniefall am Denkmal für die Opfer des Warschauer Ghetto-Aufstands bezeugte Brandt 1970 die deutsche Verantwortung für die während der Kriegsjahre im Osten verübten Verbrechen. Vierzig Jahre später war es mir als Bundespräsident ein Anliegen, zum Jahrestag des Kniefalls am 7. Dezember 2010 in Warschau zu sein und gemeinsam mit meinem polnischen Amtskollegen Bronisław Komorowski einen Kranz niederzulegen – in Erinnerung an «eine Geste, die uns in ihrer Demut auch heute noch fesselt, eine Geste, die um Versöhnung bat», wie ich es in meiner Ansprache ausdrückte.

Bis heute kann ich mich nur schwer anfreunden mit gewissen Ritualen des politischen Lagerdenkens. Konfrontation um ihrer selbst willen ist mir wesensfremd. Zumal in der politischen Debatte suche ich nach Verständigung, und ich bin gut damit gefahren. Ich konnte mich immer auf meine Fähigkeit verlassen, mit Menschen, die mir gegenüberstehen, in einen Dialog zu treten. Für mich gehört es mit zum Spannendsten im Leben eines Politikers, auf Bürger zuzugehen und sie zu fragen, was sie erwarten – vom Leben, von der Politik, von mir.

Ich hätte mir über all die Jahre auch mehr parteiinterne Diskussionen gewünscht. Das Ringen um den besten Kurs wird von außen freilich oft als Streit wahrgenommen, und nach den Gesetzen der Demoskopie trägt Streit nicht zum Sieg bei: Geschlossenheit sorgt für gute, Zerstrittenheit bringt schlechte Wahlergebnisse. Ich erinnere mich an leidenschaftliche Auseinandersetzungen auf Parteitagen der siebziger Jahre, als es um die Frage der Mitbestimmung in den Betrieben oder um die Ordnungsstruktur der Wirtschaft ging. Jeder wusste, es gibt den Katzer-Flügel und es gibt den Wirtschaftsflügel. Später standen in der Innen- und Sicherheitspolitik die Namen von Walter Wallmann oder Manfred Wörner für die eine, der von Heiner Geißler für die andere Richtung. Man hatte unterschiedliche Auffassungen, aber ein gemeinsames Ziel, und man respektierte sich.

Heute wird einer, der eine andere Position als die Parteiführung einnimmt und konsequent eine abweichende Meinung vertritt, schnell als Störenfried gesehen und links liegen gelassen. Während noch in den achtziger Jahren inhaltliche Debatten als selbstverständlich angesehen wurden und man sich unter den Delegierten umhörte, bevor man sich seine Meinung bildete, sind Parteitage heute häufig Inszenierungen, bei denen im Vorfeld genau festgelegt wird, wer wann zu welchem Punkt redet. Bereits die Tagesordnung ist ein Kompromiss mit Blick auf die Außenwirkung. Wer diesen programmierten Frieden und damit den Eindruck der Geschlossenheit gefährdet, gilt als profilierungssüchtig zu Lasten der Partei und wird schon einmal für die nächste Wahlniederlage mitverantwortlich gemacht.

Vielfach trägt auch die Berichterstattung dazu bei, parteiinterne Diskussionen durch Personalisierung zu einem Grundsatzstreit aufzubauschen. Manchmal scheint es, als suchten Reporter auf den Gängen eines Parteitages nach nichts anderem als nach dem Krach von morgen. Statt zu berichten, dass die Politikerin XY erfreulicherweise einen konstruktiven Vorschlag einbringen will, der eine spannende Diskussion verspricht, heißt es, es zeichne sich heftiger Streit ab. Sind prominente Politiker involviert, wird gleich auch noch die Machtfrage gestellt. Die Folge ist, dass hinterher alle damit beschäftigt sind, zu glätten und zu planieren. Für die am Ende zustande gekommene Lösung der strittigen Fragen interessieren sich viele dann verständlicherweise kaum noch.

Wie jede Wahl war die Bundespräsidentenwahl 2010 ein Wettbewerb zwischen den politischen Lagern und wurde natürlich auch von parteitaktischen Erwägungen bestimmt – auf allen Seiten. Für Union und FDP kam es darauf an, einen eigenen Kandidaten zügig durchzusetzen und damit Handlungsfähigkeit unter Beweis zu stellen. Manches lief nicht gut für uns. Ich führe dies auch auf Unruhe im eigenen Lager zurück. Die FDP, mit stattlichen 14,6 Prozent in den Bundestag gewählt, dümpelte in den Umfragen bei 5 Prozent; zwei Drittel der FDP-Abgeordneten mussten befürchten, beim nächsten Mal nicht wieder in den Bundestag einzuziehen. Auch die CSU mit ihrem damals angeschlagenen Vorsitzenden Horst Seehofer schwächelte. In den Reihen der CDU hatte meine Nominierung, vorsichtig ausgedrückt, Frau Merkel keine neuen Sympathien verschafft. In konservativ bürgerlichen Kreisen vertraten viele die Ansicht, dass die CDU als Partei des Wertekonservatismus unter ihrer Führung an Profil verloren habe. Sie glaubten, die Kanzlerin sei angeschlagen, und manche hielten die Stunde der Abrechnung für gekommen.

In dieser Situation meldete sich am 17. Juni 2010 der von mir geschätzte ehemalige Generalsekretär der CDU und Ministerpräsident a. D. Kurt Biedenkopf in der *Frankfurter Allgemeinen Zeitung* zu Wort. Zwei Wochen vor der Wahl fuhr er einen Frontalangriff gegen seine Partei: Wer die Wahl des Bundespräsidenten mit einem Votum über den Fortbestand der schwarz-gelben Koalition und damit der Bundesregierung verknüpfe, gefährde nicht nur die Autorität und Würde des Amtes des Bundespräsidenten, sondern generell die «Legitimation unserer demokratischen Ordnung». Das Junktim, das Frau Merkel in seinen Augen hergestellt hatte, werfe «ein bezeichnendes Licht auf den schwindenden Respekt vor den grundlegenden Prinzipien unserer Verfassung und ihrer Institutionen». Es sei nicht hinnehmbar, dass das höchste Staatsamt den Parteiinteressen geopfert werde. Daher fordere er «im eigenen Interesse beider Kandidaten», den Fraktionszwang aufzuheben und die Wahl freizugeben.

Neun Tage später ließ Altbundespräsident Richard von Weizsäcker über die *Bild*-Zeitung verlauten, dass Biedenkopfs Ansatz richtig sei. Er wiederholte seinen bekannten Vorbehalt, das Amt des Bundespräsidenten dürfe nicht zur Beute der Parteien werden. So hatte Richard von Weizsäcker schon in seiner Amtszeit argumentiert und damit nicht nur den Unmut von Helmut Kohl auf sich gezogen. Am selben Wochenende mahnte auch Roman Herzog mehr Unabhängigkeit der Wahlmänner an. Die Einlassungen der beiden Altbundespräsidenten wurden durchaus als Störfeuer empfunden.

Hätte Roman Herzog seine eigene Wahl 1994 herangezogen, wäre sein Zwischenruf vielleicht anders ausgefallen. Die Regierung Kohl war damals an einem Tiefpunkt angelangt, die missglückte Nominierung des Ostdeutschen Steffen Heitmann hatte zur schlechten Stimmung im Vorfeld nicht wenig beigetragen. Die SPD schickte den über Nordrhein-Westfalen hinaus durchaus beliebten Landesvater Johannes Rau ins Rennen, auch die von der FDP nominierte Hildegard Hamm-Brücher und der Bürgerrechtler Jens Reich für die Grünen konnten viele Sympathien auf sich ziehen.

Erst nachdem die FDP Frau Hamm-Brücher zurückgezogen hatte – gegen deren heftigen Widerstand in einer turbulenten Fraktionssitzung –, bekam Roman Herzog im dritten Wahlgang die erforderliche Mehrheit. Ich erinnere mich, dass mit Blick auf die knappe Mehrheit vor der Wahl und zwischen den Wahlgängen immer wieder eindringlich an die Geschlossenheit der Wahlmänner und -frauen appelliert wurde. Ich empfand das als vollkommen selbstverständlich. Als wir nach der Wahl dann aus dem Reichstag traten und gemeinsam mit Roman Herzog zum Brandenburger Tor gingen, reagierten einige Wartende abfällig. Sie hatten fest mit der Wahl von Rau gerechnet.

Fünf Jahre später trat Johannes Rau noch einmal an und wurde aufgrund der neuen Mehrheitsverhältnisse im Bundestag gewählt. Die Vorstellung, dass das höchste Staatsamt als Belohnung für parteipolitische Verdienste vergeben wurde, erregte Argwohn. Auch regierte jetzt eine rot-grüne Koalition, und da wollte mancher an der Spitze des Staates nicht noch einen Sozialdemokraten. Es gehört wohl zu den ungeschriebenen Gesetzen der deutschen Demokratie, dass die Bürger ein feines Gespür entwickeln für drohende Auswüchse der Macht und rechtzeitig auf Balance und Ausgleich drängen.

Kurt Biedenkopf wurde schnell eingeholt von eigenen Worten aus seiner aktiven Zeit. Nur einen Tag nach dem Artikel im Feuilleton der *FAZ* erinnerte Herausgeber Günther Nonnenmacher an die Bundespräsidentenwahl 1979, als es für die CDU darum ging, den Nachfolger des populären Bundespräsidenten Walter Scheel zu bestimmen, und man sich für den scharfzüngigen und stark polarisierenden Karl Carstens entschied. Die Bundesversammlung dürfe sich nicht von «der Straße» unter Druck setzen lassen, erklärte Biedenkopf als stellvertretender CDU-Vorsitzender damals. Das Amt des Bundespräsidenten sei ein politisches Amt, und deshalb würden die Delegierten der CDU nach demokratischen Grundsätzen geschlossen für Carstens stimmen.

Biedenkopfs Einwände gegen mich hätten «eine seltsame Vorstellung von Demokratie und Meinungsfreiheit» offenbart, schrieb Nonnenmacher am Tag nach der Wahl. Die indirekte Aufforderung, Gauck zu wählen, um freiheitliche Gesinnung zu beweisen – «das ist der Weg nach Absurdistan». Mit der von ihnen angestoßenen Debatte hätten Biedenkopf und andere «verdiente Alt-Politiker» am Ende nur dazu beigetragen, «einer demokratischen Wahl unsinnigerweise einen Makel anzuheften». Hinter den Einlassungen der Altvorderen steckte viel Anti-Merkel.

Aber es gab in dieser Generation sicher auch erhebliche Zweifel an mir. Manche waren wohl der Wahrnehmung erlegen, dass sie in ihrem Leben sehr viel größere Herausforderungen zu meistern gehabt hätten. Wir, die Vertreter der jüngeren Generation, seien doch eigentlich recht oberflächlich und könnten ihnen das Wasser nicht reichen. Schon gar nicht an Bildung. Kurt Biedenkopf ist zugute zu halten, dass er als Ministerpräsident von Sachsen Großes geleistet hat und dass es für ihn eine reizvolle Vorstellung sein mochte, an der Spitze des Staates zum ersten Mal einen Mann aus dem Osten zu sehen. Richard von Weizsäcker ist ohnehin über jeden Zweifel erhaben.

Die Forderung nach Freigabe der Wahl hatte etwas Irrationales. Denn die Wahl des Bundespräsidenten ist eine geheime Wahl, so dass Fraktionszwang gar nicht durchsetzbar ist: In der geschlossenen Wahlkabine ist jedes Mitglied der Bundesversammlung tatsächlich mit sich allein und richtigerweise ausschließlich dem eigenen Gewissen verpflichtet. In die Entscheidung fließt selbstverständlich die Erwartung der eigenen Wähler mit ein, die man in der Wahlkabine vertritt.

Der Fraktionszwang im Parlament wird nur aufgehoben, wenn eine Gewissensentscheidung ansteht. Die letzte große Debatte im Deutschen Bundestag, bei der die Abgeordneten nach ihrem Gewissen abstimmten, war das Gesetz zur Präimplantationsdiagnostik; sie zählt zu den Sternstunden des deutschen Parlamentarismus, jeder einzelne Abgeordnete wusste, hier kommt es auf meine Stimme an, auf mein Gewissen. Die Debatte über die Verjährung von NS-Verbrechen, die den Deutschen Bundestag über mehrere Legislaturperioden beschäftigte und ebenfalls ohne Fraktionszwang geführt wurde, trug entscheidend bei zu einem verantwortungsvollen Umgang der Deutschen mit der nationalsozialistischen Vergangenheit.

Ich selber hatte mit dem Fraktionszwang früh eine sehr persönliche Erfahrung gemacht. Als Spitzenkandidat der niedersächsischen Opposition hatte ich 1993 die Direktwahl von Landräten und Bürgermeistern gefordert. Zwar war das Thema im Landesverband noch nicht diskutiert, aber weil ich von der Richtigkeit überzeugt war, hatte ich mich vorschnell aus der Deckung gewagt. Gerhard Schröder begriff auf der Stelle, wie populär das Thema war, und machte es zu einem seiner Wahlkampfthemen. Ich hingegen musste beim nächsten CDU-Parteitag nach einer spannenden Debatte eine Niederlage hinnehmen. Die Mehrheit stimmte für die traditionelle Zweigleisigkeit: ehrenamtlicher Oberbürgermeister mit hauptamtlichem Verwaltungschef nach britischem Modell.

Dann wollte die Regierung Schröder die Eingleisigkeit, die Direktwahl hauptamtlicher Bürgermeister, einführen, und es kam zur Abstimmung im Landtag. Die CDU lehnte den Gesetzentwurf ab. Wenn ich mich in dieser Situation der Parteitagsmehrheit verweigert und gesagt hätte, es war ein schöner Parteitag, aber ich stimme allein nach meiner Überzeugung, obwohl es nicht um eine Gewissensentscheidung ging, dann hätte ich die Beratungen von Partei und Fraktion obsolet gemacht. Wer nach dem Prinzip handelt, wenn es mir passt, stimme ich mit der Partei, wenn es mir nicht passt, stimme ich mit dem politischen Gegner, unterhöhlt Grundlagen der politischen Meinungsbildung. Dann bedürfte es letztlich gar keiner Parteitagsabstimmungen.

Die Bündelung der Partei in einer Mehrheitsmeinung ist sinnvoll, weil jeder, der sich in der Partei durchzusetzen weiß, sich sicher sein kann und sicher sein muss, dass auch die Minderheit mit ihm stimmt. So kommen Mehrheiten im Parlament zustande. Auch die Parteibasis braucht den Erfolg, sie will sehen, dass die Mehrheitsmeinung, die als Parteimeinung gilt, sich durchsetzt.

Nur in zwei Fällen ist geheime Wahl durch die Verfassung vorgeschrieben: bei der Wahl des Bundeskanzlers und bei der Wahl des Bundespräsidenten. In allen anderen Fällen legen die Geschäftsordnungen der Parlamente fest, dass öffentlich abgestimmt wird, damit der Fraktionszwang überprüft werden kann, bei besonders umstrittenen Fragen auch durch namentliche Abstimmung. Die 625 Wahlmänner und -frauen, die am 30. Juni 2010 im dritten Wahlgang für mich stimmten, hätten ohne jedes persönliche Risiko auch Joachim Gauck wählen können, keinem wäre dadurch ein Nachteil erwachsen.

Dass die Parteispitzen von CDU, CSU und FDP sich klar für mich ausgesprochen hatten, erzeugte zwar eine gewisse Erwartungshaltung. Aber Erwartungen ist man in der Politik jeden Tag ausgesetzt. Als ostdeutscher Delegierter etwa musste man an diesem Tag mit der Erwartung von Bürgern aus den neuen Bundesländern zurecht kommen, die sich gewünscht hätten, dass man einen der ihren wählte, der die Zeit vor 1989 erlebt hat. Am Ende war eben jeder nur sich und seinem Gewissen verantwortlich. Dies war auch allen von Anfang an klar. Die Debatte darüber war jedoch geschickt inszeniert, und sie hat viele verunsichert.

Die Regierungskoalition verfügte in der Bundesversammlung über 644 Stimmen. 623 Stimmen wären für die absolute Mehrheit nötig gewesen, ich kam im ersten Wahlgang nur auf 600 und im zweiten Wahlgang dann auf 615 Stimmen. Natürlich war ich enttäuscht, dass ein dritter Wahlgang notwendig wurde, in dem die einfache Mehrheit reichte. Im dritten Wahlgang stimmten 625 Delegierte für mich – und das bedeutete dann doch noch die absolute Mehrheit.

Rund zwanzig eigene Wahlleute hatten demnach anders gestimmt. Es fehlten, wohl aus dem bereits erwähnten Grund, einige ostdeutsche Stimmen; vielleicht fehlten ein paar Niedersachsen, die durch meine Regierungsarbeit möglicherweise persönliche Nachteile hatten hinnehmen müssen, vielleicht auch ein paar Baden-Württemberger, die mir meine Rolle in der Auseinandersetzung zwischen VW und Porsche verübelten; und es fehlten eventuell Stimmen von Merkel-Kritikern, denen das ganze Verfahren gegen den Strich ging und die der Kanzlerin einen Denkzettel mitgeben wollten. Ich habe für mich sofort entschieden, nicht darüber nachzudenken – weil nach meiner Erfahrung stets die Falschen verdächtigt werden. Es gab «mehr Verdächtige als im ‹Tatort›», schrieb Helmut Markwort im *Focus*, «Charakterhelden waren es jedenfalls nicht».

Es war sicher kein perfekter Tag für die Regierung Merkel. Die Wahl sei ein klares Misstrauensvotum gewesen, ein Menetekel für Frau Merkel, die einen noch nicht überschaubaren Kontroll- und Autoritätsverlust habe hinnehmen müssen, war am nächsten Morgen in der Presse zu lesen. Von Demütigung und Debakel war die Rede, vom bevorstehenden Ende der Koalition, von Kanzlerdämmerung. Aber war dieser 30. Juni wirklich ein so schwarzer Tag, wie einige Beobachter wollten? Die Bürger hatten die Bundesversammlung mit enorm großem Interesse verfolgt. Die absolute Mehrheit von 625 Stimmen für mich gegenüber 494 Stimmen für Joachim Gauck dürften die meisten als ein eindeutiges Ergebnis gewertet haben.

Bei allem Ärger über die Abweichler haben weder die Bundeskanzlerin noch ich, noch irgend jemand sonst in der Führung der CDU/CSU zu irgendeinem Zeitpunkt in Erwägung gezogen, dass es schiefgehen könnte. Dass wir im dritten Wahlgang wenigstens die dann ausreichende einfache Mehrheit bekämen, stand nie in Zweifel. Deshalb habe ich mich auch geärgert, dass vor dem dritten Wahlgang Gregor Gysi zu mir kam und mir gratulierte: «Sie werden jetzt Bundespräsident, wir werden uns nämlich enthalten.» Auf die Stimmen der Linkspartei war ich jedoch nicht angewiesen. Selbst wenn die Delegierten der Linken im dritten Wahlgang geschlossen Joachim Gauck gewählt hätten, wäre keine Mehrheit zustande gekommen. Es wurde allerdings sehr erfolgreich ein anderer Anschein erweckt.

Die Wahl des Bundespräsidenten soll ohne Wahlkampf und ohne vorherige Aussprache erfolgen, damit der Gewählte nach seiner Wahl schnell alle hinter sich versammeln kann. Diese Tradition ist im Juni 2010 grob missachtet worden. Am Tag nach der Wahl kam Heribert Prantl in der *Süddeutschen Zeitung* zu dem Schluss: «Das höchste Staatsamt ist in der Krise». Ausgelöst durch den unbegreiflichen Rücktritt von Horst Köhler und verstärkt durch die «machtpolitischen Spielchen» sei diese Krise jetzt zu einer schweren Hypothek für das neue Staatsoberhaupt geworden. «Der allgemeine Vertrauensverlust in die von Merkel geführte Regierung ist so groß, dass er durch keinen Wulff der Welt ausgeglichen werden kann.»

Hilfestellung für den ersten Mann im Staat, Flankierung seiner Worte und Taten aus den Reihen der Politik gilt von jeher als eine Schwächung des Amtes. In dieser Hinsicht herrschte in Deutschland seit Jahrzehnten Einvernehmen. Dem Bundespräsidenten kam eine Sonderrolle zu: Er wurde weniger scharf kritisiert, man ging behutsamer mit ihm um, weil er sich nicht ohne weiteres in den Ring der politischen Auseinandersetzung begeben kann und soll. Niemand hat aber nach meiner Auffassung registriert, dass dieser bundesrepublikanische Konsens spätestens in der zweiten Amtszeit von Horst Köhler zerbrochen war.

Die zweite Amtsperiode von Horst Köhler stand unter keinem guten Stern. Horst Köhler hat sich sehr schwer getan, ein zweites Mal anzutreten; dann verlor er seinen engsten Freund Gert Haller, den Chef des Bundespräsidialamtes. Hallers Nachfolger als Staatssekretär, Hans-Jürgen Wolff, war ein genialer Kopf, bewies aber bei der Personalführung nicht immer eine glückliche Hand. Zu Beginn einer neuen Amtszeit erwartet jedermann neue Akzente. Aber man kann das Rad nicht neu erfinden, man kann nicht, wenn der Schwerpunkt der ersten Periode auf Afrika lag, sich Südamerika zuwenden, nur weil die Presse einen Themenwechsel braucht. Also fingen viele an zu mäkeln, es fehle an Schwung, es sei so wenig zu hören aus dem Bellevue. Nachdem die *Bild*-Zeitung im März 2010 scheinbar erschreckt getitelt hatte: «Wo ist eigentlich Super-Horst?», bildete sie den Bundespräsidenten, dem sie fünf Jahre zuvor das blaue Hemd mit dem rot-gelben «S» von Superman übergestreift hatte, jetzt mit Filzpantoffeln im Ohrensessel sitzend ab.

Am 22. Mai 2010, auf dem Rückflug von einem Blitzbesuch in Afghanistan, gab Horst Köhler im Deutschlandradio ein Interview, in dem er mehr Respekt und Anerkennung für die deutschen Soldaten bei Auslandseinsätzen forderte. Für eine so stark vom Außenhandel abhängige Nation wie die deutsche sei «im Notfall auch militärischer Einsatz notwendig», um «zum Beispiel freie Handelswege» zu sichern. Der Fraktionsvorsitzende der Grünen im Deutschen Bundestag, Jürgen Trittin, wies den Bundespräsidenten mit einem historischen Vergleich zurecht, das Zeitalter der «Kanonenbootpolitik» sei nun wirklich vorbei, und empfahl mit der ihm eigenen Generosität, Köhlers Äußerungen als Blackout abzutun: «Man möchte zu seinen Gunsten annehmen, dass er sich bei diesen Worten auf den Pfaden seines Vorgängers Heinrich Lübke vergaloppiert hat.»

Kleiner Scherz? Große Wirkung! Der *Spiegel* ließ sich Trittins Hinweis auf den «bislang größten Tollpatsch im Amt» nicht entgehen. Unter der Überschrift «Horst Lübke» berichtete das Magazin in seiner nächsten Ausgabe genüsslich, das Bellevue habe indirekt eingeräumt, «dass der Amtsinhaber das einzige Machtmittel nicht beherrscht, über das er verfügt: die Sprache ... Was bringt eigentlich ein Präsident, der nicht einmal unfallfrei reden kann?» Der *Spiegel* konstatierte einen «dramatischen Autoritätsverlust» des Bundespräsidenten, der nicht zuletzt darin zum Ausdruck komme, dass Mitglieder der Regierung sich seit langem davor drückten, an Veranstaltungen mit Horst Köhler teilzunehmen, schrieb das Blatt. Heute, vier Jahre später und nach allem, was ich ertragen musste, empört mich diese Diffamierung meines Amtsvorgängers erst recht. «Schweinejournalismus» nannte Horst Köhler das, was er da lesen musste, gegenüber Jens Böhrnsen, dem Bürgermeister von Bremen und amtierenden Bundesratspräsidenten, mit dem er nach seinem Rücktritt die Modalitäten der Amtsübergabe besprach.

Unter führenden CDU-Politikern herrschte auch in diesen Tagen wohl die Meinung vor, dass Horst Köhler sensibel sei und es falsch verstehen könnte, wenn man ihm beispringe. Es scheint niemand mit ihm gesprochen zu haben, weder nach der Entgleisung von Trittin noch an dem Sonntag, an dem der *Spiegel*-Artikel erschien. Horst Köhler hätte die Bundeskanzlerin anrufen und um Unterstützung bitten können. Zumal inhaltlich Übereinstimmung herrschte und seine Bemerkung zum Schutz der Handelswege vor dem Hintergrund der Piratenbekämpfung am Horn von Afrika begründbar war. Aber hätte sich Frau Merkel oder auch der Verteidigungsminister zu Köhlers Feststellung bekannt, wäre der Bundespräsident möglicherweise beschädigt worden, mag sich manch einer gedacht haben. Ähnlich wie ein Bundesligatrainer beschädigt wird, über den der Vereinspräsident sagt, er sitze fest im Sattel.

«Die Kritik entbehrt jeder Grundlage», sagte Horst Köhler am Montag in seiner Rücktrittserklärung. «Sie lässt den notwendigen Respekt für mein Amt vermissen.» Ich stimmte ihm innerlich zu. Auch wenn ich seine Rücktrittsentscheidung für falsch hielt, so hatte ich doch Verständnis angesichts der Umstände, die zum Rücktritt führten.

Als ich zwei Tage später der Bundeskanzlerin meine Bereitschaft zur Nachfolge bekundete, hatte ich zwei Schlussfolgerungen aus dem Köhler-Debakel für mich gezogen. Erstens, wenn mal wieder ein Bundespräsident unter Druck gerät, muss die politische Klasse ihm beistehen. Konkret hieß das: Wenn es einmal eng werden sollte, würde ich Angela Merkel anrufen. Das war dann nicht nötig, denn auf die Bundeskanzlerin konnte ich mich immer verlassen. Mit meiner zweiten Schlussfolgerung lag ich allerdings daneben. Nachdem die Medien mit ihrem Spott entscheidend dazu beigetragen hatten, einen Bundespräsidenten aus dem Amt zu drängen, würden sie in Zukunft etwas vorsichtiger sein, dachte ich, eine Wiederholung würden sie sich erst einmal nicht leisten können. Dies war ein folgenreicher Irrtum.

Ich habe immer ein schwieriges Verhältnis zur Presse gehabt. Mit Blick auf die Berichterstattung, die im Februar 2012 zu meinem Rücktritt führte, neigte ich eine Zeitlang dazu, auch die Artikel über meine Kandidatur und die ersten Amtswochen als Teil einer Medienkampagne zu sehen. Schließlich fanden sich einige der wichtigsten Presseorgane, die zur Jahreswende 2011/2012 zum großen Halali bliesen, bereits im Juni 2010 auf klarem Kurs gegen mich. Die Empörung über meine Nominierung im Juni 2010 korrespondierte auf gespenstische Weise mit dem Bashing am Ende. «Gewinnt Christian Wulff, werden wir der Koalition diesen Sieg nicht verzeihen», drohte

Monika Maron in einem Gastbeitrag zwei Wochen vor meiner Wahl im *Spiegel*, und mit dem Gestus der Selbstgerechten – «man möge mir dieses Selbstzitat nachsehen» – wiederholte sie ihre Prophezeiung auf dem Höhepunkt der Krise Anfang Januar 2012 in der *Frankfurter Allgemeinen Zeitung*.

Am 6. Juni 2010, drei Tage nach meiner Nominierung, gab die *Bild am Sonntag* die Parole aus, der sich in den nächsten vier Wochen Teile der bürgerlichen Presse über alle politischen Lagergrenzen hinweg anschlossen: «Yes, we Gauck!». Das war ein herber Schlag. Wenn *Bild am Sonntag* die beiden Kandidaten vier Wochen lang beobachtet, in einem Kandidatencheck gegenübergestellt, ein paar Stimmen eingeholt und am Ende geurteilt hätte «Advantage Gauck», hätte ich das als einen fairen Wettstreit mit offenem Ausgang empfunden und mit dem Ergebnis leben können. Die schnelle Parteinahme traf mich umso härter, als auch das Flaggschiff des Springer-Konzerns, *Die Welt*, sofort auf Gegenkurs ging. Bereits am Freitag, weniger als zwölf Stunden nach meiner Nominierung und noch vor der offiziellen Präsentation Gaucks durch Gabriel und Trittin, schrieb der *Welt*-Herausgeber Thomas Schmid: «Gauck ist der Richtige».

Kein Wunder, war doch Thomas Schmid derjenige, der den Kandidaten Joachim Gauck gewissermaßen erfunden hatte. Gaucks «Verständnis von Liberalismus und Bürgerlichkeit treffe sich, so sehen es einige führende Springer-Leute, mit den Feststellungen des 1985 verstorbenen Verlegers Axel Springer», berichtete Hans Leyendecker Ende Juni 2010 in der *Süddeutschen Zeitung*. Unmittelbar nach Köhlers Rücktritt, «noch bevor SPD und die Grünen ihre Chance sahen, Merkel zu schaden», habe Schmid den Favoriten des Hauses Springer bei Trittin ins Gespräch gebracht. Seither trommelten die Springer-Blätter, allen voran die *Welt*, «wie eine Sambatruppe für Gauck».

Dass ausgerechnet *Bild* Ausgewogenheit angestrebt und die Balance zu halten versucht habe, wunderte Leyendecker nicht. Chefredakteur Kai Diekmann sei eine Art «Matze Knop des Journalismus» geworden und «immer mehr zum Unterhaltungskünstler» mutiert, für den lediglich die Interessen des Boulevards zählten. Deshalb sei es ihm vermutlich «ziemlich egal, wer am 30. Juni die Wahl gewinnt. Hauptsache, auf dem Platz siegt der Richtige.» O-Ton *Bild*: «Wulff oder Gauck – egal wer am 30. Juni siegt: Deutschland gewinnt auf jeden Fall!»

Am 7. Juni, vier Tage nach meiner Nominierung, machte der *Spiegel* mit dem Titel auf: «Der bessere Präsident». Es werde «ein spannendes Duell werden, ein Duell, bei dem nicht nur zwei Individuen gegeneinander antreten, sondern zwei Lebensweisen, zwei Prinzipien», schrieb das Magazin und erklärte, worin der Unterschied bestehe: «Politiker genießen kein hohes Ansehen in der Bevölkerung ... Einer wie Gauck erscheint da als willkommene Abwechslung, als Hoffnung auf eine bessere Politik.» Der Kandidat Wulff symbolisiere die Schwäche des Systems Merkel. Im Regierungslager dürsteten viele nach Rache an der Bundeskanzlerin, und man dürfe gespannt sein, wie groß die «Fraktion der Rächer» am Wahltag sein werde.

Ähnlich wie Thomas Schmid hatte auch *Spiegel*-Chefredakteur Georg Mascolo ein besonderes Faible für Joachim Gauck. Ihre Beziehung reicht zurück in die frühen neunziger Jahre, als Mascolo für *Spiegel TV* aus Berlin berichtete und vom Grand Hotel keine hundert Meter bis zur Behörde des Bundesbeauftragten für die Stasi-Unterlagen gehen musste, um dort ungestört Akten zu studieren, die er dann für die sonntägliche Ausstrahlung bei *Spiegel TV* aufbereitete.

Zwischen der Bekanntgabe meiner Nominierung am Abend des 3. Juni und dem Andruck des *Spiegels* am 5. Juni lagen weniger als 48 Stunden: In so kurzer Zeit zu entscheiden, wer «der bessere Präsident» war, bedurfte hellseherischer Qualitäten – oder langjähriger Seilschaften. In einer Demokratie hätte hinter den *Spiegel*-Titel ein Fragezeichen gehört, kritisierte Gunter Sachs in einem Leserbrief; ohne Fragzeichen sei «der bessere Präsident» in seinen Augen eine «manipulierende Suggestion».

Der *Spiegel* zog seine Linie bis zum Wahltag konsequent und ohne Pardon durch. Um noch einmal ordentlich Öl ins Feuer zu gießen, zeigte der Titel am Montag vor der Wahl – «Die Wahl, die keine ist» – Angela Merkel mit dickem Filzstift vor einer Wand, auf der es heißt: «Gesetz über die Wahl des Bundespräsidenten durch die Bundesversammlung § 7: Die Mitglieder sind an Aufträge und Weisungen nicht gebunden.» Das «nicht» war von Angela Merkel mit ihrem Filzstift durchgestrichen worden. Den Wahltag nannte das Magazin den «Tag des Verbiegens». Es gehe nicht darum, «wer sich am besten für dieses Amt eignet. Es geht um Macht, um Rache und um das Schicksal Angela Merkels. Den Delegierten und der Wahl wird die Würde genommen.»

Die *Bild am Sonntag,* das auflagenstärkste Blatt im Land, und der *Spiegel*, der mit seinen Vorabmeldungen vom Samstag die Themen der Woche bestimmt, hatten den Kurs vorgegeben, an dem sich die übrige Presse abarbeitete. In den vier Wochen von der Nominierung der Kandidaten bis zur Wahl standen sich in der Tat die beiden Prinzipien gegenüber, die *Bild am Sonntag* und *Spiegel* in einem zwar von unterschiedlichen Motiven bestimmten, aber doch gemeinsamen Aufbegehren gegen «die da oben» definiert hatten: der «Kandidat der Herzen» gegen den Politprofi, in dem sich das System Merkel eine unverzeihliche Blöße gebe – und am 30. Juni möglicherweise selber zu Grabe trage.

Mit aller gebotenen Zurückhaltung: Was den *Spiegel* und das Haus Springer jenseits aller Links-Rechts-Kategorien einte, war der Wunsch, Politik zu machen. Sie wollten nicht mehr über Stärken und Schwächen nominierter Kandidaten berichten, sondern selber nominieren und Einfluss nehmen auf den Ausgang der Wahl. Vielleicht waren sie inzwischen auch so anmaßend, dass sie Angela Merkel nicht durchgehen lassen wollten, im Alleingang mit Horst Seehofer und Guido Westerwelle mich als Kandidaten zu präsentieren, ohne Einbeziehung der Meinungsführer machtvoller Medienkonzerne. Mit Hilfe von Jürgen Trittin und Sigmar Gabriel brachten sie ihren Favoriten in Stellung, den sie wirkmächtig als Mann des Volkes präsentierten. Allerdings gab es keinen demoskopischen Anhaltspunkt für die Behauptung, die Mehrheit der Deutschen sei auf einen Kandidaten festgelegt. In allen Umfragen, das musste der *Spiegel* noch in seiner letzten Ausgabe vor dem Wahltag einräumen, gab es ein Kopf-an-Kopf-Rennen.

Ich kann nicht leugnen, dass ich mich durch einige Artikel, die im Laufe des Monats Juni in führenden deutschen Zeitungen erschienen, persönlich getroffen fühlte. Eine in der *Welt* erschienene Fotostrecke montierte Schnappschüsse aus meiner Zeit als niedersächsischer Ministerpräsident zu einem großen Spaßtableau: Ich war mit Pappnase und Indianerschmuck zu sehen, bei einer sommerlichen Autogrammstunde im Wasser, als Landesvater, der Küsschen hier und Küsschen da erhält. Meine Bürgernähe als Ministerpräsident eines großen Flächenlandes wurde hier persifliert.

Der Autor des Artikels, Ulrich Exner, rief mich an einem Sonntagnachmittag im Juni zuhause an. Wie es mir denn angesichts der Kritik in den Medien ginge? Ob ich mir denn sicher sei, dass ich Bundespräsident werde? Die Chancen stünden doch schlecht. «Mir geht es gut», antwortete ich. «Ich sitze im Garten, Linus spielt im Sandkasten, und ich bin zuversichtlich.» Setzten Kritiker womöglich darauf, dass ich meine Kandidatur fallenlasse und verzichte? Nachdem ich von der Bundesversammlung gewählt worden war, gab mir Ulrich Exner am 2. Juli in der *Welt* eine kaum verhüllte Warnung mit auf den Weg: «Auch für Bundespräsidenten, das weiß man seit Horst Köhler, ist das von Wulff immer so misstrauisch beäugte Berliner Haifischbecken kein Ort entspannten Repräsentierens mehr. Es wird sehr genau hingeschaut, und jeder kleine Fauxpas ist immer auch eine Schlagzeile wert. Es wird für Christian Wulff etwas sehr Beruhigendes haben, im Zweifel zurückkommen zu können nach Großburgwedel.»

Immer auf der Suche nach einem kleinen Fauxpas beobachtete mich Herr Exner fast vier Jahre lang wie unter der Lupe und produzierte dabei viele Schlagzeilen über den jeweils aktuellen Zustand seines Untersuchungsobjekts. In der Prozessphase war er dank exzellenter Verbindungen in die Justiz Hannover meist als erster unterrichtet. Am 15. August 2013 konnte er zum Beispiel verkünden, wann der Prozess eröffnet und dass die Anklage von Bestechung und Bestechlichkeit auf Vorteilsannahme und Vorteilsgewährung heruntergestuft würde. Das Gericht dementierte, woraufhin die *Welt* am nächsten Tag versicherte, man habe aber zuverlässige Informationen. Ja, woher denn? Am Ende des Prozesses, einen Tag nach dem Urteil, wusste Herr Exner als erster zu vermelden, dass die Staatsanwaltschaft Revision beantragen werde.

Eine Zeitlang dachte ich, bis zur Wahl jagen dich die Journalisten ein bisschen, um dich zu testen, aber am Tag nach der Wahl werden sie dir doch eine faire Chance geben. Und dann würde ich sie überzeugen, dass ich der Richtige bin, nach hundert Tagen wäre die Mehrheit zufrieden mit meiner Arbeit, und so würde es Monat für Monat bergauf gehen. Die hohen Sympathiewerte in der Bevölkerung halfen mir immer wieder, über mediale Tiefschläge hinwegzukommen. Und natürlich tat mir jeder unverhoffte Zuspruch gut. Etwa wenn in einem Fernsehinterview der frühere SPD-Ministerpräsident von Nordrhein-Westfalen, Wolfgang Clement, auf die Frage, ob ich nicht zu jung für das Amt sei, antwortete, warum man eigentlich immer Leute seines Alters dahinschicken solle. Er, Clement, begrüße es, wenn die Deutschen endlich einmal einen jüngeren Bundespräsidenten bekämen, und er halte mich auch für geeignet, schließlich hätte ich «in Niedersachsen eine ganze Menge vorangebracht».

Unter den Journalisten und Redakteuren, die sich zur intellektuellen Avantgarde zählen, spürte ich jedoch eine kalte Front der Ablehnung. Am ehrlichsten war Frank Schirrmacher, der in der *Frankfurter Allgemeinen Sonntagszeitung* vom 20. Juni schrieb, es gehe «nicht darum, nach Wulffs Vorzügen zu fahnden. Es geht darum, was auf jeder Cocktailparty und jedem Grillfest und ganz bestimmt zwischen ‹Café Einstein› und ‹Grill Royal› gegen ihn spricht.» In den Augen des *FAZ*-Herausgebers war ich ein typischer Vertreter meiner Generation, der Generation der Babyboomer, die nichts geleistet, sondern immer nur funktioniert hatte und die sich jetzt in meinem Spiegelbild selbst bekämpfte. «Es fällt nicht schwer, in der aktuellen, völlig unpolitischen Debatte Züge des Selbsthasses eines bürgerlichen Milieus zu sehen, dessen größtes Abenteuer das Bungee-Springen in Australien war.» Für dieses Publikum, das nach Unterhaltung lechze, sei Joachim Gauck der ideale Kandidat: Wie ein Romanheld lenke er das Publikum ab von seiner eigenen Bequemlichkeit: «Der Selbstbetrug der Gesellschaft ist abenteuerlich».

Die dramatischen Herausforderungen, vor denen unsere Gesellschaft allein aufgrund ihrer demographischen Veränderungen stehe, verlangten aber nicht einen Romanhelden als Stellvertreter gegen die Langeweile, sondern einen politischen Kandidaten, der den Selbstbetrug seiner Generation überwinde. Mit dem sorglosen Leben der Wirtschaftswunderkinder sei es nun einmal vorbei, die Geburtsjahrgänge 1955 bis 1970 stünden vor einer gigantischen Aufgabe. Würde ich dieses Thema anpacken und denen, die mir mein ungebrochenes Leben zum Vorwurf machten, vor Augen führen, dass es die Annehmlichkeiten ihres eigenen Lebens seien, die sie an mir nicht mögen, dass es mit diesen Annehmlichkeiten aufgrund schwindender Ressourcen aber unwiderruflich zu Ende gehe, könnte ich doch noch zum Helden werden – und zwar zu einem richtigen. So die *FAZ*.

Permanente Endzeitstimmung ist ein Wesensmerkmal jenes Konservatismus, den die *Frankfurter Allgemeine* pflegt. Die Verfassung unseres Landes sieht den Bundespräsidenten aber nun einmal nicht als Reiter der Apokalypse vor. Im übrigen habe ich, was die notwendigen Anpassungen betrifft, eine optimistischere Haltung. Es ist natürlich richtig, dass wir aufgrund der demographischen Entwicklung in manchen Bereichen umlenken müssen. Aber Veränderungen in der Politik können nur schrittweise vorgenommen werden, nach dem Prinzip des «piecemeal social engineering». Wer den Erfolg will, muss an unsere Stärken anknüpfen. Um diese Stärken, die in der umfassenden Verantwortlichkeit einer zeitgemäßen sozialen Marktwirtschaft liegen, werden wir heute von vielen in der Welt beneidet. Wenn wir diese Stärken weiter ausbauen, hat Deutschland gute Chancen, im internationalen Vergleich auch weiterhin eine seiner Größe und Bedeutung angemessene Rolle zu spielen.

Man lese den Briefwechsel zwischen Willy Brandt und Günter Grass, um zu verstehen, wie leidenschaftlich und gezielt Macht und Geist in Deutschland manchmal aneinander vorbei reden. Viele Berufsintellektuelle sind ehrlich davon überzeugt, im Zweifel mehr von der Politik zu verstehen als mancher Politiker. Mir ist allerdings kein einziger dieser Intellektuellen bekannt, der als Spitzenkandidat eine Landtagswahl oder eine Bundestagswahl gewonnen hätte.

Als man bei der *Bild am Sonntag* kurz vor der Wahl einsehen musste, dass es wohl doch auf mich zulaufen würde, entschloss man sich, mir ein doppelseitiges Interview einzuräumen. Ich befand mich zu dieser Zeit als Ministerpräsident auf meiner lang geplanten alljährlichen Sommertour und besuchte in vier Tagen zwanzig verschiedene Orte. Auf dem Programm standen neben zahlreichen öffentlichen Einrichtungen und gemeinnützigen Vereinen eine Wurstverarbeitungsfabrik in Hannover, eine Firma für Rettungsboote an der Küste und ein Freizeitpark bei Bremen, dessen besondere Attraktion Wölfe waren. In der Staatskanzlei hatte es Überlegungen gegeben, die Sommertour abzusagen, aber zum einen wären viele Gemeinden enttäuscht gewesen, zum anderen war ich zu stark von der Vorstellung beseelt, dass man das, was man einmal zugesagt hat, auch halten muss. Also machte ich meine Arbeit als Ministerpräsident bis zum letzten Tag, ohne einen Termin wegen meiner Kandidatur abzusagen. Es war im Rückblick ein Fehler.

Als ich anderthalb Jahre später im Fernsehinterview mit Bettina Schausten und Ulrich Deppendorf den Umstand beklagte, dass ich im Unterschied zu allen meinen Vorgängern im Amt keinerlei Vorbereitungszeit gehabt hätte, wurde mir das als larmoyant und naiv angekreidet. Traditionell wurde ein Präsidentschaftskandidat aber schon zum Jahreswechsel rechtzeitig bestimmt, Ende Mai gewählt und, seit Gustav Heinemann, am 1. Juli vereidigt. Bei mir lagen zwischen Nominierung und Wahl gerade vier, überdies durch meinen Terminkalender als Ministerpräsident eng getaktete Wochen; die wenigen Stunden, in denen ich mich konzentriert auf die künftigen Aufgaben einstellen konnte, waren an einer Hand abzuzählen.

Dies hob ich im Interview mit der *Bild am Sonntag* gleich am Anfang hervor und bat um Verständnis, dass ich mich zur Ausgestaltung meiner Amtsführung frühestens in meiner Rede zum Tag der Deutschen Einheit äußern könnte. Mir sei klar, dass große Herausforderungen auf unser Land zukämen – stellvertretend nannte ich die Bewältigung der demographischen Entwicklung, den Generationenvertrag und die Integration von Migranten. Dann fuhr ich fort:

«Deswegen würde ich das Schloss Bellevue zu einer Denkfabrik für Deutschland machen. Wissenschaftler, Politiker, Künstler, kluge Köpfe könnten dabei helfen, Anregungen zu geben, unser Land modern und zukunftsfest zu machen. Denken Sie an Friedrich den Großen und seinen Berater Voltaire. Goethe war Minister und von Humboldt preußischer Beamter – beide waren Staatsdiener. Das Staatsoberhaupt wird ja nicht durch die Wahl zum Universalgenie, sondern ist auf den Rat von klugen Leuten angewiesen.»

Ich kann an dieser Passage aus meinem am 27. Juni erschienenen Interview mit der *Bild am Sonntag* auch nach wiederholter Lektüre und vier Jahre später nichts entdecken, was Anlass zur Empörung sein könnte. Der damalige Chef des Feuilletons der *Frankfurter Allgemeinen Zeitung* fühlte sich durch diese Sätze jedoch dermaßen provoziert, dass er in die unterste Schublade griff: «Wulffs Voltairianismus ist in der Sache nicht weiter ernst zu nehmen; der Kandidat schmückt sich mit dem Traumberaternamen wie seine Frau mit der Tätowierung.» Er erteilte mir eine Belehrung in Sachen Satzbau: «Richtig müsste der Satz lauten: Das Staatsoberhaupt wird ja durch die Wahl nicht zum Universalgenie». Wies mich darauf hin, dass es zwei Humboldts gab: «Ein Ministerpräsident kennt nur einen Humboldt – den, dessen Universität man gerade ruiniert hat». Und schlug eine Bresche für den katholischen Fundamentalismus, mit Modernisierung sei hoffentlich nicht die Beförderung weiterer Muslime in Spitzenpositionen gemeint: «Die Benennung einer Ministerin, die sich mit der Forderung nach Kruzifix- und Kopftuchverbot einführte, war eine Panne». Der *FAZ*-Artikel endete mit einem Zitat Voltaires, der 1750 in einem Brief an Friedrich den Großen das Land um Hannover «eine hundselendigliche Gegend» genannt hatte. Zum Glück hätte ich mir «eine Rückfahrkarte besorgt».

Solche Häme war mir nie zuvor in meinem Leben begegnet. Ich hatte das Gefühl, dass hier ein Kampf gegen mich als Mensch eröffnet wurde, der mit meinen Überzeugungen als Politiker wenig bis nichts zu tun hatte. Was geht im Kopf von Leuten vor, die solche Texte verfassen?

Offenbar fragten sich das auch manche Leser der *Frankfurter Allgemeinen*. Eine Woche später wurden in einem Leserbrief zunächst Voltaire-Zitate nachgereicht, die meine Absichten in einem sehr viel freundlicheren Licht erscheinen ließen. Das Feuilleton, das «jahrzehntelang über die vermeintliche Borniertheit der Staatstragenden gegenüber den Repräsentanten der Kultur gejammert und geklagt» habe, so stellte der besorgte Leser fest, schreibe leider «schon jetzt die Gewissheit herbei: Wulff ist keiner von uns, der genießt bei uns keinen Kredit. Das erzeugt genau jene Verdrossenheit, die man dann anschließend wieder wortreich analysieren kann.»

Am Morgen der Bundesversammlung, dem 30. Juni 2010, legte das Feuilleton der *FAZ* erneut nach. Ich war in dem Interview mit der *Bild am Sonntag* nach dem Buch gefragt worden, das ich auf die sprichwörtliche einsame Insel mitnehmen würde, und hatte den *Kleinen Prinzen* von Antoine de Saint-Exupéry genannt. Das Buch enthalte «viele Lebensweisheiten, vor allem, mit dem Herzen statt nur mit den Augen zu sehen». Da müssen sie in den Frankfurter Redaktionsstuben Tränen gelacht haben. Von den «Augen des Herzens», von denen Paulus in seinem Brief an die Epheser schreibt, hatten die Redakteure offenbar noch nie gehört. Wer den *Kleinen Prinzen*, «die Bibel aller Weichstapler», seine Lieblingslektüre nenne, erstrebe «ein sehr kleines, sehr reines und sehr populäres Herz», ihm würden sicher schon nach den ersten Seiten «gemütlich-puschelige Wollsocken an den Füßen wachsen».

Ich spürte, dass auch nach der Amtsübernahme nur auf Fehler geachtet werden würde: Was hat er jetzt wieder zitiert, was ist ihm diesmal wieder misslungen, wo geht wieder was schief? Diejenigen, deren Urteil von vornherein feststand, haben nie gefragt: Was will er uns sagen, er ist schließlich unser Präsident?

DER KANDIDAT

Einer der vielen schönen Sätze über mich stammt aus dem *Spiegel*. Christian Wulff kommt nicht nur aus Osnabrück, er ist wie Osnabrück. Das sollte soviel heißen wie: Er kommt aus der Provinz; da sind alle ein bisschen zurückgeblieben, und obwohl sie jüngst sogar Fernsehen mit Antennen bekommen haben, wissen sie nicht wirklich Bescheid. Eines konnte ich aus dem Satz mit Sicherheit ableiten: Dass der Verfasser nie in seinem Leben in Osnabrück gewesen sein kann.

Meine Heimatstadt Osnabrück ist eine Stadt der Mitte: nicht zu klein und nicht zu groß, nicht zu spießig und nicht zu anonym, eine typisch deutsche Stadt mit einem aufgeklärten Verhältnis zu ihrer Geschichte. Mitte und Maß sind als Orientierungen so schlecht nicht. Osnabrück ist aber auch die Stadt wechselnder Mehrheiten: Die Opposition von heute ist die Regierung von morgen und umgekehrt, und das führt dazu, dass die Politiker den Dialog pflegen. Der Oberbürgermeister schaut ab und zu aus dem Fenster und sieht: Die Bäume wachsen nicht in den Himmel.

In der Kommunalpolitik lernt man schnell die Komplexität politischen Handelns und die Widersprüchlichkeit vieler Erwartungen kennen. Der eine will die Bushaltestelle ganz in der Nähe, aber nicht direkt vor seinem Grundstück, um nicht die weggeworfenen Dosen im Garten einsammeln zu müssen. Der andere will den Flaschencontainer in der Nähe, aber bitte hinter dem Haus des Nachbarn, damit man selber nichts davon hört. Im kommunalen Alltag findet das neuzeitliche Sankt-Florians-Prinzip viele Verehrer: Mir ist kein Opfer zu groß, das mein Nachbar für mich bringen kann.

1648 wurde der Dreißigjährige Krieg in Europa mit dem Friedensvertrag von Osnabrück und Münster beendet. In Osnabrück residierten die Bevollmächtigten Kaiser Ferdinands III. und der schwedischen Königin Christina, in Münster die Bevollmächtigten des Kaisers und des französischen Königs Ludwig XIV. Ein reitender Bote übermittelte den jeweiligen Stand der Verhandlungen. Heute versammeln sich einmal im Jahr alle Viertklässler der Stadt mit Steckenpferden auf dem Rathausplatz, um an den Friedensschluss zu erinnern. Sie reiten die Rathaustreppe hoch, bekommen oben vom Oberbürgermeister eine Brezel und reiten auf der anderen Seite die Treppe wieder hinunter. Ein unvergesslicher Tag für Zehnjährige, die auf diese Weise den Frieden konkreter erfahren als durch jede Ansprache.

Die Verantwortung für den Frieden wurde für meine Heimatstadt zum Kern ihres Selbstverständnisses. Der Jurist und Historiker Justus Möser bestimmte im 18. Jahrhundert eine Zeitlang die Geschicke Osnabrücks und trug im Geist der Aufklärung dazu bei, die Bürger durch Teilhabe an politischen Entscheidungen stärker einzubinden. Der Schriftsteller Erich Maria Remarque schuf 1929 mit seinem Welterfolg «Im Westen nichts Neues» eines der großen Dokumente der Antikriegsliteratur und ein bleibendes Denkmal gegen die Unmenschlichkeit des Krieges. Der jüdische Maler Felix Nussbaum, der im Alter von 40 Jahren in Auschwitz ermordet wurde, hat in seinen Bildern auf beklemmende Weise die Ausgrenzung und Verfolgung der Juden Europas in der Zeit des Nationalsozialismus thematisiert. Ein zufälliger, durch den gemeinsamen Geburtsort bedingter Dreiklang – gewiss. Aber eine Trias, die mich beeindruckt hat.

In Städten wie Hamburg, Frankfurt oder Berlin trifft man unter den so genannten Meinungsführern bisweilen auf ein scheinbar naturgegebenes Superioritätsgefühl gegenüber der so genannten Provinz, das staunen macht. In Bezug auf meine Person war es der Berliner Verleger Klaus Wagenbach, der den Vogel abschoss: «Beim Namen Christian Wulff verdreht er nur verzweifelt die Augen. ‹Geboren in Hannover, zur Schule gegangen in Hannover, studiert in Hannover, Ministerpräsident in Hannover.›» Drei dieser vier Aussagen sind zwar falsch, aber die Autorin der *tageszeitung*, die den Artikel zu Wagenbachs 80. Geburtstag geschrieben hatte, war hingerissen von soviel Sachverstand und schwärmte, sie habe «selten eine so pointierte Charakterisierung des neuen Bundespräsidenten gehört». Pointiert?

Je weniger einer kennt, desto unbeschwerter kann er sich äußern. Am besten kennen sich nach eigenem Dafürhalten Einwohner bestimmter Metropolen aus. In der Metropole zu leben und häufig nur diese zu kennen, das allerdings zeugt in meinen Augen nicht von Weltläufigkeit. Wer hingegen aus der Provinz kommt, ist neugierig und motiviert, die Welt zu ergründen. Er weiß, dass er in der Regel unter schlechteren Bedingungen an den Start geht, er darf nicht selbstgerecht und eitel sein. Wer aus der Provinz kommt, muss vor allem fleißig sein. Nach meinen Erfahrungen ist es offenkundig leichter, sich von klein nach groß zu orientieren als umgekehrt. Wer sich für das Kleine zu groß ist, ist für das Große oft zu klein.

Als Jugendlicher hatte ich erlebt, wie Helmut Kohl wegen seiner Herkunft aus Oggersheim belächelt wurde. Dabei waren es gerade die vielen kommunalen Erfahrungen, etwa mit der BASF, die seine politische Arbeit prägten. Willy Brandt hat sich zeitlebens zu Lübeck bekannt. Die berühmte Inschrift am Holstentor «Eintracht im Innern, Friede nach außen» habe zwar wenig mit der Wirklichkeit seiner Jugendjahre zu tun gehabt, schrieb er in seinen Erinnerungen, trotzdem habe er sich später immer gern auf diesen Wahlspruch berufen.

Man muss die Menschen und das Land lieben, sonst braucht man gar nicht erst in die Politik zu gehen. Nur wer unter den Menschen verankert ist, kann eine Politik machen, die der Region nutzt. So haben es mir meine ersten Vorbilder in der Region Osnabrück-Emsland vermittelt: Rudolf Seiters, Chef des Bundeskanzleramtes und Bundesinnenminister, Burkhard Ritz, in den siebziger Jahren stellvertretender Vorsitzender der CDU/CSU-Bundestagsfraktion, später Finanzminister und Landwirtschaftsminister im Kabinett von Ernst Albrecht, und Werner Remmers, der Vorsitzende des Bezirksverbands, in den siebziger und achtziger Jahren einer der führenden Köpfe der Landesregierung. Zu meinen Vorbildern in den frühen siebziger Jahren zählten auch Josef Stock, der spätere stellvertretende Ministerpräsident, und Walter Remmers, der spätere Justizminister, der Bruder von Werner. Sie alle zeichneten sich dadurch aus, dass sie Politik pragmatisch, auf sehr sachliche Art betrieben, zugleich aber stark von Werten geleitet wurden.

Was mir an diesen Politikern besonders gefiel, war ihr Bestreben, strittige Fragen im Konsens zu lösen. Ich hatte als Kind und Jugendlicher bedrückende Auseinandersetzungen in der Familie erlebt. Meine Eltern lebten getrennt; der Streit zwischen ihnen um Unterhalt und Besuchsrecht gehört zu meinen frühesten Kindheitserinnerungen. Ich stand immer wieder zwischen meiner Mutter, bei der ich lebte, und meinem Vater. 1967 heiratete meine Mutter zum zweiten Mal, aber auch diese Ehe ging nach einigen Jahren in die Brüche, und wieder gab es viel Streit und Unerbittlichkeit. Ich kannte oft nicht den Grund, aber ich begriff, dass nicht die eine Seite allein Recht und die andere Unrecht hatte. Aus der Perspektive des Kindes hatte vielmehr jeder von beiden ein bisschen recht.

In der Schulzeit bestätigte sich für mich, dass man viel erreichen kann, wenn man Vertreter verschiedener Standpunkte dazu bringt, miteinander zu reden, sich an einen Tisch zu setzen und Argumente auszutauschen. Als Schülersprecher habe ich erste grundlegende Erfahrungen gesammelt und gelernt, wie wichtig es ist, andere einzubinden. Das gefiel mir auch an dem von Ernst Albrecht geprägten Stil der CDU Niedersachsen: Nicht auf den politischen Gegner einzuschlagen, Politik nicht als Inszenierung zu betreiben, sondern sachlich argumentativ aufzutreten und ernsthaft um den besten Weg zu ringen. Diesen Politikstil nahm ich mir zum Vorbild, daran wollte ich mich orientieren. Der Humpen Bier beim politischen Aschermittwoch entsprach weniger meiner Art, nicht nur wegen des Alkohols und des verrauchten Zeltes.

Allerdings genügt es nicht, immer nur auf Ausgleich bedacht zu sein. Wer in der Politik Erfolg haben will, muss bisweilen auch Kontrahenten innerhalb und außerhalb der Partei entschlossen begegnen. Und er muss Ausdauer beweisen. In Hannover bin ich dreimal angetreten, um ans Ziel zu kommen – aus der Opposition heraus, und das ist in der deutschen Politik eine seltene Ausnahme. Nach zwei Niederlagen gegen Gerhard Schröder 1994 und 1998 durfte die dritte Wahl 2003 nicht mehr verloren gehen. Der Druck war gewaltig, aber aus zwei Wahlkämpfen hatte ich eine Menge gelernt. Im Sieg wird mancher ein bisschen selbstgefällig, jedenfalls bequem. Darin liegt eine Gefahr. Mich hat die Verarbeitung der Niederlagen gestärkt.

1991 hatte ich ein für mich persönlich richtungweisendes Gespräch mit Helmut Kohl. Die Partei war in einer schwierigen Phase, Kohl kam nach Hannover. Im Landesvorstand begann er wie immer generös von den jüngsten weltpolitischen Entwicklungen zu erzählen, merkte aber, dass er den Saal nicht in den Griff bekam. Da saßen vierzig Leute, und es herrschte dicke Luft.

Ich war Bezirksvorsitzender der CDU Osnabrück-Emsland, junger Anwalt, und meldete mich in der Aussprache zu Wort: «Herr Bundeskanzler, ich kann es überhaupt nicht beurteilen, ich weiß nicht, ob es stimmt oder nicht, es steht mir auch nicht zu, aber ich muss hier von der Basis berichten, und da heißt es: Sie wirken selbstgerecht. Und das ist für Politiker eine schlichte Katastrophe.» Im Saal konnte man eine Stecknadel fallen hören. Alle wirkten ziemlich betreten und hätten sich am liebsten in Luft aufgelöst; dabei hatte ich nur das gesagt, was in der Partei seit Wochen gedacht wurde. Nach der Sitzung kam Kohl um den Tisch herum und sagte: «Wulff, sind Sie mal in Bonn?» Ich sagte: «Herr Bundeskanzler, ich bin gelegentlich in Bonn.» – «Dann kommen Sie mal vorbei. Melden Sie sich in den nächsten Tagen bei meiner Frau Weber.»

Das war Helmut Kohl: Wenn man ihm rundheraus sagte, er wirke selbstgerecht, akzeptierte er das und lud einen zum Gespräch ein. Gar nicht ausstehen konnte er Heckenschützen, die sich, von ihm zur Rede gestellt, damit herauszureden suchten, dass sie von der Presse falsch wiedergegeben worden seien. In späteren Jahren rief mich der Chef des Kanzleramtes Friedrich Bohl gelegentlich an: Ich hätte dies und das gesagt, der Kanzler sei darüber in heller Aufregung. Es sei aber nun einmal meine Meinung, entgegnete ich, und so ging es hin und her. «Und was soll ich dem Kanzler jetzt sagen?» –

«Sagen Sie ihm, es sei meine Meinung, und die würde ich auch äußern.»

Gerhard Schröder, meinte ich einmal etwas flapsig, ist die härteste Nuss, die die Sozialdemokraten zu vergeben haben. 1986 war er als Spitzenkandidat gegen Ernst Albrecht angetreten, unterlag und übernahm daraufhin den SPD-Fraktionsvorsitz im niedersächsischen Landtag. Es gefiel ihm ganz und gar nicht, dass sich die SPD in der Opposition eingerichtet hatte, als wäre Albrecht auf Lebenszeit gewählt. Er werde den Ministerpräsidenten vor sich her treiben, sagte der neue Oppositionsführer, und mit dieser Strategie hat er vier Jahre lang nicht nur die Regierung, sondern auch seine eigenen Leute ziemlich aufgemischt. Im Landtag hielt ein neuer Stil Einzug, der Umgang der Parteien miteinander wurde härter.

Unter Karl Ravens, Schröders Vorgänger als Partei- und Fraktionsvorsitzender, herrschte ein netter, umgänglicher Ton. Wenn bei einer wichtigen Abstimmung ein CDU-Abgeordneter wegen Krankheit ausfiel, bot Ravens an, wenn bei euch einer fehlt, fehlt bei uns auch einer, das ist kein Thema. Mit Schröder war in diesem Punkt nicht zu reden, und weil die Regierungskoalition aus CDU und FDP nur eine Stimme Mehrheit hatte, musste schon mal ein CDU-Abgeordneter auf der Krankenliege ins Plenum getragen werden. Wenn Schröder ans Rednerpult ging, griff Albrecht das erste Mal zum Wasserglas. Und es kam knüppelhart: Celler Loch, Spielbankenaffäre, solche Themen standen plötzlich auf der Tagesordnung. Viele Jahre später hat Schröder Wilfried Hasselmann gestanden, sie hätten eben an die Regierung gewollt. Und so haben sie Ernst Albrecht das Leben schwer gemacht.

1990 kam nach 14 Jahren CDU-Regierung der Machtwechsel. Vier Jahre später verteidigte Schröder sein Amt gegen mich, einen 34-jährigen «Nobody». Nach der Niederlage übernahm ich von Jürgen Gansäuer in einer Kampfabstimmung den Fraktionsvorsitz, und so wie Schröder acht Jahre zuvor der SPD als Oppositionsführer neuen Kampfesmut eingeblasen hatte, so brachte ich jetzt die CDU in Stellung. Leicht war das nicht. Aber schon in der konstituierenden

Sitzung des neuen Landtags am 21. Juni 1994 konnte ich mir etwas Respekt verschaffen. Ich hatte mich auf meine Antrittsrede gut vorbereitet und neben dem Redemanuskript ein paar Spickzettel liegen, um auf Zwischenrufe reagieren zu können. Es kam ein Zwischenruf von einem Abgeordneten, den ich kannte. Ich sprach ihn mit Namen an und sagte, vier Jahre Wahlperiode bedeuteten für ihn, dass er vier Jahre die Chance hätte, die Qualität seiner Zwischenrufe zu verbessern. Der Saal tobte. In den Reihen der SPD zog man daraus den Schluss, der neue Oppositionsführer kennt hier offenbar jeden namentlich und auf Zwischenrufe sollten wir ab sofort besser verzichten.

Gerhard Schröder gehörte zweifellos zu den Alpha-Tieren. Wenn er einen Raum betrat, war klar, hier kommt der Chef. Seine Sicherheitsbeamten gingen vorweg, sondierten die Lage, und dann war die Bühne frei, niemand konnte mehr übersehen, wer da kam. Natürlich waren es schwere Wahlkämpfe gegen ihn, aber andererseits war es leichter, gegen einen wie ihn zu verlieren und die Niederlage zu verarbeiten. Wie aus den Analysen der Wahlergebnisse hervorging, hatte ich die größten Probleme bei Gleichaltrigen. Gewählt wurde ich von Älteren und von Jüngeren, weniger von den Vertretern meiner Generation. Eine rationale Erklärung hierfür gab es nicht.

Was den Führungsstil anging, war ich zurückhaltend. Der gute Hirte führt die Herde von hinten, so habe ich es bei Nelson Mandela gelesen, er sorgt für die Richtung, aber er sorgt zugleich dafür, dass kein Schäflein verlorengeht. Wer als Hirte voranschreitet, läuft Gefahr, dass ihn die Herde aus dem Blick verliert, wenn er zu schnell geht oder in einer Senke verschwindet. Mein Bestreben, verlorengegangene oder fremdelnde oder schwarze Schafe in die Herde zu integrieren, verdankt sich dieser Philosophie der Führung von hinten.

Gerhard Schröder war der Basta-Mann, der voranging und dominierte. Gleichzeitig hatte er ein Gespür für Leute mit politischer Begabung. Zu seinem Team gehörten Frank-Walter Steinmeier, zunächst Leiter des persönlichen Büros, von 1996 an Chef der Staatskanzlei, Brigitte Zypries, Referats-, später Abteilungsleiterin in der

Staatskanzlei, Sigmar Gabriel, der 1998 den Fraktionsvorsitz übernahm, und Thomas Oppermann. Sie alle hatten enormes Potential und zeigten, was in ihnen steckte.

Ein halbes Jahr nach der dritten gewonnenen Niedersachsen-Wahl 1998 wechselte Gerhard Schröder nach Berlin, und in diesem Moment machte die SPD in Hannover den Fehler, Gerhard Glogowski zu seinem Nachfolger zu bestimmen. Glogowski war ein guter Oberbürgermeister von Braunschweig gewesen, ein Pfundskerl, der unter Schröder ein engagierter Innenminister gewesen war. In der niedersächsischen Sozialdemokratie gab es aber bald eine heftige Debatte um den Schröder-Nachfolger. Durch Indiskretionen aus den eigenen Reihen ist Glogowski gut ein Jahr später gestürzt worden, die Opposition hatte daran kaum Anteil. Wir hatten auch gar kein Interesse daran, dass Glogowski ausgetauscht wurde, weil wir nach acht Jahren Schröder bei der nächsten Wahl große Chancen auf einen Wechsel sahen.

Heute werfe ich mir vor, dass ich zu hart war gegen Gerhard Glogowski nach seinem Rücktritt. Wir kannten die Umstände und hätten uns besser zurückgehalten. Wir hätten sagen müssen, ihr habt Glogowski in die Wüste geschickt, damit ist es gut. Statt dessen haben wir einen Untersuchungsausschuss durchgesetzt und mit der gleichen Münze heimgezahlt, mit der uns Schröder seinerzeit aus der Opposition heraus in die Enge getrieben hatte. Es ging um private Urlaubsreisen und die Ausrichtung von Glogowskis Hochzeit. Das alles war sehr unangenehm für ihn, wir hätten es ihm nach seinem Rücktritt ersparen sollen.

Auch in einem anderen Fall, in dem ich mich als Oppositionspolitiker weit aus dem Fenster gelehnt habe, würde ich heute zurückhaltender agieren, ich meine die Kritik an Johannes Rau. Am 18. Januar 1996 hatte Rau, damals noch Ministerpräsident von Nordrhein-Westfalen, mit 1500 Gästen in der Wuppertaler Stadthalle seinen 65. Geburtstag gefeiert; das Fest war von der landeseigenen WestLB finanziert worden. Außerdem hatte die schwierige Unterscheidung zwischen privaten und dienstlichen Anlässen bei Flügen mit der WestLB zu Fragen geführt. Als die so genannte Flugaffäre und die Subventionierung seiner Geburtstagsfeier Ende 1999 aufgedeckt wurden, war Johannes Rau seit einem halben Jahr Bundespräsident.

Man wünsche sich einen Bundespräsidenten, der frei ist von solchen Vorwürfen aus seiner Zeit als Ministerpräsident, sagte ich damals – und wörtlich: «Es ist tragisch, dass Deutschland in dieser schwierigen Zeit keinen unbefangenen Bundespräsidenten hat, der seine Stimme mit Autorität erheben kann». Dieser Satz kam zwölf Jahre später mit der Gewalt eines Bumerangs zurück. Trotzdem gilt auch in diesem Fall, dass ich mein damaliges Verhalten nicht deshalb bereue, weil ich von meinen Sätzen eingeholt wurde, sondern weil ich als Landespolitiker zur Kommentierung nicht berufen war. Richtig ist, dass es während der Amtszeit von Johannes Rau in Nordrhein-Westfalen zu Verfilzungen gekommen war, so dass Einrichtungen wie die WestLB wohl nicht mehr mit der gebotenen Distanz beaufsichtigt und kontrolliert werden konnten. Im Rückblick frage ich mich jedoch selbstkritisch, ob ausgerechnet der niedersächsische Oppositionsführer den ehemaligen Ministerpräsidenten des Nachbarlandes NRW so angehen musste. Heute würde ich sagen: Da habe ich ein bisschen wichtig getan und die Bibel nicht ausreichend bedacht: «Richtet nicht, auf dass ihr nicht gerichtet werdet. Denn … mit welcherlei Maß ihr messet, wird euch gemessen werden.»

Mir war stets Transparenz wichtig. Die entscheidende Frage muss zudem lauten: Spart diese oder jene Maßnahme, dieses oder jenes Sponsoring Steuergelder, oder verhilft es einzelnen zu Vorteilen? Hier befindet man sich schnell in einer Grauzone. Wenn die Zigarettenindustrie ein Sommerfest der Landesregierung unterstützt, muss der Ministerpräsident damit rechnen, in den Medien dafür kritisiert zu werden, wenn er zum Nichtrauchergesetz möglicherweise eine zu weiche Linie vertritt. Wenn die Autoindustrie darauf hinweist, dass die beabsichtigte Verschärfung der CO_2-Normen den Produktionsstandort gefährdet, muss die Politik das ernst nehmen, auch wenn der Lobbyismusverdacht schnell im Raum steht. Doch es geht nicht ohne gegenseitige Information und gegenseitiges Vertrauen.

Allerdings müssen die Grenzen klar sein. Schon in meiner Zeit als

Oppositionspolitiker habe ich streng darauf geachtet, Diensttätigkeiten und Freundschaften zu trennen. Wenn ein Freund zu mir gekommen wäre mit der Bitte, etwas für ihn zu tun, hätte ich ihn darauf aufmerksam gemacht, dass es der Preis unserer Freundschaft sei, nichts für ihn tun zu können. Wer das für ein schönes Märchen hält, den weise ich darauf hin, dass ja nunmehr mein gesamtes Leben bis in die privatesten Winkel auf mögliche Vorteilsannahme ausgeleuchtet wurde.

Unsere Regeln gingen so weit, dass wir die Brötchen, die wir während der Kabinettssitzungen aßen, aus eigener Tasche bezahlten. Durch den Glogowski-Untersuchungsausschuss waren wir in höchstem Maße sensibilisiert worden und fielen jetzt ins andere Extrem. Jedes Geschenk über zehn Euro musste abgegeben werden. Die Liste der von mir archivierten Geschenke ist lang. Wenn ich etwas behalten wollte – zum Beispiel ein Trikot von Hannover 96 mit der Nummer 10 und dem Aufdruck Wulff, das mir der 96er-Präsident Martin Kind geschenkt hatte –, bezahlte ich es. In der Asservatenkammer wäre das Trikot irgendwann von Motten zerfressen worden, das hätte ich schade gefunden; außerdem gefiel es mir. Im Fanshop kostete ein solches Hemd 79 Euro, also habe ich 79 Euro bezahlt und es erworben.

Nachdem ich 2004 das Weihnachtsgeld für Beamte gekürzt hatte, erlebte ich prompt eine Steuerprüfung. Meine sämtlichen Fahrtenbücher als Oppositionsführer wurden rückwirkend über mehrere Jahre überprüft, am Ende musste ich insgesamt etwa 200 Euro nachzahlen, weil ich bei einigen Fahrten angeblich nicht korrekt getrennt hatte zwischen dienstlich und privat. Aus diesem Grund habe ich Restaurantrechnungen lieber selber bezahlt, statt sie einzureichen. Das war erstens einfacher und ersparte einem zweitens Abgrenzungsprobleme.

Der unnötige Untersuchungsausschuss gegen Glogowski und meine überzogene Kritik an Johannes Rau könnten den Verdacht nahelegen, ich hätte es stramm parteipolitisch ausschließlich auf Genossen abgesehen. Unregelmäßigkeiten, Filz und mangelnde Transparenz im eigenen Lager irritierten mich aber nicht weniger. Meine politische Feuertaufe, wenn man so will, erhielt ich 1984 auf dem CDU-Bundesparteitag in Stuttgart, als ich gegen den Versuch von Union und FDP, Steuersünder im Zusammenhang mit der ersten großen Parteispendenaffäre durch ein Gesetz zu amnestieren, parteiinternen Widerstand organisierte. Ich war 25 Jahre alt und schaffte es mit Hilfe der Jungen Union, das Thema Amnestie, mit dem sich der Parteitag auf Wunsch des Vorstands gar nicht erst befassen sollte, auf die Tagesordnung zu hieven – sehr zum Ärger des Generalsekretärs Heiner Geißler.

Mir gefiel weder der Stil, mit dem die geplante Amnestie in der Fraktion heimlich eingefädelt worden war, noch hielt ich es für opportun, dass Politiker sich selbst amnestieren, nachdem sie zuvor gegen die von ihnen verabschiedeten Gesetze verstoßen hatten. Immerhin schaffte es unsere kleine Gruppe, dass es in Stuttgart zu einer Aussprache kam und anschließend eine geheime Abstimmung stattfand, bei der über 20 Prozent gegen das Amnestiegesetz stimmten. Gekippt wurde es wenig später endgültig von der FDP, in deren Reihen sich ebenfalls erheblicher Widerstand regte.

Es war konsequent, dass ich fünfzehn Jahre später, bei der zweiten Parteispendenaffäre, wiederum in vorderster Linie stand. Weil Helmut Kohl die Namen der Spender nicht preisgeben wollte, kamen damals erhebliche Zweifel auf, wie es die Union mit den Prinzipien der Rechtsstaatlichkeit hielt. Helmut Kohl hatte sein Ehrenwort gegen geltendes Recht gegeben und verweigerte die Mitwirkung an der Aufklärung der Vorgänge, deshalb musste die Partei meines Erachtens zwingend Abstand zu ihm halten.

Es war das einzige Mal in meinem Leben, dass mir mein politisches Engagement zweifelhaft erschien. Als immer neue Verstrickungen und Rechtswidrigkeiten bekannt wurden, habe ich mich gefragt, «ob ich im richtigen Metier, in der richtigen Partei bin». So sagte ich es auch als Bundespräsident im Juni 2011 im Interview mit der *Zeit* und fügte hinzu: Wenn die Affäre beschönigt oder verharmlost worden wäre, «dann hätte ich nicht weitergemacht. Wo kommen wir hin, wenn die Politik die eigenen Gesetze ignoriert?»

Meine Enttäuschung richtete sich vor allem auf Manfred Kanther, der aus dem Debakel der Flick-Spendenaffäre offensichtlich nichts gelernt hatte. Der ehemalige Bundesinnenminister war der Politiker in Deutschland, der am konsequentesten eine Null-Toleranz-Strategie vertrat. Jede Form von Kleinkriminalität, jedes Graffito, jede Kleinstmenge Hasch – der geringste Verstoß gegen Gesetze wurde bekämpft zu Wasser, zu Lande und in der Luft. Manfred Kanther war der schwarze Sheriff, der gradlinig seinen Kurs verfolgte. Ende 1983 hatte er als Generalsekretär der hessischen CDU Schwarzgeldkonten in der Schweiz angelegt, von denen im Laufe der Jahre Millionenbeträge in den Wahlkampf der CDU flossen, ohne dass der Parteivorstand von den illegalen Geldzuflüssen unterrichtet wurde. Roland Koch wäre als Ministerpräsident beinahe darüber gestürzt.

Mit Roland Koch war ich mir politisch in zahlreichen Punkten einig, wir hatten viele gemeinsame Anliegen. 1994 war es uns auf dem Hamburger Parteitag gelungen, die Idee der ökologischen sozialen Marktwirtschaft durchzusetzen. Die Partei der sozialen Marktwirtschaft sprach sich zugleich für eine umweltschonende nachhaltige Marktwirtschaft aus; leider wurde dieser Programmpunkt später im CDU-Grundsatzprogramm geändert. Koch und ich verstanden uns als eine Art Pressure-Group auch für die Bewahrung der Natur, und darüber tauschten wir uns aus. Grundlage unseres Dialogs war eine gegenseitige Wertschätzung; ich war wohl mehr wirtschaftsliberal und sozial orientiert, er dachte konservativer.

Besonders dankbar war ich Roland Koch nach meiner Wahl 2003. Nach einem Sieg wird man leicht unsicher und fragt sich, wie macht man es nun im Detail. In dieser Situation nahm sich Koch, der schon vier Jahre regierte, viel Zeit und gab mir Ratschläge, wie man es macht und worauf man besonders zu achten hat. Zum Beispiel riet er mir, die Beziehungen zum Koalitionspartner zu pflegen, regelmäßig den Koalitionsausschuss einzubeziehen und auch sonst für vertrauensbildende Maßnahmen gegenüber der FDP zu sorgen. Ich habe von Kochs Erfahrungen sehr profitiert.

Eine richtige Kollision gab es im Wahlkampf 2008, dem ersten Wahlkampf, den wir zeitgleich beide als Ministerpräsidenten führten.

Fünf Jahre zuvor war Koch zwar Ministerpräsident, aber in Hannover regierte noch Gabriel, und auf den niedersächsischen Oppositionsführer hatte Koch damals nur wenig Rücksicht nehmen können. 2008 sind wir dann gemeinsam marschiert: Ich habe trotz Verlusten noch gewonnen, er büßte eine regierungsfähige Mehrheit ein. Letztlich wohl auch wegen seiner Zuspitzung auf das Thema Jugend- und Ausländerkriminalität. Ich fuhr durchs Land und erklärte, welche Fortschritte es auf diesem Gebiet gebe, er fuhr durchs Land und erklärte, wie schlimm jugendliche Ausländer sind. Am Ende hat er gegen Empfehlungen der Juristen, gegen alle parteiinternen Beschlüsse und ohne Rücksprache mit der Partei sogar die Strafmündigkeit mit 14 in Frage gestellt. Da war der Bogen überspannt.

Es war das Wochenende vor der Wahl. Am Montag bin ich vor die Mikrofone getreten und habe gesagt: Strafmündigkeit mit 14 bleibt. Unter-14-Jährige sind Kinder, da sind die Eltern verantwortlich, da müssen andere Maßnahmen greifen, aber nicht das Strafrecht. Ich habe mich deutlich abgesetzt und ihn im Regen stehen lassen. Das hat mir mancher nachgetragen. Dabei hatten wir uns viel voneinander versprochen und unsere Auftritte medial gut aufeinander abgestimmt. An einem Samstagmorgen zum Beispiel sprach Koch in Göttingen, ich in Kassel, dann setzten wir uns beide zur gleichen Zeit in den Zug, fuhren aneinander vorbei, und mittags redete er in Kassel, ich in Göttingen. Wie stark die «hessische Härte» bis nach Niedersachsen hinein ausstrahlte, konnte man an den Wahlergebnissen sehen, die im Süden des Landes, an der Grenze zu Hessen, deutlich schlechter für die CDU ausfielen als im Landesdurchschnitt.

Wenn der Name von Roland Koch und mein Name zusammen genannt wurden, sprachen Journalisten am liebsten gleich von Pakt und Bündnis, Verschwörung und bevorstehendem Putsch. Das hatte sicher auch mit dem so genannten Andenpakt zu tun, einem Kreis von Politikern der Jungen Union, die sich 1979 auf einer Südamerika-Reise angefreundet hatten und auf Bundesebene aktiv waren. Ich bin zwei Jahre später dazugestoßen und habe die Atmosphäre in dieser Runde als außerordentlich kameradschaftlich und anregend empfunden. Wenn man heute ein paar Namen Revue passieren lässt – Franz Josef Jung, Günther Oettinger, Roland Koch, Peter Müller, Matthias Wissmann –, kann man sagen, dass der Andenpakt mit Recht als eine Art Talentschuppen galt. Dennoch sollte man seine Bedeutung nicht überbewerten.

Der Andenpakt war ein Freundeskreis ehemaliger Aktiver der Jungen Union – nicht mehr und nicht weniger. Was wurde nicht alles hineingeheimnist in dieses angebliche Macht- und Zweckbündnis der so genannten jungen Wilden! Das meiste beruhte auf Erfindung, einschließlich der später oft gehörten Behauptung, die Mitglieder hätten sich geschworen, niemals gegeneinander anzutreten. Natürlich gab es Konkurrenz. So setzte sich Roland Koch gegen mich als Vorsitzender der CDU/CSU-Fraktionsvorsitzendenkonferenz durch. Insgesamt gingen wir es jedoch locker an. Wir hatten viele gemeinsame Interessen, zumal auf dem Gebiet der internationalen Politik, organisierten lehrreiche Auslandsreisen und verstanden uns gut. Wir wussten, dass wir das eine und andere bewegen konnten, wenn wir uns einig waren, und – vielleicht das wichtigste Motiv überhaupt – die meisten fürchteten das Ausscheiden aus der Jungen Union wegen der Altersgrenze 35: Wir wollten uns einfach über unsere Zeit in der Jungen Union hinaus erhalten bleiben.

Noch heute trifft sich der Kreis zweimal im Jahr, aber natürlich versprüht ein geselliges Beisammensein, dem inzwischen viele «Ehemalige» angehören, nicht mehr den Glanz und das Feuer des Aufbruchs. In der Anfangszeit war der Pakt geprägt von der politisch aufgeheizten Stimmung der frühen achtziger Jahre, Stichwort Nachrüstungsdebatte. Wenn eine Million im Bonner Hofgarten gegen die Stationierung der Pershing II demonstrieren, dann demonstrieren wir eben mit hunderttausend gegen die sowjetischen SS 20, die auf Westeuropa gerichtet waren – so entsprach es unserer kämpferischen Stimmung. Seit den neunziger Jahren wird nicht mehr gekämpft und nicht mehr gestritten, seither gilt ein anderes Prinzip: Wenn etwas nicht mehr populär ist, wird es abgeschafft. Dies dürfte auf Dauer nicht gut gehen.

Im März 2002 geriet ich wegen des Andenpakts in Erklärungsnot gegenüber Angela Merkel. Bei der Abstimmung über das von der Regierung Schröder vorgelegte neue Zuwanderungsgesetz waren die Stimmen Brandenburgs vom amtierenden Bundesratspräsidenten Wowereit als Ja-Stimmen gewertet worden. Tatsächlich hatte Brandenburg, wo Manfred Stolpe an der Spitze einer großen Koalition stand, uneinheitlich abgestimmt: Alwin Ziel von der SPD mit Ja, Jörg Schönbohm von der CDU mit Nein. Auf Nachfrage von Wowereit erklärte Stolpe, dass Brandenburg mit Ja stimme, was Wowereit als Zustimmung Brandenburgs wertete. Daraufhin brach im Saal Tumult aus.

Am Vorabend hatten sich die CDU-Ministerpräsidenten vorgenommen, es nicht hinzunehmen, wenn der Bundesratspräsident ein verfassungsrechtlich umstrittenes Abstimmungsverhalten zu Gunsten der SPD interpretierte, sondern einen Aufstand zu inszenieren, der die Empörung sichtbar machen sollte. Roland Koch und Peter Müller sprachen die Strategie ab, verteilten die Rollen und hauten am Freitag dann kräftig auf den Tisch. Am Sonntag hielt Peter Müller im Staatstheater Saarbrücken eine Rede über Inszenierungen in der Politik, in der er auf den Krach im Bundesrat zwei Tage zuvor verwies – ehrlich, aber auch genüsslich. Man solle nur nicht glauben, dass alles so spontan war, wie es wirkte, man habe das am Vorabend besprochen, Politik sei eben auch Inszenierung.

Angela Merkel war nicht erbaut. Die CDU zieht nach Karlsruhe, um gegen die Abstimmung im Bundesrat zu klagen – sie wurde Ende des Jahres tatsächlich für nichtig erklärt –, und da kommt Peter Müller und sagt, alles halb so wild, alles inszeniert. Bei unserem nächsten Treffen fragte mich Angela Merkel, warum denn keiner Peter Müller öffentlich kritisiert. Da habe ich ihr von unserem Kreis erzählt. «Politik ist ein brutales Geschäft», sagte ich ihr, «wir alle haben doch immer wieder Ärger am Hacken. Da ist man froh, wenn ein paar Freunde Rücksicht aufeinander nehmen und sich nicht auch noch öffentlich abwatschen.» Wir würden uns aus den Zeiten der Jungen Union kennen, und wenn einer von uns in Schwierigkeiten komme, hielten sich die anderen auch aus Freundschaft und Fairness zurück nach dem Motto, ist doch nicht nötig, dass wir da mit draufhauen.

Das fand Angela Merkel höchst interessant: Schutz durch alte Seilschaften, so etwas habe sie nicht. Wir sahen es als gegenseitige Wertschätzung.

Gleichzeitig wurde Frau Merkel misstrauisch. Ich spielte fortan eine Doppelrolle, indem ich bei den Anden-Freunden pro Merkel argumentierte – genau genommen gehörte ich zu den wenigen Merkel-Unterstützern in diesem Kreis –, und bei ihr kritische Einwände aus unserer Runde vortrug. So habe ich auf der jeweils anderen Seite geworben und unter anderem dafür gesorgt, dass Angela Merkel zu einer Diskussion im Andenpakt eingeladen wurde. Die Verschwörungstheorien rund um den Andenpakt veranlassten mich im März 2005 dazu, in einem längeren Interview mit dem *Stern*, in dem es um die Frage der Kanzlerkandidatur 2006 ging, das in der Öffentlichkeit entstandene Bild ein wenig zurechtzurücken. Frau Merkel blieben die Anden-Freunde trotzdem unheimlich.

Als CDU-Chef in Niedersachsen hatte ich drei Ansprüche an mich: Ich wollte die CDU an die Regierung führen, ich wollte danach eine erfolgreiche Wiederwahl, um die CDU über mehrere Wahlperioden als Regierungspartei zu etablieren, und ich wollte aus der Regierung heraus sowohl eine Verjüngung des Kabinetts als auch eine Regelung der Nachfolge einleiten. Meine Kritik an Helmut Kohl war, dass er die CDU zwar 1982 an die Regierung geführt und dort auch bis 1998 gehalten hatte, dass aber Verjüngung und Nachfolge versäumt worden waren. Ranführen, dranbleiben, verjüngen. Nach dieser Maxime habe ich die erste Legislaturperiode von 2003 bis 2008 als Konsolidierungsphase gesehen und mit ein und demselben Kabinett regiert, abgesehen von Ursula von der Leyen, die mit einem Karrieresprung nach Berlin wechselte. Nach der Wiederwahl 2008 habe ich zunächst nur eine einzige Umbesetzung vorgenommen und Bernd Busemann vom wichtigen Kultusressort in das vermeintlich weniger wichtige Justizministerium versetzt – eine für mich folgenreiche Fehlentscheidung, wie sich spätestens am 16. Februar 2012 herausstellte.

In meiner ersten Amtsperiode habe ich die Regierungspräsidenten entlassen und die Bezirksregierungen abgeschafft, weil ich davon überzeugt war, dass vier Ebenen der Verwaltung genügen: Europa, die Nation, das Land, die Kommunen. Bezirksregierungen waren in meinen Augen nicht mehr zeitgemäß, also wurden deren Aufgaben gestrichen oder verlagert, was rund 4000 Stellen einsparte. Auch die übrige Verwaltung habe ich verschlankt, um Kosten zu senken. Immerhin sind über 40 Prozent eines Landeshaushalts Personalausgaben.

Am Anfang der zweiten Wahlperiode hieß es dann: Und was kommt jetzt? Man kann die Bezirksregierungen nur einmal abschaffen, man muss sich etwas Neues einfallen lassen. Ob ich vielleicht ein bisschen müde geworden sei, fragte ganz besorgt die *Hannoversche Allgemeine Zeitung*. Zufällig lief mir der Redakteur, der den Artikel verfasst hatte, einige Tage später auf den Fluren des Landtags über den Weg. «Was machen Sie denn demnächst?», begrüßte ich ihn. Er war ganz verwundert. «Na, Sie müssen doch einen neuen Job haben?» Vollständiges Erstaunen. «Herr Wallbaum, Sie schreiben, dass ich nach fünf Jahren keine Ideen mehr hätte. Sie machen für die *HAZ* seit Ewigkeiten die Berichterstattung über die Landespolitik. So etwas können Sie doch nicht schreiben, wenn Sie nicht über sich selbst reflektieren.»

Solche Redakteure greifen zum Telefon, rufen ihre Kontaktleute an und fragen, was gibt's Neues. Berichtet man von einer Anfrage, die man vorbereitet, oder einer Gesetzesinitiative, heißt es, das wissen wir doch schon alles, das ist doch normal, was gibt's denn so außer der Reihe. Wenn sie hören, wer an welchem Stuhl sägt, wer am Wochenende wen kritisiert hat, dann allerdings bekommen solche Redakteure glänzende Augen. Das kann einen Politiker in den Wahnsinn treiben. Der unpünktliche Zug ist die Nachricht, nicht der pünktliche. Eine Seite Drei über einen Politiker, der einfach nur seinen Job macht, professionell, störungsfrei, mit Ergebnissen, die sich sehen lassen können und allen zugute kommen, eine solche Seite Drei gab es und gibt es höchst selten.

Klaus Wallbaum gehörte zu den Journalisten, die das Ende meiner Amtszeit als Bundespräsident besonders kritisch begleiteten. Als dann die Ermittlungen eröffnet wurden und schließlich Anklage erhoben wurde, lief er zu Hochform auf. Zwei Tage vor meinem Freispruch fasste Wallbaum seine gewonnenen Erkenntnisse in dem unübertrefflichen Satz zusammen: «Wenn ein Verdacht gegen einen Politiker besteht, muss dem nachgegangen werden. Dass der Verdacht allein oft reicht, die öffentliche Karriere zu beenden, ist eine Begleiterscheinung, die hingenommen werden muss.»

Mit jeder Wiederwahl wird es in der Politik schwerer, ganz besonders für die Person an der Spitze der Regierung. Ministerpräsident ist ein aufreibener Job. Die Termin- und Finanzzwänge, denen man unterworfen ist, sind in kaum einem anderen Amt außer dem des Bundeskanzlers so brutal. Ministerpräsidenten, die ihre Verantwortung länger als zehn Jahre wahrnehmen, wird es nach meiner Überzeugung in Zukunft nur noch in Ausnahmefällen geben. Es ist ein großer Spagat zwischen den Aufgaben im Land und der Vertretung des Landes in Berlin und Brüssel. Hinzu kommt die Routine, mit der man sich weniger abfindet als in jüngeren Jahren, man wird ungeduldiger. Kurzum, wer nicht abgewählt werden will, muss in der zweiten Amtsperiode das Kabinett umbilden – um der Routine zu entgehen und wegen des notwendigen Generationenwechsels.

Nach meiner Wiederwahl 2008 habe ich den Landesparteivorsitz an David McAllister übergeben und für mich entschieden, spätestens drei Jahre vor der nächsten Landtagswahl 2013 eine Kabinettsumbildung vorzunehmen. Im April 2010 war es so weit. Von sieben CDU-Ministern habe ich vier ausgewechselt und an ihre Stelle vier neue gesetzt: Kultusminister Bernd Althusmann, Sozialministerin Aygül Özkan, Wissenschaftsministerin Johanna Wanka und Landwirtschaftsministerin Astrid Grotelüschen. Am Montag Morgen um 9.15 Uhr wurde die Pressekonferenz für 11.00 Uhr eingeladen, und dort habe ich die Personalien bekanntgegeben, nur die Betroffenen selbst waren unterrichtet. Für alle anderen, insbesondere für die Medien, kam die Nachricht von der Kabinettsumbildung am 17. April 2010 ähnlich überraschend wie zwei Jahre zuvor der Wechsel im Parteivorsitz, als freitags um 15.30 Uhr durchsickerte, dass ich um 17.00 Uhr meinen Verzicht erkläre.

Ich hatte eine Bürgerschaftsabgeordnete muslimischen Glaubens aus Hamburg (Frau Özkan), eine Ostdeutsche aus Brandenburg (Frau Wanka), die Bundestagsabgeordnete Grotelüschen und nur einen Politiker aus der niedersächsischen Landespolitik berufen, der vorher Staatssekretär gewesen war. Damit macht man sich in Partei und Fraktion keine Freunde. Am Wochenende hatte ich außerdem die heikle Aufgabe, den vier Ministern, die entlassen wurden, zu erklären, dass sie sich große Verdienste erworben hätten und ich ihnen sehr dankte, dass wir aber mit Blick auf 2013 frischen Wind brauchten. Es war kein leichtes Wochenende – nicht für die Betroffenen, aber auch nicht für mich.

Die Kabinettsumbildung vom April 2010 fand bundesweit ein großes Echo. Georg Paul Hefty schrieb in der *Frankfurter Allgemeinen Zeitung:* «Wulffs Schachzug gilt der schwarzen Dame. Anders lassen sich der Aufwand und die Ausführung der Kabinettsumbildung nicht erklären. Jeder Ministerpräsident ist froh, wenn er seine Landeskinder fördern, seine Landespartei und seine Landtagsfraktion zufriedenstellen kann. Wulff aber hat sich einem ‹bundesweiten Screening› gewidmet … Da er den niedersächsischen CDU-Landesvorsitz längst abgegeben hat, kann man folgern, da will einer raus aus der Provinz. Schon früher sah Angela Merkel in Wulff den einzigen ernsthaften Rivalen. Jetzt ist er noch gefährlicher, weil ihre Koalition schwach ist. Also dürfte sie einen Handel anbieten: Wulff wäre liberal genug, Bundespräsident auch der Deutsch-Türken zu werden.» Wenn dieses Szenario sechs Wochen später beim Rücktritt von Horst Köhler tatsächlich eine Option gewesen sein sollte, dann hätte mich genau ein Kommentar jener Zeitung für das Amt empfohlen, die vom Tag meiner Nominierung an gegen mich in Stellung ging.

Kurz nachdem ich Hannover verlassen und mein Büro in der Staatskanzlei gegen einen Schreibtisch im Bellevue eingetauscht hatte, bilanzierte ich die gut sieben Jahre, in denen ich Regierungsverantwortung für Niedersachsen getragen hatte. Wir hatten bewiesen, dass sich auch schwierige und unpopuläre Entscheidungen durchsetzen lassen, wenn man den Bürgern Politik vernünftig erklärt.

An dieser Überzeugung habe ich immer festgehalten: Unser Land ist reformierbar, wenn man den richtigen Ton anschlägt, Reformen sind möglich, wenn man nur will.

Wir hatten die Nettokreditaufnahme von anfangs fast 3 Milliarden Euro im Jahr 2003 auf 550 Millionen Euro für das Haushaltsjahr 2008 gesenkt (wegen der Finanzkrise war allerdings ein Nachtragshaushalt nötig); 1,5 Milliarden Euro Ausgaben pro Jahr konnten eingespart werden. Bei der Arbeitslosenquote war Niedersachsen im Vergleich mit den übrigen Bundesländern von Platz 9 auf Platz 5 vorgerückt, im Mai 2010 waren in Niedersachsen deutlich weniger als 300000 Menschen arbeitslos, der niedrigste Stand seit 1992. Vorbildlich war unser Land vor allem in der Verwaltungsreform. Alle klagten vorher über eine ausufernde Bürokratie und zu viel Reglementierung. Durch die Auflösung der Bezirksregierungen und weitere Maßnahmen hatten wir 6743 Stellen im Landesdienst abgebaut. Die Zahl der Gesetze, Verordnungen und Verwaltungsvorschriften für Niedersachsen hatten wir in sieben Jahren von 4135 auf 1990 mehr als halbiert. Klagen über zu viel Bürokratie auf Landesebene waren nicht mehr berechtigt.

Die Ausgaben für Bildung und Forschung wurden in meiner Regierungszeit von 7,2 Milliarden Euro auf 8,5 Milliarden Euro gesteigert. Die Landesregierung hat die frühkindliche Bildung der unter Dreijährigen zu einem bildungspolitischen Schwerpunkt gemacht und fest im Bildungssystem verankert, ein beitragsfreies Kita-Jahr eingeführt und den Ausbau der Schulen zu Ganztagsschulen konsequent fortgesetzt; sie hat 1100 zusätzliche Ganztagsschulen geschaffen und die Anzahl der Schulabgänger ohne Abschluss um ein Viertel gesenkt. Ähnlich erfolgreiche Zahlen konnten wir in den Bereichen Integration und Sicherheit präsentieren.

Ich habe Wert gelegt auf eine schlanke Regierungsführung. Deshalb wurden der Etat der Staatskanzlei von 43 Millionen Euro zu Beginn meiner Amtszeit auf 31 Millionen zurückgeführt und der Verfügungsfonds des Ministerpräsidenten, der ohnehin schon einer der kleinsten in Deutschland war, nochmals gekürzt. Wenn man den Menschen «unten» viel zumutet, muss man «oben» mit gutem Beispiel vorangehen. Deshalb gab es in meiner Zeit weniger Minister, weniger Staatssekretäre, weniger Abteilungen, weniger hoch dotierte B-Stellen in der Verwaltung. Die Verschlankung des Apparates führte dazu, dass man mit weniger Leuten auskommen musste und keine Akten mehr um ihrer selbst willen angelegt wurden. Der Fisch stinkt vom Kopf her, sagt ein Sprichwort. Bei uns gab es keine teuren Leichen im Keller, weder einen Freizeitpark Nürburgring noch eine Elbphilharmonie, weder eine marode Landesbank noch einen unfertigen Flughafen. Was die Konsolidierung des Haushalts anging, war Niedersachsen absolut vorbildlich und mit einem stetigen Rückgang der Neuverschuldung zwischen 2003 und 2010 das erfolgreichste aller Bundesländer.

Niedersachsen, das zweitgrößte Flächenland der Bundesrepublik, ist kein historisch gewachsenes Land wie Bayern oder Sachsen. Vergleichbar den so genannten Bindestrich-Ländern wie Nordrhein-Westfalen oder Baden-Württemberg war es zunächst nicht mehr als eine nach dem Zweiten Weltkrieg geschaffene, aus unterschiedlichen, zum Teil stark rivalisierenden Regionen zusammengesetzte Verwaltungseinheit. Ähnlich disparat stellte sich die Situation des Landes nach außen dar. So wie die Bundesrepublik Deutschland heute in Europa das Land mit den meisten Nachbarn ist – nämlich neun –, hat Niedersachsen die meisten Nachbarn in Deutschland – ebenfalls neun –, und daraus ergibt sich auch als politische Pflicht, mit den Nachbarn gut auszukommen.

Nicht zu leugnen sind die Defizite Niedersachsens in der Außenwahrnehmung. Darin manifestiert sich leider auch ein struktureller Standortnachteil. Es war und ist sehr schwer, ein Unternehmen davon zu überzeugen, seinen Firmensitz nach Hannover zu verlegen, oder Führungskräfte dorthin zu locken. München und Stuttgart, das Rhein-Main-Gebiet oder der Großraum Köln gelten vielfach als attraktiver. Umso wichtiger für das Image sind die wenigen Großunternehmen, die nach dem Zweiten Weltkrieg den Ruf Niedersachsens weit über Deutschlands Grenzen hinaus begründet haben, und unter ihnen steht an erster Stelle Volkswagen.

Im März 2003 kam ich als Ministerpräsident des Landes in das

Präsidium des Aufsichtsrats der Volkswagen AG. Zu dieser Zeit gab es dort strategische Fehlausrichtungen. Die Werke waren nicht ausgelastet, die Produktivität im Vergleich zu Wettbewerbern gering, beides drohte Arbeitsplätze zu vernichten. Es gab die 28-Stunden-Woche, selbst Forscher und Tüftler mussten von Donnerstagabend an zuhause bleiben. Wie später bekannt wurde, gab es auch Probleme, die nichts mit dem operativen Geschäft zu tun hatten, zum Beispiel Sondervergütungen einzelner Betriebsräte. Verbunden ist die im Sommer 2005 bekannt gewordene Affäre mit den Namen des Personalvorstands Peter Hartz und des Betriebsratsvorsitzenden. Ich habe mich in dieser Zeit in Wolfsburg nicht beliebt gemacht. Die Probleme klar zu benennen und die Missstände konsequent aufzuklären, war aber der einzig richtige Weg, die Volkswagen AG für den weltweiten Wettbewerb neu aufzustellen.

Heute ist VW mit über 60 Fertigungsstandorten weltweit und einer Produktionskapazität von über zehn Millionen Fahrzeugen einer der profitabelsten Autokonzerne der Welt. Für Volkswagen arbeiten allein in Niedersachsen rund 100000 Menschen, hinzu kommen Zehntausende, die für VW-Zulieferer tätig sind. 2009 habe ich dazu beigetragen, dass Teile des insolvent gewordenen Autobauers Karmann von VW übernommen wurden; zu den fünf traditionsreichen VW-Standorten in Niedersachsen Wolfsburg, Braunschweig, Salzgitter, Emden und Hannover kam so ein sechster Standort hinzu – Osnabrück.

In den Jahren, in denen ich im VW-Aufsichtsrat Verantwortung trug, erlebte Deutschland den größten Wirtschaftskrimi seiner Geschichte. Die Porsche SE plante eine feindliche Übernahme des gesamten VW-Konzerns und fasste als neuen Unternehmenssitz Bietigheim-Bissingen in der Nähe von Stuttgart ins Auge. Den Arbeitnehmern bei Volkswagen gelang es im Zusammenwirken mit der von mir geführten Landesregierung, diese Übernahme abzuwehren und statt dessen Porsche zu einer Marke innerhalb des VW-Konzerns zu machen. Der Sitz des Konzerns blieb in Wolfsburg. Die Weichen für einen «integrierten Automobilkonzern Volkswagen» richtig gestellt zu haben, hatte am Ende positive Auswirkungen für alle –

auch für Deutschland insgesamt als weltweit führenden Autoproduzenten.

Das Land Niedersachsen kann zukünftig im Einklang mit dem deutschen Aktienrecht zwei Vertreter in den Aufsichtsrat entsenden, ohne von Mehrheiten auf der Hauptversammlung abhängig zu sein. Diese im so genannten VW-Gesetz verankerte Regelung war außer Kraft gesetzt worden, weil der Europäische Gerichtshof auf Drängen der EU-Kommission das alte VW-Gesetz abgeschafft hatte. Ein Satzungsbeschluss der Hauptversammlung des VW-Konzerns sorgte dann dafür, dass dieses Recht auf Dauer installiert wurde. Es waren Zähigkeit und geschicktes Taktieren notwendig, um die Familien Porsche und Piëch in nächtlichen Sitzungen dazu zu bewegen, den beiden Entsendemandaten des Landes Niedersachsen zuzustimmen. Auch der neue Großaktionär Qatar stimmte auf der Hauptversammlung dem niedersächsischen Interesse zu.

Änderungen dieser für Niedersachsen überaus günstigen Satzungsbestimmung können durch Niedersachsen verhindert werden, solange das Land über 20 Prozent der VW-Aktien verfügt. Dass in Übereinstimmung mit dem deutschen Aktienrecht die Sperrminorität bei VW bei 20 Prozent liegt statt bei den eigentlich üblichen 25 Prozent, ist ebenfalls dem VW-Gesetz zu verdanken. Es war, wie gesagt, durch den Europäischen Gerichtshof zu Fall gebracht worden, und es bedurfte erheblicher Anstrengungen der niedersächsischen Landesregierung, bis Bundestag und Bundesrat ein neues VW-Gesetz mit einer 20-Prozent-Sperrminorität beschlossen.

Mit dem Einstieg des Emirats Qatar als drittem Großaktionär neben der Porsche SE und dem Land Niedersachsen hat der VW-Konzern eine stabile Aktionärsstruktur bekommen und beste Chancen, bis 2018 weltgrößter Automobilhersteller zu werden. Ursprünglich hatte Porsche die Qatarer als Partner bei der geplanten feindlichen Übernahme der Volkswagen AG an Bord geholt. Ich habe die Qatarer davon überzeugen können, dass ein Einstieg bei Volkswagen für sie strategisch sehr viel sinnvoller war, und damit die Übernahmepläne von Porsche-Chef Wendelin Wiedeking durchkreuzt. Freunde gewinnt man in solchen Auseinandersetzungen nicht überall. Aber der Erfolg des VW-Konzerns – und auch der Porsche AG – zeigt eindrucksvoll, dass es klüger ist, die Interessen zu harmonisieren, als dem persönlichem Ehrgeiz weniger nachzugeben.

Die Erfahrungen, die ich im Machtpoker zwischen VW und Porsche gesammelt habe, kamen mir später als Bundespräsident zugute. Am Rande eines Staatsbanketts für den Emir von Qatar regte ich an, die Qatarer für einen Einstieg bei Hochtief zu gewinnen. Ein spanischer Baukonzern hatte weitgehend unbemerkt eine feindliche Übernahme von Hochtief eingeleitet. Qatar wurde mit über elf Prozent Aktionär bei Hochtief, aber die Übernahme der Entscheidungsmacht durch die Spanier konnte damit nicht mehr verhindert werden. Nach dem Bruch mit Springer verbreitete die *Welt am Sonntag* im Mai 2014 wahrheitswidrig, ich könnte auf den FIFA-Präsidenten und auf Franz Beckenbauer zugunsten einer WM-Vergabe an Qatar eingewirkt haben, obwohl ich mit keinem von beiden darüber gesprochen oder deswegen Kontakt aufgenommen habe. Ich bin gespannt, wann wahrheitsgemäß berichtet wird, dass ich mich für die Pressefreiheit und die Interessen des Hauses Springer in der Türkei eingesetzt und darüber anschließend den Vorstandsvorsitzenden Mathias Döpfner unterrichtet habe.

Trotz zahlreicher Großunternehmen ist Niedersachsen ein Land geblieben, in dem der Mittelstand den Ton angibt. Mittelständler sind nicht nur die wichtigsten Arbeitgeber, oft sind sie auch die entscheidenden Ansprechpartner für die Politik, wenn es um soziale Fragen oder öffentliche Belange geht. Wenn ein Bürgermeister «seinen» Unternehmer bittet, einen Behinderten einzustellen und ihm eine Chance zu geben, dann setzt sich der Unternehmer mit der Frage auseinander und stellt den Behinderten vielleicht ein. Wenn der Betrieb einer französischen Holding mit Sitz in Paris gehört und der Bürgermeister fragt, ob man in Stadthagen einen Behinderten einstellen könnte, dann wird man in Paris mit den Schultern zucken.

Diese regionale Verwurzelung, diese Verantwortlichkeit für die Region und die Entwicklung des Standorts ist eine deutsche Stärke. Weil man die Ansprechpartner auf der jeweils anderen Seite kennt, passiert vieles zwischen einem mittelständischen Unternehmen und der kommunalen Selbstverwaltung «einfach so». Dieses «einfach so» ist für mich eine Formel unseres Erfolgs; sie steht für Konsens und Einbindung, für das gesellschaftliche Miteinander.

Die gemeinsame Verantwortung der Sozialpartner in Deutschland ist die bewährte Antwort auf den herkömmlichen Antagonismus von Arbeitnehmer- und Arbeitgeberinteressen. Sie bedeutet einen unschätzbaren Wettbewerbsvorteil für unser Land. Nicht nur wegen der gemeinsamen Verantwortung für Umsatz und Gewinn, sondern nicht zuletzt auch wegen der gemeinsamen Verantwortung für den Ort, an dem man produziert, für die Region, in der man tätig ist. Dabei habe ich die Erfahrung gemacht, dass familiengeführte Unternehmen ein ganz besonderes Engagement für ihre Region an den Tag legen. Ein Eigentümer geht mit der ihm übertragenen Verantwortung oft anders um als ein eingesetzter Geschäftsführer oder Manager.

In diesem Zusammenhang möchte ich an ein Thema erinnern, mit dem ich mich viele Jahre intensiv auseinandergesetzt habe, nämlich die Enteignungen in der Sowjetischen Besatzungszone zwischen 1945 und 1949. Die Bundesregierung hatte das Restitutionsverbot 1990 in den Einigungsvertrag aufgenommen, weil sie damit rechnen musste – und darin später durch zwei Urteile des Bundesverfassungsgerichtes bestätigt wurde –, dass die Wiedervereinigung an diesem Punkt möglicherweise scheiterte. Angeblich hatten die Russen das Verbot der Rückabwicklung zur Bedingung ihrer Zustimmung zur Einheit gemacht; wie sich im Nachhinein herausstellte, handelte es sich möglicherweise jedoch weniger um ein Veto der Russen als vielmehr um eine Sprachregelung, die der Bundesregierung half, das so heikle Thema zu umschiffen.

Die so genannte Bodenreform in der Sowjetischen Besatzungszone hatte der damalige Justizminister Klaus Kinkel vor dem Bundesverfassungsgericht mit Recht «eines der dunkelsten Kapitel deutscher Nachkriegsgeschichte» genannt. In der gemeinsamen Erklärung der beiden deutschen Regierungen zum Einigungsvertrag hieß es immerhin, die Bundesregierung vertrete die Auffassung, «dass einem künftigen gesamtdeutschen Parlament eine abschließende Entscheidung über etwaige staatliche Ausgleichsleistungen vorbehalten bleiben muss».

Dennoch drohte das Thema von der politischen Agenda zu verschwinden, ohne dass nach gerechten Regelungen für die Opfer der Zwangsenteignungen wenigstens gesucht worden wäre. Dagegen wehrte ich mich und berief mich dabei auf einen Satz von Abraham Lincoln: «Nichts ist dauerhaft geregelt, was nicht gerecht geregelt ist.» In meinen Augen ließ sich der ganze Streit auf eine einfache Frage reduzieren: Darf die Bundesrepublik Deutschland Staatsbesitz der DDR, der auf unrechtmäßige Weise in deren Besitz gelangt ist, den alten Eigentümern vorenthalten?

Die kommunistische Propaganda hatte immer behauptet, es sei nach 1945 vor allem so genanntes Junkerland enteignet worden. Es waren aber nicht mehr als 66 Großbetriebe mit mehr als tausend Hektar betroffen. Enteignet wurden in Wirklichkeit kleine und mittlere Betriebe: 4000 Höfe mit einer Durchschnittsgröße von 34 Hektar, Tausende von Handwerkern, Gastwirten, Einzelhändlern, kleine Gewerbetreibende und die Besitzer von Einfamilienhäusern. Hier sah ich den Rechtsstaat in der Pflicht. Unabhängig von der juristischen Einschätzung der Zwangsenteignungen hätte ich die Rückgabe schon deshalb begrüßt, weil die Überführung von Staatsbesitz in die Hand der Alteigentümer für die wirtschaftliche Entwicklung in den neuen Bundesländern einen enormen Schub bedeutet hätte. Statt ihr Vermögen in Ferienhäuser auf Mallorca, Schiffsfonds oder sonstige Steuersparmodelle zu stecken, hätten die Alteigentümer in großem Stil in den Wiederaufbau der Gutshöfe, in Forst- und Landwirtschaft investiert und damit auch den Tourismus, den Gastronomie- und Hotelbereich angekurbelt. Natürlich wäre das alles auf absehbare Zeit ein Zuschussgeschäft geblieben, das nicht nur viel Liebhaberei erfordert, sondern auch jene Ausdauer, die viele Alteigentümer zweifellos mitgebracht hätten.

In dem Bekenntnis der alten Familien zu dem Land ihrer Vorfahren steckte großes soziales und ökonomisches Potential. Dies wurde durch mehrere Gutachten, aber auch durch konkrete Einzelbeispiele bestätigt. Da, wo Alteigentümer die finanziellen Mittel hatten, Teile ihres Eigentums zurück zu erwerben, entstanden schneller als anderswo jene blühenden Landschaften, von denen Helmut Kohl gesprochen hatte. Es gibt keine höhere Motivation als die des Eigentümers, ins eigene Unternehmen, ins eigene Haus, in den eigenen Grund und Boden zu investieren.

Der Widerstand gegen eine faire Rückgaberegelung kam vor allem aus den neuen Bundesländern selbst, und nicht nur von der PDS, der späteren Linkspartei. Ich erinnere mich an eine CDU-Bundesvorstandssitzung, auf der sich der Ministerpräsident von Mecklenburg-Vorpommern, Berndt Seite, wütend gegen alle Vorstöße in diese Richtung wehrte. In der Schule habe man ihnen gesagt, wenn die Einheit komme, marschiere als erstes das Musikkorps der Bundeswehr durchs Brandenburger Tor, hinterher marschierten die Junker und Großgrundbesitzer, und dann werde ihnen alles abgenommen. Das sei gewissermaßen die Urangst der Ostdeutschen, das Rad der Geschichte dürfe nicht zurückgedreht werden.

Trotz solcher Widerstände hielt ich am Thema fest. Noch 2009 sorgte ich auf Bundesebene dafür, dass im Koalitionsvertrag von Union und FDP eine Arbeitsgruppe vorgesehen wurde, die prüfen sollte, wie man den Alteigentümern, wenn sie schon nicht ihre Grundstücke zurückbekämen, wenigstens zu günstigen Bedingungen für den Rückkauf und zu fairen und schnellen Verfahren verhelfen könnte. Noch immer gewährt der Bund den Alteigentümern nicht die Rechte, die er ihnen gewähren könnte; schließlich ließe das Urteil des Bundesverfassungsgerichtes symbolische Preise zu. Aber der politische Wille fehlt, die neuen Bundesländer haben, auch wegen der Besorgnisse der Bevölkerung, genauso wenig Interesse an einer Regelung wie der Bund. Die Ämter für offene Vermögensfragen in den neuen Ländern arbeiten häufig schleppend, vieles wird leider immer noch auf die lange Bank geschoben.

Ein Ministerpräsident, der es sich zum Ziel gesetzt hatte, Niedersachsen in die Liga von Bayern und Baden-Württemberg zu befördern, konnte sich nicht damit begnügen, dass die Kennzahlen allmählich besser wurden, sondern musste alles tun, das Image-Problem seines Landes offensiv anzugehen. Der Mann, der sich dieser Aufgabe mit Einfallsreichtum und Leidenschaft annahm, war mein Pressesprecher Olaf Glaeseker.

Ich hatte Glaeseker während meiner ersten Kandidatur für das Amt des Ministerpräsidenten 1993/94 kennengelernt, und der Anlass war alles andere als erfreulich gewesen. Als Redakteur der *Nordwest-Zeitung* Oldenburg war Glaeseker ein Brief zugespielt worden, den der CDU-Ehrenvorsitzende Wilfried Hasselmann an Jürgen Gansäuer geschrieben hatte, den Vorsitzenden der CDU-Landtagsfraktion und einen meiner schärfsten parteiinternen Widersacher. Er mache sich Sorgen um den jungen Wulff, dem sehr viele Fehler unterliefen, hieß es in dem Brief von Hasselmann, der sich damit natürlich auch für den Fall der Wahlniederlage absichern wollte. Ein solcher Brief zu Wahlkampfzeiten ist für einen Journalisten wie ein Sechser im Lotto, und Olaf Glaeseker ließ sich die Gelegenheit denn auch nicht entgehen und machte daraus einen Riesenkrach innerhalb der niedersächsischen CDU.

Das Ganze hatte nicht nur für mich unangenehme Folgen, sondern auch für Olaf Glaeseker. Er ging als Hauptstadtkorrespondent nach Bonn. Dort suchte ich ihn bei meinem nächsten Besuch auf, und wir kamen ins Gespräch; von Olaf Glaeseker konnte ich erfahren, was in Bonn geredet wurde und wie Pressevertreter das politische Klima einschätzten. 1999 sagte mir Glaeseker, dass er keine Lust habe auf den bevorstehenden Umzug der Hauptstadtkorrespondenten von Bonn nach Berlin, ob ich nicht in Hannover eine Stelle für ihn an meiner Seite hätte. Die Gelegenheit, einen erfahrenen Journalisten wie Olaf Glaeseker als Mitarbeiter zu gewinnen, bietet sich einem Oppositionspolitiker nicht oft, und so wurde er Parteisprecher. Als ich 2003 Ministerpräsident wurde, ernannte ich Olaf Glaeseker zum Regierungssprecher, 2008 wurde er zum Staatssekretär befördert, und 2010 nahm ich ihn mit nach Berlin.

Im Laufe der Jahre war eine enge persönliche Beziehung entstanden, ein Nahverhältnis, das geprägt war von absolutem Vertrauen und ungewöhnlicher Offenheit. Für mich war er wie ein Seismograph, der anzeigte, wo sich ein interessantes Thema eröffnete und wo Gefahr drohte. Glaeseker hat alles hinterfragt, meine Reden, mein Auftreten, seine Kritik war manchmal brutal. Ich hatte oft schwer zu schlucken, aber ich dachte mir, von einem musst du dir schonungslos alles sagen lassen, damit du nicht abhebst.

Glaesekers Kreativität lässt sich gut am Beispiel der Sängerin Lena Meyer-Landrut veranschaulichen. Ende 2009, etwa ein halbes Jahr vor dem Eurovision Song Contest in Oslo, kam er zu mir und meinte, sie hätte gute Chancen, die deutsche Vorauswahl zu gewinnen und für Deutschland an den Start zu gehen, selbst in Oslo könnte sie Erfolg haben. Lena komme aus Hannover, und wir sollten überlegen, wie wir ihren Sieg für die Stadt und das Land Niedersachsen nutzen könnten. Ich konnte mir das nicht recht vorstellen, aber er lag mir damit so lange in den Ohren, bis ich ihm grünes Licht gab. Er hat dann mit Stefan Raab gesprochen, mit RTL und dem NDR verhandelt, die Lufthansa und den Flughafen Hannover eingebunden und so dafür gesorgt, dass Lena nach ihrem Sieg in Oslo – dem ersten deutschen Grand Prix nach 28 Jahren – mit einer Sondermaschine nach Hannover geflogen wurde, wo auf dem Trammplatz vor dem Rathaus eine riesige Feier für sie organisiert wurde. Vier Fernsehsender übertrugen an diesem Sonntag live, Hannover stand im Blickpunkt. Der Rummel um Lena gefiel nicht jedem.

Standort und Region zu profilieren, Image-Bildung zu betreiben und das Bild von Hannover und Niedersachsen über die Landesgrenzen hinaus zu fördern, diese Aufgabe sah Olaf Glaeseker als sein Kerngeschäft. Zu diesem Zweck wurden 2007 die von dem Eventmanager Manfred Schmidt organisierten Nord-Süd-Dialoge ins Leben gerufen. Schmidt veranstaltete Gesprächsrunden, auf denen sich Presseleute, Vertreter aus dem Kunst- und Kulturbereich und Politiker zum Gedankenaustausch trafen. Als Oppositionsführer hatte ich ihn 1993 kennengelernt. Da es mir damals an solchen Kontakten fehlte, besuchte ich die von ihm organisierten Medientreffs in Köln, München oder Hamburg und lernte dabei zahlreiche für meine politische Arbeit wichtige Personen aus Presse und Kultur kennen. Als ich 2003 Ministerpräsident wurde, war ich auf die Veranstaltungen von Manfred Schmidt weniger angewiesen, das Land profitierte jetzt von den neuen Verbindungen zwischen Wirtschaft, Kultur, Wissenschaft und Politik. Niedersachsen wurde bunter, die Tristesse verschwand.

Aktueller Anlass für die Nord-Süd-Dialoge waren die atmosphärisch schlechten Beziehungen zwischen Niedersachsen und Baden-Württemberg. Zum einen belastete der Machtkampf zwischen VW und Porsche das Verhältnis zwischen den beiden Regierungen schwer. Für die Umsetzung des neuen VW-Gesetzes brauchten wir eine Mehrheit im Bundestag und im Bundesrat, aber aus Sicht der Baden-Württemberger war das Gesetz eine Katastrophe, weil es half, die Übernahme von VW durch Porsche zu verhindern. Zum anderen stellte die neue, von der Landesregierung direkt am Stuttgarter Flughafen hochgezogene Messe Stuttgart einen massiven Angriff auf die Hannover Messe dar; von den dreitausend Ausstellern der Industriemesse kommen immerhin eintausend aus Baden-Württemberg. Zur Vermeidung von Reibungsverlusten gab es deshalb geheime Fusionsüberlegungen, die aber in Baden-Württemberg politisch letztlich nicht zu vermitteln waren.

Günther Oettinger und ich waren seit langem befreundet. Wir fanden, dass unsere beiden Länder recht ähnlich waren – beide sind Tourismusländer, Agrarländer, Automobilländer – und dass wir deshalb unsere jeweils sechs Stimmen im Bundesrat gemeinsam in die Waagschale werfen sollten. Ich gebe zu, dass dieses Bündnis aus Sicht Niedersachsens einen besonderen Reiz hatte, gilt Baden-Württemberg doch als das «Musterländle», wo man alles kann außer Hochdeutsch. Vor allem die Mittelstandsstruktur in Baden-Württemberg sah ich immer als vorbildlich an. Es war so, als würden sich Hannover 96 und der FC Bayern auf etwas verständigen, und jeder würde fragen, wie hat Hannover das nur hinbekommen.

Im Fall des Nord-Süd-Dialogs haben Günther Oettinger und ich die Schirmherrschaft übernommen, die Vorbereitung und Durchführung aber dem Management von Manfred Schmidt überlassen. Der Nord-Süd-Dialog war für mich Teil einer langfristig erfolgreichen Strategie für ein innovatives Niedersachsen. Wäre nicht im Dezember 2011 der Verdacht aufgekommen, dass bei dieser Veranstaltungsreihe, die drei Jahre lang ein starkes, ausnahmslos positives

Medienecho und viel öffentliche Aufmerksamkeit fand, Vorteilsnahme im Spiel gewesen sein könnte, hätte ich keinerlei Veranlassung gehabt, mich an dieser Stelle noch einmal eingehender mit den Hintergründen des Nord-Süd-Dialogs zu befassen.

Olaf Glaeseker und Manfred Schmidt verband eine jahrelange Freundschaft. Glaeseker hatte auch private Urlaube in Häusern von Schmidt verbracht. Als ich im Zusammenhang mit der Organisation der Nord-Süd-Dialoge im Dezember 2011 von Vorwürfen erfuhr, habe ich Olaf Glaeseker schweren Herzens vom Dienst suspendieren lassen, damit alle Fragen im einzelnen geklärt werden konnten. Der zwei Jahre später vor dem Landgericht Hannover gegen Olaf Glaeseker und Manfred Schmidt eröffnete Prozess endete im März 2014 mit einer Einstellung gegen Zahlung einer Geldauflage. Für beide gilt damit die Unschuldsvermutung weiter. Durch die umfassende Aufklärung wurde meine Entscheidung der Suspendierung, die mir damals als Bauernopfer ausgelegt wurde, letztlich bestätigt.

Was Sponsoring angeht, bin ich nach wie vor der festen Überzeugung, dass die öffentliche Hand Unterstützer braucht, um nicht immer nur auf Steuergelder angewiesen zu sein. Man darf die Wirtschaft hier nicht aus ihrer Verantwortung entlassen. Eine pauschale Diskreditierung macht das Sponsoring kaputt. Zwischen landeseigenen Veranstaltungen und Sponsoren-Veranstaltungen muss allerdings genau unterschieden werden. Bei allen Veranstaltungen, bei denen ich als Ministerpräsident stellvertretend für den Steuerzahler das finanzielle Risiko zu tragen hatte, habe ich die Sponsoren selbst eingeworben. Dazu zählten Veranstaltungen wie das Sommerfest der Landesvertretung in Berlin oder das Grünkohlessen und das Spargelessen in Brüssel. Daneben gab es zahlreiche Veranstaltungen, bei denen der Ministerpräsident als Schirmherr auftrat. Dahinter standen meist Stiftungen wie etwa die «Deutsche Multiple Sklerose Gesellschaft», deren Schirmherrschaft ich 2001 übernommen hatte und für die jährlich Tausende von Bittschreiben mit meiner Unterschrift verschickt wurden. Wenn weder ein gemeinnütziger Zweck noch eine Verantwortung des Landes zu erkennen war, habe ich von Fall zu Fall entschieden, ob der Veranstalter mit meinem Namen werben darf und ob ich teilnehme; aus der aktiven Einwerbung von Sponsorengeldern habe ich mich in diesen Fällen aber grundsätzlich rausgehalten.

Ein anschauliches Beispiel, wie sich öffentliche und unternehmerische Interessen verknüpfen lassen, bietet die Technikschau IdeenExpo, die inzwischen das nationale Vorzeigeprojekt im Bereich Mathematik, Technik, Ingenieurs- und Naturwissenschaften ist. Die IdeenExpo, die zuletzt 342 000 Besucher anlockte, soll junge Menschen für technische Berufe begeistern und versteht sich als Kontakt- und Vermittlungsbörse zwischen Arbeitgebern und Hochschulen auf der einen und Auszubildenden und Studenten auf der anderen Seite. Die nächste IdeenExpo wird im Sommer 2015 auf dem Messegelände Hannover stattfinden, sie wird dann erheblich größer sein als die Computermesse CeBit und sogar größer als die Industriemesse, die Hannover in der Welt bekannt gemacht hat. Ohne Sponsoren wäre auch diese Erfolgsgeschichte nicht zustande gekommen, und aus gutem Grund hält die neue Landesregierung an der IdeenExpo fest.

DER PRÄSIDENT

Bei meiner Vereidigung im Deutschen Bundestag am 2. Juli hatte ich als Schwerpunkte meiner Präsidentschaft genannt: den Zusammenhalt der Gesellschaft, den Mut zum Wandel und die Zukunft der Demokratie – auch und besonders unter den Bedingungen des Internet. Diejenigen, die in Foren, Blogs und den Kommentarspalten der online-Dienste zu allen möglichen Themen ihr Votum abgeben, müssen wir dazu bringen, auch im realen Leben Position zu beziehen und Verantwortung zu übernehmen. Alle vier oder fünf Jahre zur Wahlurne gehen zu dürfen, wird ihnen auf Dauer nicht genügen. Ein von mir gemeinsam mit der Bertelsmann-Stiftung durchgeführtes Pilotprojekt über neue Beteiligungsmöglichkeiten mit 10 000 Bürgern in zwanzig kreisfreien Städten und Landkreisen brachte viele Erkenntnisse.

Ich habe mein Amt mit Begeisterung ausgeübt. Deshalb schmerzt es mich, dass am Schluss der Eindruck entstehen konnte, meine Präsidentschaft sei ein Irrtum gewesen. Um diesen Eindruck zu korrigieren, will ich einige Stationen meiner Präsidentschaft hier noch einmal Revue passieren lassen. Vor allem mit Blick auf die Zukunft, weil ich sicher bin, dass meine Anliegen sowohl nach innen, das heißt für den Zusammenhalt und die Wettbewerbsfähigkeit unserer Gesellschaft, als auch nach außen, für Deutschlands Ruf als weltoffenes Land von essentieller Bedeutung sind.

Zusammenhalt der Gesellschaft, das zentrale Thema meiner Präsidentschaft, wurde später, unter dem Eindruck meiner Rede am 3. Oktober 2010, allzu stark verkürzt auf die Frage der Integration der Mitbürgerinnen und Mitbürger mit ausländischen Wurzeln. Mir ging es jedoch darum, Verbindungen zwischen allen Teilen der Gesellschaft zu erhalten und zu stärken, «zwischen Jung und Alt, zwischen Menschen aus Ost und West, Einheimischen und Zugewanderten, Arbeitgebern, Arbeitnehmern und Arbeitslosen, Menschen mit und Menschen ohne Behinderung». Zusammenhalt bedeutet, die Fliehkräfte zu binden, dafür zu sorgen, dass kein Stärkerer sich der Verantwortung entzieht und kein Schwächerer ausgegrenzt wird.

Ich wollte dabei helfen, über unterschiedliche Interessen und gegenseitige Vorurteile hinweg Brücken zu bauen, und erinnerte in meiner Antrittsrede an Aygül Özkan, die erste Ministerin muslimischen Glaubens in Deutschland, die ich im April 2010 in die niedersächsische Landesregierung berufen hatte. Leider gebe es bei uns viel zu wenig Aufmerksamkeit für solche Erfolgsgeschichten, sagte ich. «Wann wird es bei uns endlich selbstverständlich sein, dass unabhängig von Herkunft und Wohlstand alle gleich gute Bildungschancen bekommen ... dass jemand mit den gleichen Noten die gleichen Aussichten bei einer Bewerbung hat, egal ob er Yilmaz oder Krause oder anders heißt?» Chancengleichheit besteht für mich eben erst, «wenn wir weniger danach fragen, woher einer kommt, als danach, wohin er will, wenn wir nicht mehr danach fragen, was uns trennt, sondern was uns verbindet». Am Ende meiner Rede sprach ich dann von der «bunten Republik Deutschland», deren größte Stärke ihre liebenswerte Vielfalt sei. «Unsere Vielfalt ist zwar manchmal auch anstrengend, aber sie ist letztlich Quelle der Kraft und der Ideen und eine Möglichkeit, die Welt mit anderen Augen zu sehen und aus unterschiedlichen Blickwinkeln kennenzulernen.»

«Diesen Ton nimmt man einem 51-Jährigen ab», kommentierte am nächsten Tag Nikolaus Blome in der *Bild*-Zeitung. «So schnell blühen und verblühen die Umfragen. Auf einmal ist Christian Wulff für die Mehrheit der Deutschen der ‹bessere› Präsident.» Auch Thomas Schmid begrüßte es in der *Welt*, dass ich «tiefgestapelt» hätte: «Er hat auf seine Weise dafür geworben, dass Zusammenhalt Zukunft gelingen lassen kann. Gottlob unterließ er es, sich in den Wettbewerb um die größtmögliche Ruck- oder Mahnrede zu stürzen.

Dieses Metier hat sich erschöpft.» Kurt Kister registrierte in der *Süddeutschen Zeitung* «Beklemmung und Lampenfieber». Die Unsicherheit werde wohl weichen; «ob sie durch Souveränität oder nur durch Routine ersetzt werden wird, weiß man heute noch nicht». Allerdings fehle mir, genau wie meinem Vorgänger, der eben daran gescheitert sei, «jene Selbstgewissheit, mit deren Hilfe man im Amte des ersten Repräsentanten stets drei Stufen höher stehen kann als jeder andere, der über einen spricht».

Am Abend der Vereidigung fand das alljährliche Sommerfest mit 5000 Gästen – darunter viele Ehrenamtliche – im Garten von Schloss Bellevue statt. Es war, wie mir schien, eine besonders geeignete und gelungene Form der Amtseinführung. Götz Aly, der in der *Berliner Zeitung* darüber berichtete, machte gleich zwei launige Änderungsvorschläge «für die Ära Wulff». Zum einen sollte der Altersdurchschnitt der Gästeliste um zwanzig Jahre gesenkt werden, zum anderen gehörten zwanzig Prozent europäische und nichteuropäische Ausländer auf die Liste – und dann müssten natürlich auch Honiggebäck und Hammelbraten gereicht werden.

Insbesondere in den Reihen von SPD und Grünen war die Antrittsrede positiv aufgenommen worden. Weniger einhellig war die Zustimmung in den Reihen meiner eigenen Partei. Auf der CDU-Präsidiumssitzung am Montag, an der ich nicht mehr teilnahm, weil meine Parteimitgliedschaft ruhte, wurde mein Wort von der bunten Republik von einem Präsidiumsmitglied schadenfroh kommentiert: «Das habt ihr jetzt davon, dass ihr den gewählt habt!» Der Widerstand aus dem konservativen Lager sollte mir während meiner gesamten Amtszeit immer wieder zu schaffen machen, ob es um das Thema Zuwanderung und Integration ging, um Kritik an der katholischen Kirche oder um Vorschläge zu einer stärkeren Regulierung der Finanzmärkte.

Ich hatte mir in der Tat vorgenommen, die präsidialen Aufgaben etwas anders zu interpretieren als meine Vorgänger, das Amt gesellschaftlich neu zu verorten und durch einen weniger autoritativen Stil zu verjüngen. Auch die Frage, ob die Bundespräsidenten immer alt sein müssen, hat mich herausgefordert. Wie ich heute weiß, war diese Frage nicht opportun. Dennoch will ich sie hier noch einmal stellen.

«Ich hätte Bundespräsident werden können. Aber ich hielt mich mit meinen sechzig Jahren nicht für alt … genug, um in das hohe Amt überzuwechseln», heißt es in den Erinnerungen von Willy Brandt über den Dezember 1973. Vierzig Jahre später scheint ein Mann Anfang 50 als Staatsoberhaupt noch immer eine eher schwierige Vorstellung zu sein. Eine Mehrheit der Deutschen hält Repräsentation für die oberste Pflicht des Bundespräsidenten und wünscht sich an der Spitze des Staates eine Person, die sich durch Weisheit und Würde auszeichnet.

Demgegenüber möchte ich dafür plädieren, dass durchaus wieder ein junger Präsident oder eine junge Präsidentin mit einer Familie an der Spitze des Staates steht. In der Mitte der Gesellschaft jedenfalls wurde es begrüßt, dass meine Frau und ich vertraut waren mit Alltagssorgen. Meine Frau Bettina kannte die Probleme einer alleinerziehenden Mutter, wir hatten erlebt, wie schwer es in der Praxis ist, einen Ganztagsbetreuungsplatz zu finden. Eine Patchwork-Familie, die ein Kind in der Kita, ein Kind in der Grundschule, ein Kind am G8-Gymnasium hat, ist nah dran an Fragen, die viele Menschen beschäftigen. Meine Frau fand mit ihrer fröhlichen unkomplizierten Art nicht nur bei offiziellen Anlässen wie Empfängen und Staatsbesuchen, sondern auch in der Wahrnehmung ihrer Ehrenämter viel Zustimmung.

Viele Bürger haben meine Frau und mich spüren lassen, wie schön sie es fanden, verstanden zu werden. «Viele werden sich in den Wulffs wiederfinden», schrieb der *Stern*, «mit ihren Biografien, ihren Alltagssorgen, ihrem ganz normalen deutschen Mittelschichtsleben.» Oder, wie Angela Merkel kurz vor der Wahl sagte: «Ich stelle mir das übrigens schön vor, Kinderlachen im Schloss Bellevue». Die Einrichtung einer Krabbelecke für unseren damals zweijährigen Sohn Linus gehörte zu den Neuerungen, die bei den Bürgern Zuspruch fanden als Symbol für die Vereinbarkeit von Beruf und Familie.

Andere rümpften die Nase. Dabei kam es zu merkwürdigen strategischen Allianzen zwischen ehemaligen Linken und Vertretern eines neudeutschen Konservatismus, denen der Paradigmenwechsel, der sich hier vor aller Augen vollzog, gleichermaßen Unbehagen bereitete. In den Chefetagen großer deutscher Zeitungen sitzen viele, die gleichaltrig oder nur wenig älter sind als ich und die politisch einmal weit links standen. Weil sie in ihrem politischen Leben manchen Wechsel rechtzeitig vollzogen, empfinden sie sich als ewige Avantgarde. Dass plötzlich einer aus ihren Jahrgängen an die Spitze des Staates rückte, führte ihnen vor Augen, dass eine Wachablösung stattfand. Ihr Selbstverständnis war offenbar in Frage gestellt. Aber nur wenige zeigten sich bereit, den Paradigmenwechsel mit der nötigen Toleranz selbstkritisch zu reflektieren.

Um den Generationenwechsel für sich zu bewältigen, bemühte man eine merkwürdige Logik: «Die Jugendlichkeit von Kohls Enkeln ist eine Jugendlichkeit des Scheins», befand das *Zeit*-Magazin im August 2010. Die entscheidende Voraussetzung ihres Aufstieges sei es gewesen, dass sie ihr Leben immer als eine Rennstrecke gesehen hätten, statt sich auf Überraschungen und Abenteuer einzulassen und auch einmal einen spannenden Umweg in Kauf zu nehmen. Die Tatsache, dass junge Karrieristen wie der neue Bundespräsident jetzt überall in der ersten Reihe säßen, wirke verstörend. Man solle sich dadurch aber nicht verunsichern lassen. Jung sei diese Riege – genannt wurden neben mir Kristina Schröder, Karl-Theodor zu Guttenberg, Philipp Rösler und Christian Lindner – nur aufgrund ihres Alters, in Wirklichkeit stünden «die neuen Jungen» für angepasste Uniformität und Langeweile – «Kohls Enkel eben. Ausrufezeichen!»

In der *Frankfurter Allgemeinen Sonntagszeitung* vom 4. Juli 2010, dem Sonntag nach meiner Wahl, ging es um ein einziges Thema, das Tattoo meiner Frau: «Früher hatten Gesellschaften eine Zone der Ausgeschlossenen, in der Verbrecher, Sträflinge, Zuhälter, Nutten, Hafenarbeiter, Seeleute, Vagabunden ihr gegenbürgerliches Zuhause hatten; die Mehrheit kam mit dieser Zone normalerweise nicht in Berührung. Dort erkannte man sich an den Tätowierungen. Die Halb- und Unterwelt grenzte sich so von der bürgerlichen Mehrheit ab … Das Abweichende, Abnorme, das Verruchte und Obszöne ist von den Rändern längst in die Mitte der Gesellschaft eingewandert. Viel ist da dem Mode- und Kulturbetrieb zu verdanken, der die Ästhetik des Strichers und des Rotlichts salon- oder jedenfalls bildschirmfähig gemacht hat … Nun zieht also erstmals ein Tattoo in das Schloss Bellevue ein und gehört damit zum informellen Repräsentationsinstrumentarium des höchsten Staatsamtes. Selbst wenn der Bundespräsident es ‹cool› findet, es bleibt ein Import aus der Unterwelt.» Mir einen solchen Text über meine Frau und mich gefallen lassen zu müssen, ohne etwas dagegen unternehmen zu können, stellte mich auf eine harte Probe.

Vier Wochen später rückte mich die *FAZ* in den Mittelpunkt einer Reportage über angebliche «Erbfreundschaften von Hannover». Rund um den Rechtsanwalt des berüchtigten Rockers Frank Hanebuth, Götz von Fromberg, Altkanzler Gerhard Schröder und AWD-Gründer Carsten Maschmeyer habe sich in der Landeshauptstadt ein einflussreiches, höchst dubioses Netzwerk gebildet. Der Artikel suggerierte eine fatale Nähe zum kriminellen Milieu. «Wo verlaufen die Grenzen zwischen Freundschaft und Kumpanei? Wo beginnt das Anrüchige?» Obwohl ich Götz von Fromberg nur wenige Male bei gesellschaftlichen Anlässen gesehen hatte und Herrn Hanebuth gar nicht kenne, war die Botschaft des prominent aufgemachten Artikels auf Seite 3 unmissverständlich. Schaut her: Das ist das Biotop, aus dem unser neuer Bundespräsident stammt, einer von diesen Aufsteigern, die sich gegenseitig fördern, bis sie ganz oben sind.

Erst zur Jahreswende 2011/2012 erfuhr ich, dass schon wenige Tage nach meiner Wahl und den ganzen Sommer 2010 über in den höheren Etagen des deutschen Journalismus zwischen Frankfurt, Hamburg und Berlin, da wo die feineren Netze gesponnen werden, kolportiert wurde, meine Frau Bettina habe im Rotlichtmilieu gearbeitet und vermutlich hätte ich sie dort auch kennengelernt. Ein prominenter Journalist aus diesen Etagen sprach an einem Samstagmittag Ende November 2011 an einer Tankstelle einen Mitarbeiter des Bundestagspräsidenten an. Ob der Bundestagspräsident denn eigentlich wisse, dass der Bundespräsident mit einer ehemaligen Prostituierten verheiratet und daher von Zuhälter- und Rockerkreisen erpressbar sei. Als ich kurz nach meinem Rücktritt von dieser Infamie erfuhr, habe ich zum ersten Mal geweint.

Die Luft um die Bundespräsidenten ist sehr dünn. Das liegt zum Teil am Protokoll, das dafür sorgt, dass der Bundespräsident grundsätzlich als letzter kommt und als erster geht. Wenn ich einen Raum betrat, begab ich mich gleichsam in ein Vakuum; weder wusste ich, welche Erwartungen an mich gerichtet waren, noch bekam ich viel mit von der Stimmung. Klüger wird man oftmals durch unverhoffte Begegnungen, durch das Zuhören, nicht, indem man wiederholt, was man sowieso schon weiß. Nach einer Rede hätte ich oft gern noch mit Anwesenden gesprochen. Ist es wirklich noch zeitgemäß, dass niemand gehen darf, bevor der Bundespräsident geht? Ich war in eine Wolke der Unantastbarkeit geraten, die weder meinem Naturell noch meinen Vorstellungen moderner Amtsführung entsprach.

Das Protokoll sieht auch vor, dass der Bundespräsident niemanden aufsuchen darf, sondern alle Gesprächspartner ihn aufsuchen müssen. Das führt dazu, dass man ans Bellevue gebunden und nicht mitten im Geschehen ist. Manchmal stand ich am Fenster, schaute hinaus in den Park, den außer dem Bundespräsidenten, den Sicherheitsbeamten und den Gärtnern keiner betreten darf und in dem deshalb nur Füchse herumlaufen, und fragte mich, warum das so ist und ob das so sein muss. Ich wehrte mich gegen die Abschottung und beschloss, möglichst oft raus zu gehen, zu reisen, im Land unterwegs zu sein.

Viele Bürgerinnen und Bürger knüpfen an das Amt des Bundespräsidenten mit Recht hohe Erwartungen. Die Möglichkeiten, die das Amt bietet, sind von der Verfassung jedoch begrenzt. Die Väter und Mütter des Grundgesetzes wollten nicht, dass das Staatsoberhaupt eine größere politische Rolle spielt. Die starke Machtposition, die dem Reichspräsidenten in der Weimarer Verfassung eingeräumt worden war, war am Ende dazu missbraucht worden, die Republik Hitler in die Hände zu spielen, und in Erinnerung daran wurden die Befugnisse des Präsidenten stark eingeschränkt. Also wirkte ich, wie schon meine Vorgänger, im Hintergrund, indem ich mit Beteiligten sprach, auf Entscheidungsträger einwirkte, an Grundströmungen und bestimmte Erwartungen in der Bevölkerung erinnerte.

Für alle meine Gesprächspartner war es ein Segen, dass sie das Schloss Bellevue verlassen konnten, ohne dass ihnen gleich Mikrofone entgegengehalten wurden. Und sie durften sich darauf verlassen, dass sie das, was sie mir anvertraut hatten, nicht früher oder später in der Zeitung lesen mussten. Eine solche Atmosphäre des Vertrauens lässt sich im politischen Berlin eigentlich nur in Schloss Bellevue herstellen, und insbesondere die Partei- und Fraktionsvorsitzenden wissen es zu schätzen, dass der Bundespräsident über die Grenzen der Parteien hinweg vermittelt.

Zu bestimmten Anlässen muss ein Bundespräsident öffentlich Zeichen setzen und an Verantwortlichkeit, an Ethik und Moral appellieren. Er muss Sprachrohr der Bevölkerung sein, auf der anderen Seite aber auch bei den Bürgern um Verständnis für die Politik werben, deren Aufgaben zunehmend komplizierter und in ihrer Komplexität für den Laien kaum noch durchschaubar sind. Unter dem Eindruck der weltweiten Banken- und Finanzkrise kamen seit 2008 berechtigte Ängste von Millionen Kleinsparern und Rentenbeziehern hinzu, die um ihre Ersparnisse und die Sicherung ihres Lebensabends bangten. Wenn wir den gesellschaftlichen Zusammenhalt nicht gefährden wollen, müssen wir uns bemühen, nach beiden Seiten besser zu vermitteln. Wir brauchen mehr Erklärung, mehr Brücken zwischen Bürgern und Staat, mehr Austausch zwischen Bürgern und Parteien. In dieser Vermittlung sah ich eine der zentralen Aufgaben meiner Präsidentschaft.

Der wichtigste Ort der Demokratie, der Ort, an dem politische Weichen gestellt werden, ist das Parlament. Weil mir die schleichende Marginalisierung der parlamentarischen Arbeit Sorgen machte, habe ich eine Vielzahl von Bundestagsausschüssen zu ausführlichen Besprechungen ins Bellevue eingeladen. Entscheidungen müssen heutzutage oft sehr schnell getroffen werden. Dabei sind die Zusammenhänge so komplex, international so miteinander verwoben und voneinander abhängig, dass Anträge häufig bereits vorentschieden sind, bevor sie das Parlament erreichen.

Die Politik neigt dazu, die Vorgaben unserer Verfassung und der Europäischen Verträge recht weit auszulegen, um notwendige Entscheidungen entsprechend schnell herbeiführen zu können. Die vom Grundgesetz vorgegebenen Verfahrensregeln werden dabei unter der Maxime von Dringlichkeit oder gar «Alternativlosigkeit» als unnötige Last empfunden. Im Verlauf der Finanzkrise haben wir es wiederholt erlebt, dass übers Wochenende neue Euro-Rettungsschirme aufgespannt und neue Milliarden-Bürgschaften bewilligt werden mussten, ohne dass die Rechte des Parlaments in angemessener Weise berücksichtigt wurden. Das Bundesverfassungsgericht hat in diesem Zusammenhang durch seine «Wesentlichkeits-Rechtsprechung» verdeutlicht, dass die Mitwirkungsrechte des Bundestages als Herzkammer der Demokratie besonders wichtig sind und nicht einfach aufgegeben werden können.

Parlamentsbeteiligung sichert die Rechtsstaatlichkeit. Denn die bewährte Umsetzung politischer Entscheidungen in Gesetzesform verbürgt eine Vielzahl rechtsstaatlicher Elemente: Transparenz, die Gleichheit aller Bürger und die Gewaltenteilung. Schließlich ist bei der Verabschiedung eines Gesetzes die mehrfache verfassungsrechtliche «Vorabkontrolle» gewährleistet – durch den Bundestag, den Bundesrat, die Bundesregierung und am Ende auch durch den Bundespräsidenten.

Die Politik beraubt sich ihrer eigenen Kompetenzen, wenn bereits im Vorfeld wichtige Debatten in externe Kommissionen ausgelagert werden. Auf der zweiten Stufe wird dann die Ausarbeitung eines Gesetzentwurfs nicht mehr als ureigene Aufgabe der Politik verstanden, sondern als Beratungsdienstleistung, die Private schneller und effektiver erbringen können. Aber sind Private dem Gemeinwohl verpflichtet? Da diejenigen mit der Ausarbeitung entsprechender Vorlagen beauftragt werden, die sich in der Materie gründlich auskennen, sind Interessenkonflikte jedenfalls nicht auszuschließen.

Vieles soll heute nur noch abgesegnet werden, was längst in Brüssel oder anderswo entschieden wurde. Das entwertet zweifellos die Arbeit der nationalen Parlamente. Aber die Parteien selbst tragen eine erhebliche Mitschuld an der Schwächung der Parlamente, weil sie zulassen, dass die Exekutive im kleinen Kreis, ohne ausreichende parlamentarische Behandlung, Entscheidungen durchboxt. Nicht nur wesentliche Etappen der Finanzkrise, auch die Aussetzung der Wehrpflicht und das Atommoratorium wurden von der Bundesregierung vorentschieden, ohne dass der Bundestag zu diesem Zeitpunkt mit dem Thema befasst war.

Ich erinnere mich gut an den März 2011. Am Donnerstag, dem 10. März, hatten wir die Bundeskanzlerin und ihren Gatten, Professor Sauer, zu Gast in der Pücklerstraße, der Dienstvilla des Bundespräsidenten in Berlin-Dahlem. Am Freitag ereignete sich die Dreifachkatastrophe von Fukushima, Sonntagnachmittag telefonierten wir erneut. Es war für mich nicht erkennbar, dass am Montag die Spitzen der Koalition, Angela Merkel, Guido Westerwelle und Horst Seehofer, den schnellen Ausstieg aus der Kernenergie verkünden würden. Ich war nicht unterrichtet worden. Dies wäre zwar nicht zwingend, aber aufgrund der Bedeutung des Themas für den Wirtschaftsstandort Deutschland und wegen der hohen Emotionalität, mit der die Energiepolitik seit je in allen Teilen der Bevölkerung diskutiert wird, sicher nicht falsch gewesen. Allerdings war ich anderer Meinung als die Bundeskanzlerin, was die Vorgehensweise betraf, und dies hätte ich ihr auch unumwunden gesagt. Am Montagabend kondolierte ich dem japanischen Botschafter und sprach mein Mitgefühl aus. Es war ein bewegender Moment, die Botschaftsangehörigen waren für die Anteilnahme in Deutschland und die einsetzende große Hilfsbereitschaft sehr dankbar.

Unabhängig von der Frage, wie man das Atommoratorium selbst beurteilt, hielt ich es für einen politischen Affront, eine so weitreichende Entscheidung an einem Wochenende im Kreis der Parteivorsitzenden zu treffen, ohne das Parlament oder zumindest die wichtigsten Gremien und Ausschüsse und die europäischen Nachbarn einzubinden. Die Grünen haben auf einem Parteitag zur Energiewende im Juni darum gerungen, ob sie nach Fukushima einen Kompromiss über den Ausstieg im Bundestag mittragen wollen. Es ging um eine fundamentale Richtungsänderung der deutschen Politik, und deshalb hätte ich einen solchen Parteitag auch meiner eigenen

Partei gewünscht. Statt dessen kassierte die CDU-Führung kurzerhand den Beschluss vom letzten Parteitag, auf dem mit breiter Mehrheit die Laufzeiten von Atomkraftwerken verlängert worden waren, um auf dem nächsten Parteitag zu erklären, dass man nunmehr gänzlich auf Atomkraft verzichte. Mit dieser Form demokratischer Meinungsbildung tat ich mich schwer, und das habe ich als Präsident auch offen angesprochen.

Das Zustandekommen des Atommoratoriums im März 2011 ließ ein immanentes Defizit der Parteiendemokratie erkennen. Obwohl die Regierungskoalition über eine ausreichende Mehrheit verfügte, hat man es gar nicht erst auf einen Versuch ankommen lassen, Konsens in den eigenen Reihen herzustellen und die eigenen Anhänger mitzunehmen; einzig mit SPD und Grünen glaubte man reden zu müssen. Was hier als Führungsstärke verkauft wurde, verbarg in Wirklichkeit die panische Angst vor einer Debatte. Wenn aber nicht einmal mehr Parteitagsbeschlüsse zählen und das Parlament nur noch zusammentritt, um Entscheidungen der Exekutive abzusegnen, wer will dann noch in die Politik gehen? Wer junge Leute für ein Engagement in der Politik gewinnen will, darf ihnen nicht das Gefühl vermitteln, dass Diskussionen über den richtigen Weg unerwünscht seien.

Bei aller Kritik am Zustandekommen einzelner Entscheidungen bin ich nie in eine allgemeine Parteienschelte verfallen, im Gegenteil. Parteien wirken an der politischen Willensbildung in unserem Land mit – so steht es im Grundgesetz – und leisten damit einen wichtigen Beitrag zum Funktionieren der Demokratie. Der großen Mehrheit der Mitglieder in den demokratischen Parteien, die sich aus Überzeugung einsetzen, tut man unrecht, wenn man sie in einen Topf wirft mit den Einzelfällen, die aus Karrieregründen einer Partei beitreten. Ich ziehe für mich jedenfalls eine positive Gesamtbilanz. Und wenn ich sage, dass ich meiner Partei viel zu verdanken habe, meine ich eben nicht meinen Aufstieg bis ins höchste Staatsamt, sondern meine Reifung als politisch denkender Mensch und vor allem die vielfachen Gestaltungsmöglichkeiten, die sich mir in der Partei und mit Hilfe der Partei im Laufe meines Lebens eröffneten. Sinkende Mitgliederzahlen der Parteien, schwindende Wahlbeteiligungen und die schwierige Suche nach Kandidatinnen und Kandidaten für kommunale Ämter sind inzwischen alarmierende Signale für unsere Demokratie, die auf Mitwirkung zwingend angewiesen ist.

Wer in eine Partei eintritt, ist nicht finsteren Mächten und geheimen Absprachen in irgendwelchen Hinterzimmern ausgeliefert, sondern kann tatsächlich etwas bewirken. Er muss lediglich eine Mehrheit zustande bringen. Was zählt in der Politik, sind Mehrheiten, und Mehrheiten kann man ändern. Oft ist zu hören, man könne in einer Partei nichts durchsetzen und nichts erreichen, Parteiarbeit sei reine Zeitverschwendung. Wer so redet, macht es sich sehr einfach und verschweigt oft nur, dass er gar nicht aktiv werden will. Die Parteien hindern grundsätzlich niemanden, aktiv zu werden. Ich selber habe immer Wert darauf gelegt, Talente zu entdecken und für die Politik zu gewinnen. Dazu braucht es auf der einen Seite Menschen, die bereit sind, in die Politik zu wechseln, und auf der anderen Seite Politiker, die bereit sind, Seiteneinsteigern Erfolgsmöglichkeiten zu eröffnen. Wenn beides zusammenkommt, eröffnen sich viele Chancen.

Was ich nicht widerspruchslos hinnehmen kann, sind pauschale Beschimpfungen wie die von Herbert Grönemeyer, der 2007 im Umfeld der Proteste beim G8-Gipfel in Heiligendamm alle Politiker über einen Kamm bürstete: Mit Politikern zu reden, sei «vergeudete Zeit». Ich war empört und ging in die Offensive. Es würde mich interessieren, ob Herbert Grönemeyer bereit wäre, selbst Verantwortung in der Politik zu übernehmen, fragte ich anläßlich eines Interviews in der *Bild am Sonntag*. Da er in Göttingen geboren sei, könnte ich mich in der CDU-Niedersachsen für einen aussichtsreichen Listenplatz bei der nächsten Bundestagswahl einsetzen. «Sensations-Angebot: Grönemeyer soll Politiker werden», titelte die *BamS*. Grönemeyer reagierte ziemlich humorlos.

Als ich Ende Juni 2011 in einem großen Interview mit der *Zeit* das erste Jahr meiner Präsidentschaft bilanzierte, eröffnete mir Giovanni di Lorenzo, dass er meinen politischen Werdegang seit seiner Schulzeit verfolge. Er ist drei Monate älter als ich und machte Ende der siebziger Jahre Abitur in Hannover. Damals seien ja viele politisch engagiert gewesen, aber ich sei der einzige, der mit der Politik weitergemacht habe, wunderte er sich. Ich verstand nicht ganz, was daran so ungewöhnlich sein sollte, und antwortete, dass mir Politik nun einmal Freude mache und dass ich weit mehr Erfolgserlebnisse zu verbuchen hätte als Enttäuschungen.

Den ersten Teil dieses Gespräches nutzte ich dann, um den zunehmenden Bedeutungsverlust des Parlaments zu kritisieren und eine stärkere Einbindung des Bundestages in die politischen Entscheidungen zu fordern. Dabei habe ich auf einen Aspekt der Politikverdrossenheit hingewiesen, der von den Bürgern meist übersehen wird. Inzwischen seien auch die Politikerinnen und Politiker selbst häufig verdrossen, sagte ich, «verdrossen über ihre eigene Tätigkeit und die Rolle, die ihnen noch zukommt, verdrossen über ihren schwindenden Einfluss». Es gehöre nun einmal zu den Grundsätzen der Demokratie, «dass man sich Zeit nimmt – durch eine erste, zweite und dritte Lesung –, einander zuhört, Gegenargumente wägt, klüger wird». Die Schnelligkeit, mit der heute viele Entscheidungen durchgepeitscht würden, habe etwas Beunruhigendes, führe auf allen Seiten zu erheblichem Frust und verstärke die ohnehin bestehenden Verständigungsprobleme zwischen Bürgern und Politikern. Zusammenfassend stellte ich fest:

«Die Politik hat heute kommunikative Mängel. Sie erklärt nicht mehr ausreichend das, was getan werden muss, sie priorisiert nicht mehr die größten Herausforderungen, und sie überfordert uns durch ihr rasantes Tempo. Es ist der unbedingte Wille, unabhängig von der Halbwertszeit politischer Aussagen immer wieder schnell Geschlossenheit herzustellen. Da bleiben viele Engagierte auf der Strecke … Der Politikbetrieb muss aufpassen, dass die Entscheidungen abgewogen getroffen und den Menschen erklärt werden. Er darf nicht in Hektik verfallen. Gut begründet, darf jeder seine Meinung ändern, aber die Herbeiführung der Entscheidung und die Erklärung der Gründe erfordern eine besondere Kraftanstrengung.»

Der Bundespräsident hat jenseits der Parteien zu stehen, und deshalb eignen sich Interviews eigentlich nicht zur Einflussnahme. Häufig wird nämlich nicht gefragt, was der Bundespräsident den Akteuren eigentlich sagen wollte, sondern es wird sofort spekuliert, ob das, was er gesagt hat, gegen diese oder jene Partei oder auch gegen die Bundeskanzlerin direkt gerichtet sei. Ich war mit Interviews deshalb zurückhaltend, das Gespräch mit Giovanni di Lorenzo über das erste Amtsjahr war das erste, alle Themen umfassende Interview. Die aufsehenerregenden Auftritte meiner Präsidentschaft lägen ja nun einige Zeit zurück, meinte er und versuchte mich aus der Reserve zu locken; zur Euro-Krise, zur deutschen Nichtbeteiligung am Libyen-Einsatz und zum Atomausstieg habe man vergeblich auf ein richtungweisendes Wort von mir gewartet.

Die zentralen Auseinandersetzungen über diese Fragen gehörten ins Parlament, beharrte ich. Da ich am Ende die Gesetze auch verfassungsrechtlich zu prüfen hätte, könnte ich mich schon deshalb nicht in die Debatte einschalten, weil man mir dann Befangenheit vorwerfen würde. Der Bundespräsident sei «nicht der Oberschiedsrichter auf dem Platz, der mit gelben und roten Karten herumläuft und diese bei Bedarf zieht und sich zu allem und jedem äußert und damit Akteur der Tagespolitik wird».

Zur Finanz- und Staatsschuldenkrise hatte ich mich deutlich positioniert. In meiner Rede zur Eröffnung des Deutschen Bankentags 2011 hatte ich den Bankern die Leviten gelesen. 400 Milliarden Euro staatliche Garantien für die Banken, weitere 80 Milliarden Euro Beteiligungen an notleidenden Finanzinstituten und 750 Milliarden für den Euro-Rettungsschirm hätten die Politik in arge Erklärungsnot gebracht. Da offenbar niemand aus den Fehlern gelernt und der Schock der Finanzkrise nicht dazu beigetragen habe, das Bankensystem zu stabilisieren, zu erneuern und wetterfest zu machen, könne ich nur dringend davor warnen, die Geduld des Steuerzahlers noch einmal in solchen Größenordnungen zu strapazieren.

Es war sicher ein Fehler, den Kapitalverkehr und die Kapitalmärkte global zu deregulieren und zu liberalisieren, ohne zuvor einen funktionierenden globalen Ordnungsrahmen geschaffen zu haben. Deshalb rief ich die Finanzwirtschaft auf, aktiv an der Ausgestaltung neuer klarer Regeln mitzuarbeiten. Eine weitere Krise dieser Dimension könnten wir uns nicht leisten, mahnte ich, denn das wäre nicht mehr nur eine Krise unseres Finanz- und Wirtschaftssystems, sondern eine Krise unserer Demokratie. Gegen Ende meiner Rede kam ich auf die Höhe der Bezüge von Bankmanagern zu sprechen. So wie die Krise nicht aus heiterem Himmel über uns hereingebrochen sei, sondern ihre Ursache in der Selbstüberschätzung von Menschen habe, so sei auch das Vergütungssystem im Finanzsektor Ausdruck von Hybris. Es falle mir und vielen anderen Menschen schwer, die Exzesse dieses Systems zu verstehen. Dies sei keine Frage des Neids, betonte ich, aber es könne nicht sein, «dass es Gruppen in unserer Gesellschaft gibt, die den Eindruck vermitteln, in abgehobenen Parallelwelten zu leben».

Im März 2014, drei Jahre später, hob das *Handelsblatt* sieben zentrale Punkte meiner Rede hervor und stellte fest, dass sich im Bankensektor wenig geändert habe. Leider ist, was ich damals sagte, noch immer aktuell: «Es ist bislang lediglich gelungen, die Finanzkrise einzudämmen und den Bankensektor zu stabilisieren. Die Gründe aber für die Schieflagen, die Gründe für die wirtschaftlichen und finanziellen Fehlentwicklungen und für die Krise sind noch nicht beseitigt, teilweise wurde nur Zeit gekauft.»

Im Sommer 2011 griff ich die Staatsschuldenkrise in der Eröffnungsrede zur Tagung der Wirtschaftsnobelpreisträger in Lindau auf. Ein Jahr nach den ersten Hilfspaketen für Griechenland waren neue Kreditzusagen nötig geworden, die Risikozuschläge für italienische und spanische Staatsanleihen stiegen auf Rekordhöhe. Erst hatten einzelne Banken andere Banken gerettet, dann hatten Staaten vor allem ihre eigenen Banken gerettet, jetzt rettete die Staatengemeinschaft einzelne Staaten. Da sei die Frage nicht unbillig: Wer rettet am Ende die Retter? Viele Länder hätten ihre Probleme jahrelang über höhere staatliche Ausgaben und entsprechend höhere Schulden vor sich hergeschoben. Jetzt sei die Politik der ungedeckten Wechsel auf die Zukunft an ihr Ende gekommen. «Ich verstehe die Empörung vieler junger Menschen an vielen Orten der Welt, wenn sie sich aufregen, dass es aus ihrer Sicht nicht fair zugeht», sagte ich. Drei Wochen später machte die Occupy-Bewegung an der Wall Street zum ersten Mal auf sich aufmerksam.

Menschen reagieren mit Recht empfindlich, wenn Fairnessprinzipien verletzt werden. Eine Finanz- und Wirtschaftselite, die nach dem Motto handelt, wenn es gut läuft, war es die Wirtschaft, wenn es nicht so gut läuft, war es die Politik, verstößt gegen diese Prinzipien und bedroht den Zusammenhalt der Gesellschaft. Ein Grundprinzip der Marktwirtschaft ist nämlich, dass Risiko und Haftung Hand in Hand gehen: Wer etwas riskiert, muss in Kauf nehmen, dass er scheitern kann. Die Vertreter der Banken waren nicht amüsiert. Aber auch Regierungen, die erst im allerletzten Moment auf Druck von außen bereit sind, Sparprogramme aufzulegen und überfällige Reformen in die Wege zu leiten, handeln unverantwortlich.

In diesem Zusammenhang sprach ich mich unmissverständlich gegen die Ausweitung der Anleihekäufe durch die Europäische Zentralbank aus. Diese Praxis könne allenfalls übergangsweise toleriert werden, die Währungshüter müssten so schnell wie möglich zu den vereinbarten Grundsätzen zurückkehren: «Ich sage es hier mit Bedacht, ich halte den massiven Aufkauf von Anleihen einzelner Staaten durch die Europäische Zentralbank für politisch und rechtlich bedenklich. Artikel 123 des Vertrages über die Arbeitsweise der Europäischen Union verbietet der EZB den unmittelbaren Erwerb von Schuldentiteln, um ihre Unabhängigkeit zu sichern.»

Diese Passage zeigte Wirkung. «Christian Wulff hat in seiner Rede ein Unwohlsein aufgegriffen, das Millionen Bundesbürger in den vergangenen Monaten beschlichen hat», schrieb die *Süddeutsche Zeitung*. Das Bundespräsidialamt hatte jedenfalls alle Hände voll damit zu tun, abzuwiegeln und zu betonen, dass ich mit meiner Kritik an der EZB nicht auf Distanz zu Frau Merkel gegangen sei, meine Einstellung hierzu sei der Bundeskanzlerin bekannt. Der Widerstand, der mir wegen meiner kritischen und mahnenden Worte zur Finanzkrise aus Bankkreisen entgegenschlug, war so ungewöhnlich heftig, dass manche Netzaktivisten später sogar meinen Rücktritt damit in Verbindung bringen wollten, aber für solche Verschwörungstheorien fehlen mir die Sensoren. Die Frage, ob die Anleihekäufe der EZB mit den europäischen Verträgen konform sind, beschäftigte im übrigen auch das Bundesverfassungsgericht; im Februar 2014 äußerte Karlsruhe erhebliche Bedenken und reichte die Frage an den Europäischen Gerichtshof weiter.

Die Tatsache, dass ich aufgrund der Lindau-Rede sofort in eine Frontstellung zu Angela Merkel hineinmanövriert wurde, unterstrich ein weiteres Mal, wie schwer es für den Bundespräsidenten ist, öffentlich Stellung zu beziehen. Sehr viel hilfreicher war es in diesem Fall zum Beispiel, dass ich viele Reisen in das europäische Ausland nutzen konnte, um sowohl bei der jeweiligen Staatsführung und in den Parlamenten als auch in Hintergrundgesprächen dafür zu werben, dass finanzielle Hilfen an Bedingungen geknüpft sein mussten. Viele meiner Amtskollegen zeigten Verständnis für diese Position, und ich durfte annehmen, dass meine kritische Haltung als eine deutsche Stimme weitergegeben wurde.

In solchen Gesprächen habe ich immer auch Werbung für Deutschland gemacht. Zu den Faktoren, die uns geholfen haben, einigermaßen heil durch die Krise zu kommen, zählt für mich das Modell einer kooperativen verantwortungsvollen Sozialpartnerschaft, das wir seit den Zeiten von Ludwig Erhard praktizieren. Die Einführung der Mitbestimmung hat entscheidend zum gegenseitigen Verständnis der Tarifpartner beigetragen. Heute herrscht in Deutschland eine Unternehmenskultur, die weiß, dass das Kapital in den Maschinen steckt, vor allem aber in den Köpfen und Herzen der Menschen, die an diesen Maschinen arbeiten. Wir leben in einem Land des sozialen Friedens und unternehmen große Anstrengungen für soziale Gerechtigkeit. Von allen anderen Segnungen abgesehen, verschafft uns dies draußen in der Welt erhebliche Wettbewerbsvorteile.

In dem auch für uns Deutsche schwierigen ersten Jahrzehnt des 21. Jahrhunderts hat sich gezeigt, wie wertvoll eine gut funktionierende Sozialpartnerschaft ist. Es waren schwierige Jahre nicht zuletzt auch für die Gewerkschaften; sie mussten notwendigen Teilzeit- und Kurzarbeiterregelungen zustimmen und sich in den Tarifverhandlungen Zurückhaltung auferlegen. In Zeiten, in denen andere jegliches Maß verloren, haben sie Maß gehalten. Als die Reformen dann griffen, war es wiederum keineswegs selbstverständlich, dass die Gewerkschaften den Kurs der Bundesregierung mittrugen und dafür eintraten, mit dem zu Hause erwirtschafteten Geld notleidende Staaten zu stützen und damit zur Stabilisierung Europas beizutragen. Statt einem billigen Populismus zu verfallen, erklärten sie ihren Mitgliedern die Richtigkeit dieser Politik und überzeugten weite Kreise der Arbeitnehmerschaft davon, dass unsere Überschüsse zu einem großen Teil die Defizite der anderen sind und dass das Gleichgewicht hergestellt werden muss, weil ein gemeinsamer Markt mit einer gemeinsamen Währung nach wie vor die beste Voraussetzung für sichere Arbeitsplätze zu Hause und einen starken Auftritt Europas in der Welt ist.

Ich bin auf den Gewerkschaftstagen der Gewerkschaft der Polizei, der IG Metall und der Dienstleistungsgewerkschaft ver.di aufgetreten, um sie zu ermutigen, den Weg der Veränderung weiter konstruktiv mitzugehen. Aber auch um zu danken für das große Verantwortungsbewusstsein, das sie für das Ganze an den Tag legen. Das sehe ich als eine der zentralen Aufgaben des Präsidenten: diejenigen zu belobigen, die das Ganze im Auge haben und nicht nur ihre Einzelinteressen verfolgen.

«Der Bundespräsident vertritt den Bund völkerrechtlich», heißt es in Artikel 59 Absatz 1 des Grundgesetzes. «Er schließt im Namen des Bundes die Verträge mit auswärtigen Staaten. Er beglaubigt und empfängt die Gesandten.» Die vorhergehenden Artikel 54 bis 58 regeln die Wahl, die politische und wirtschaftliche Unabhängigkeit, den Eid, die Vertretung und die Gültigkeit von Anordnungen und Verfügungen des Bundespräsidenten. Artikel 60 bestimmt die Ernennung und Entlassung von Bundesrichtern, Bundesbeamten und Offizieren durch den Bundespräsidenten, Artikel 61 die Möglichkeit seiner Anklage durch Bundestag oder Bundesrat vor dem Bundesverfassungsgericht. Acht Artikel also, die den Autoren des Grundgesetzes genügten, um das Staatsoberhaupt, seine Aufgaben und Zuständigkeiten in der Verfassung zu verankern.

Die Vertretung der Bundesrepublik Deutschland im Ausland hatte für mich vom ersten Tag an Priorität. Gemessen an der Amtszeit, war ich häufiger auf Reisen als meine Vorgänger. Dass ich mich außenpolitisch schnell zurechtfand, lag zum einen an der hervorragenden Zuarbeit durch das Auswärtige Amt. Zum anderen kam mir zugute, dass ich bereits als Ministerpräsident international viel unterwegs gewesen war. Als ich 2003 das Amt in Hannover übernahm, hatte ich zum Beispiel die Tradition begründet, den Tag der Deutschen Einheit mit einer großen Wirtschaftsdelegation im Ausland zu feiern. 2003 fuhren wir nach Budapest, 2004 nach Den Haag, 2005 nach Bukarest, 2006 nach Moskau – 2007 ließen wir die Auslandsreise ausfallen, weil 2008 Landtagswahlen anstanden –, 2008 dann nach Peking und 2009 nach Washington. In Zusammenarbeit mit der Deutschen Botschaft vor Ort hat Niedersachsen in diesen Hauptstädten für jeweils mindestens tausend Repräsentanten eine Feier organisiert und so auf eine für beide Seiten angenehme Weise seine unmittelbaren Interessen unterstrichen. Gerade für den Mittelstand bedeuteten diese Reisen eine große Hilfe auf dem Weg zu neuen Absatzmärkten.

Schon damals empfand ich die Gegensätze zwischen berechtigten Wirtschaftsinteressen und der Verletzung von Menschrechten als schwer erträglich. Ich habe dem Thema große Bedeutung beigemessen, bin aber nicht etwa nach Peking geflogen, um den Chinesen zu sagen, dass sie jetzt die Demokratie einzuführen hätten. Vielmehr sprach ich von Partner zu Partner, indem ich sagte, wir Deutschen hätten vor dem Hintergrund unserer Geschichte, aufgrund unserer Erfahrungen sowohl mit dem Faschismus als auch mit dem Kommunismus, die Sorge, dass es in China noch einmal zu einer Kulturrevolution kommen könnte. Die Schäden für die Menschen, für die Familien, für das ganze Land seien so gigantisch gewesen, dass die Weltgemeinschaft eine Verantwortung habe, den Chinesen dabei zu helfen, dass sich eine solche Situation nicht wiederholt. Diese Sorge hätten sie natürlich auch, räumten chinesische Gesprächspartner manchmal ein, und darüber konnten wir anschließend in einen Dialog treten, ohne dass die Chinesen das Gefühl haben mussten, dass wir sie bevormunden wollten.

Von solchen Erfahrungen habe ich beim Wechsel ins Bellevue

profitiert, sehr schnell Besuche in die Nachbarländer unternommen und dabei erste Akzente meiner Amtsführung gesetzt. Mehr als die Hälfte meiner Zeit gehörte der Außenpolitik, das heißt der Pflege internationaler Beziehungen. Als Bundespräsident akkreditiert man zum Beispiel alle neuen Botschafter in Deutschland, und dabei kommt es wie bei der Verabschiedung aus Deutschland jedes Mal zu intensivem Meinungsaustausch. Bis heute geht es immer noch oft um die aktuellen Fragen von Krieg und Frieden, etwa in Syrien. Die Gespräche führte ich in dem Bewusstsein, dass immer mehr Herausforderungen nur noch global lösbar sind: vom Klimaschutz bis zur Regulierung der Finanzmärkte.

Gerne habe ich den Kontakt zum Diplomatischen Korps, dem alle Botschafterinnen und Botschafter angehören, gepflegt. Entstandene Freundschaften bestehen bis heute fort. Im Rahmen einer Informationsreise mit dem Diplomatischen Korps auf das Hambacher Schloss im Mai 2011 nahm ich die Gelegenheit wahr, auf einige Parallelen aufmerksam zu machen zwischen dem arabischen Frühling und dem langen und beschwerlichen Weg Deutschlands zur Einheit in Freiheit und Frieden. Deutschland ist eine junge Nation, die auf dem Weg zur Demokratie viele Rückschläge hinnehmen musste. Wir vergessen das gelegentlich, wenn wir draußen in der Welt mit erhobenem Zeigefinger auftreten.

Richard von Weizsäcker hatte das Hambacher Fest von 1832 die «erste politische Volksversammlung» der deutschen Geschichte mit «grenzüberschreitender Wirkung» genannt. Daran anknüpfend sagte ich in Hambach zu den Vertretern des Diplomatischen Korps: «Wir alle sollten die Ideale von Hambach als Auftrag sehen, um weltweit für Frieden und Freiheit einzutreten – in dem Wissen, dass jedes Land im Kern seinen eigenen Weg finden und gehen muss.» Besonders Vertreter arabischer Staaten haben diese Ermutigung dankbar aufgenommen.

Gerade in der Außenpolitik hat die Symbolik eine besondere Bedeutung. Bei meinem Staatsbesuch in Israel besuchte ich die Holocaustgedenkstätte Yad Vashem gemeinsam mit meiner damals 17-jährigen Tochter Annalena. Dies wurde in Israel als ein Zeichen dafür verstanden, dass in Deutschland die Verantwortung und das Wachhalten der Erinnerung als Aufgabe auch der nächsten Generation verstanden werden. So war es auch von mir gemeint.

Gemeinsam mit dem japanischen Kronprinzen habe ich im Garten von Schloss Bellevue einen japanischen Kirschbaum gepflanzt. Die Kirschblüte gehört für Japaner zu den emotionalen und traditionellen Höhepunkten. Nach meiner Vorstellung sollten in der Zukunft alljährlich zur Zeit der Kirschblüte die Mitarbeiterinnen und Mitarbeiter der japanischen Botschaft zu einem kurzen Empfang eingeladen werden. Man stößt mit einem Glas Sake an, spricht kurz über den Stand des deutsch-japanischen Verhältnisses und bestaunt das Sich-Öffnen der ersten Blüten. Es war eine Geste der Völkerfreundschaft, diesen Kirschbaum zu pflanzen. Und eine solche Geste wird verstanden, unmittelbar. Japan und Deutschland sind die dritt- und viertgrößten Volkswirtschaften mit gemeinsamen Werten und einer wichtigen Rolle in Asien und Europa. Mit dem Kronprinzen habe ich später in einem öffentlichen Park in Tokio einen deutschen Lindenbaum gepflanzt. Der Kaiser erkundigte sich abends beim Staatsbankett, ob es sich wirklich um eine deutsche Linde handele. Auf dieser Reise besuchte ich auch evakuierte Bürger im Katastrophengebiet Fukushima; Rudolf Seiters begleitete mich als Präsident des Deutschen Roten Kreuzes. Im Frühjahr 2014 – drei Jahre später – besuchten mich japanische Schülerinnen aus Fukushima, die noch immer in Notunterkünften leben, und bedankten sich für unseren Besuch und unsere Bereitschaft zur Hilfe. Einmal mehr hat mir dies gezeigt, dass solche Gesten der Anteilnahme mehr sind als bloße Rituale.

Bei meinem Staatsbesuch in Russland im Oktober 2010 wollte ich ein Stück unserer Zivilgesellschaft exportieren, indem ich dort für die Einführung und Stärkung freiwilliger Feuerwehren warb. Die verheerenden Waldbrände, die damals tobten, legten es aus meiner Sicht nahe, das System der Brandbekämpfung in Russland zu überdenken. In Russland wird noch immer stark zentralistisch gedacht: Wo Bürger ihre Angelegenheiten selbst in die Hand nehmen, entsteht dann auch ein stärkeres Bedürfnis nach Teilhabe und Mitwirkung. Ich nahm also den Präsidenten des Bundesfeuerwehrverbandes mit auf die Reise, und wir besuchten u.a. die Stadt Twer, um die dortige Feuerleitzentrale zu besichtigen. Den Verdacht, sie würden mit den Waldbränden nicht fertig, wollten die Russen nicht auf sich sitzen lassen. In Twer wurde uns eine eindrucksvolle Zentrale mit sechzig Bildschirmen vorgeführt. Jedes Waldstück hatte seine eigene Kamera: Hier meldet sich Überwachungsturm 1, hier spricht Turm 2 – es war ein wenig gespenstisch. Alles war funkelnagelneu, wie mir schien, gerade erst installiert, und mich beschlich das Gefühl, dass es sich vielleicht um ein Potemkinsches Dorf handelte. Wenn die Feuerwehr in Twer Glück hat, besitzt sie heute eine supermoderne Technik, aber vielleicht wurde einiges anschließend wieder abgebaut. Später hörte ich, dass die Duma, das russische Parlament, ein verbessertes Gesetz über die freiwilligen Feuerwehren in Russland verabschiedete.

Was die Beziehungen zu unseren unmittelbaren Nachbarn angeht, habe ich mich intensiv dem deutsch-polnischen Verhältnis gewidmet. Zwischen meinem Amtskollegen auf polnischer Seite, Staatspräsident Bronisław Komorowski, und mir entstand eine Freundschaft. Wir waren etwa gleichzeitig Anfang Juli 2010 ins Amt gewählt worden und haben dies als gemeinsame Chance für unsere Beziehungen begriffen. Dienstlich trafen wir uns in Warschau, Berlin, Darmstadt, Krakau und Breslau. Sehr schwer und tief bewegend waren für mich die Stunden im Konzentrationslager Sachsenhausen – in der Todeszelle des Anführers der polnischen Untergrundarmee – und in Auschwitz, das ich zusammen mit Dieter Graumann vom Zentralrat der Juden in Deutschland und Romani Rose vom Zentralrat Deutscher Sinti und Roma besucht habe. Im Wissen um diese bedrückende Vergangenheit haben Bronisław Komorowski und ich mit Jugendlichen aus unseren Ländern Perspektiven für eine friedliche gemeinsame Zukunft diskutiert.

Bei der Ausstellung «Tür an Tür. Polen – Deutschland. 1000 Jahre Kunst und Geschichte» im Martin-Gropius-Bau in Berlin, die wir gemeinsam eröffneten, wurden in unserer langen Nachbarschaftsgeschichte viele deutsch-polnische Gemeinsamkeiten deutlich. Immer wieder waren Polen leuchtende Vorbilder für den europäischen

Freiheitskampf und Vorreiter der europäischen Einigung. Zuletzt hatten die Solidarność-Bewegung und Papst Johannes Paul II. großen Anteil an der Überwindung des Eisernen Vorhangs, wofür gerade wir Deutschen besonders dankbar sein können.

Mit großem Einsatz widmete ich mich auch den deutsch-niederländischen Beziehungen. Ein ausgesprochen vertrauensvolles Verhältnis entwickelte sich zu der holländischen Königin Beatrix und dem damaligen Kronprinzen und jetzigen König Willem-Alexander. Die Königin hatte angeregt, dass ich am 5. Mai 2012, dem Nationalfeiertag, an dem die Niederlande 1945 von der deutschen Besatzung befreit worden waren, an der Gedenkfeier teilnehmen und dort als erster Deutscher auch sprechen sollte. Das war mehr als sechzig Jahre nach Kriegsende noch immer ein heikles Unterfangen, und die Frage lautete, ob alle Veteranenverbände zustimmen würden. Bei der Vorbereitung war äußerste Diskretion vonnöten. Eines Tages überbrachte mir der holländische Botschafter Marnix Krop die Nachricht: «Das Wetter wird schön». Schönes Wetter bedeutete, dass ich am Befreiungstag in den Niederlanden reden sollte. Diese Ehre wurde dann am 5. Mai 2012 meinem Nachfolger zuteil.

Als im April 2011 ein viertägiger Staatsbesuch der holländischen Königin in Deutschland anstand, erinnerte ich mich, dass es bei ihrem letzten Besuch in Berlin zwanzig Jahre zuvor dem Komiker Hape Kerkeling gelungen war, als Königin verkleidet in einer Staatskarosse bis vor das Schloss Bellevue gefahren zu werden. Es war einer der ersten Staatsempfänge in Berlin, und die noch mangelnde Routine nutzte Kerkeling für seinen Auftritt. Für den Protokollchef war dieser Tag der schlimmste seiner Laufbahn. Hape Kerkeling war über seinen Erfolg selbst etwas erschreckt. Im Zusammenhang mit dem bevorstehenden Staatsbesuch überlegte ich, ob es nicht eine hübsche Geste wäre, ihn zum Bankett einzuladen und damit auch ein Zeichen für den heute so unbeschwerten Umgang von Niederländern und Deutschen zu setzen. Die Niederländer sind zwar ein tolerantes und humorvolles Volk, aber meinen Vorschlag wollten sie dann doch nicht aufgreifen.

Am Schluss dieses Kapitels will ich in wenigen Strichen die Kriterien, die für mich in der Außenpolitik maßgeblich waren, skizzieren. Für die großen globalen Herausforderungen gibt es heute entweder eine gemeinsame, internationale Lösung – oder es wird zu keiner Lösung kommen. Das gilt für die Finanzordnung, im Bankenwesen, in der Währungspolitik, bei der Terrorbekämpfung oder beim Umgang mit «Schurkenstaaten». Es gilt nicht zuletzt beim Klimaschutz. Der weltweite Energieverbrauch mit entsprechenden CO_2-Ausstößen wird weiter zunehmen, trotzdem soll der Klimawandel auf zwei Grad Temperaturanstieg begrenzt werden. Die Meeresspiegel werden steigen, die Gletscherschmelze wird dazu führen, dass große Flüsse in China und Indien austrocknen. Die Situation des Regenwaldes ist bedrohlich.

Der rapide Anstieg der Weltbevölkerung in den letzten Jahrzehnten hat dazu geführt, dass die Ressourcen knapper geworden sind. Bei abnehmenden Anbauflächen mehr Trinkwasser und Nahrungsmittel zu produzieren, ist eine gigantische Herausforderung. 25 Prozent aller jungen Menschen werden demnächst in Afrika leben, nicht weit von uns entfernt. Die drittgrößte Stadt Kenias, Dadaab, gab es vor wenigen Jahren noch gar nicht, heute leben dort mehr als eine halbe Million Menschen, vor allem Flüchtlinge aus Somalia. Die rasche Verstädterung mit weltweit entstehenden Megacities, die zwanzig Millionen Einwohner und mehr zählen, verändert die Grundlagen des Zusammenlebens und stellt uns vor bisher unbekannte Probleme der Energie- und Wasserversorgung sowie der Umweltverschmutzung.

Vor dieser Kulisse wird Europa sich anstrengen müssen, um nicht an Bedeutung zu verlieren. Aus Europa kamen jahrhundertelang entscheidende Impulse, Europa hat zur Erschließung der Kontinente wesentlich beigetragen – ohne dass hier die dunklen Kapitel etwa im Zeitalter des Kolonialismus übersehen werden sollten. Jetzt besteht erstmals die Gefahr, dass die Europäer selber zum Objekt der Globalisierung werden und andere über uns und unsere Interessen einfach hinweg gehen.

Viele Schwellenländer, vor allem in Asien und Südamerika, werden hingegen stark an Bedeutung gewinnen. Heute ist viel von den

BRICS-Staaten die Rede – Brasilien, Russland, Indien, China und Südafrika –, denen ein großes Entwicklungspotential zugetraut wird. Seit einiger Zeit stehen auch die MIST-Staaten im Fokus des ökonomischen Interesses: Mexiko, Indonesien, Südkorea und die Türkei. Sechs dieser neun Länder habe ich während meiner Amtszeit als Bundespräsident bereist. Mehrtägige Staatsbesuche führten mich nach Brasilien, Russland, Mexiko, Indonesien, in die Türkei sowie nach Südafrika. Stets wurde ich begleitet von Wirtschaftsdelegationen. Die Pflege der internationalen Beziehungen und der regelmäßige gegenseitige Austausch dienten dabei am Ende natürlich auch dem Ziel, Arbeitsplätze in Deutschland zu erhalten und zu schaffen und den Wirtschaftsstandort Deutschland zu stärken.

Eine der Ideen, zu deren Realisierung mir keine Zeit mehr blieb, war, dass künftig jedes Jahr ein führender deutscher Repräsentant, der Bundespräsident oder der Bundestagspräsident, die Bundeskanzlerin oder der Außenminister, nach Australien und Ozeanien reisen, um dort die Wertepartnerschaft zu fördern und zu entwickeln. Die Länder dort haben erhebliches Gewicht in den Vereinten Nationen und genießen hohes Ansehen in Asien. Weil sie das starke Wohlstandsgefälle überwunden haben, könnten sie Vorbildcharakter erlangen für Staaten etwa in Südamerika oder Afrika. Australien und Ozeanien werden von Europa leider vernachlässigt. Chinesisch ist in Australien heute die erste Fremdsprache, und obwohl viele Australier europäische Wurzeln haben, geht die Orientierung ganz in Richtung Asien.

Die Blöcke lösen sich auf, es entstehen neue Formen bilateraler und multilateraler Gespräche, und hierin liegt für Europa eine einmalige Chance. Denn der große Vorteil unseres Kontinents ist die Vielfalt. Aufgrund der historisch gewachsenen Beziehungen in alle Kontinente und dank mehrerer Weltsprachen sind die Europäer in einer günstigen Ausgangsposition. Historische Erfahrungen der Europäer von der Aufklärung bis zur Französischen Revolution und etwa die Trennung von Kirche und Staat können in einen Dialog ebenso eingebracht werden wie die gegenwärtigen Diskussionen über die künftigen Finanzierungsmöglichkeiten des Sozialstaates. Bilaterale weltweite Kontakte drängen sich geradezu auf. Auch um die Schwellenländer zu mehr globaler Verantwortung zu ermutigen. Europa wird quantitativ an Bedeutung abnehmen, qualitativ aber kann es gewinnen.

Der Nachteil Europas ist seine Vielstimmigkeit. 18 Länder beim Euro und 28 Länder in der Europäischen Union müssen mit einer Stimme sprechen, wenn sie gehört werden und Entscheidungen in ihrem Sinne erreichen wollen. Wir Deutschen wissen: Weil wir besonders exportabhängig sind und unseren Wohlstand auf Dauer nur sichern können, wenn wir auf dem Weltmarkt erfolgreich bleiben, sind wir mehr noch als andere auf die Europäische Union angewiesen. Auf sich allein gestellt, wird Deutschland keine tragende Rolle spielen können, sondern nur im europäischen Verbund. Als exportabhängige Nation profitiert Deutschland von der Stabilität globaler Märkte, von Freihandelsabkommen und sicheren Handelsbeziehungen, aber eben auch von offenen Gesellschaften. Deshalb sollten wir die Bedingungen schätzen und fördern, die offene Gesellschaften ermöglichen.

Ich werde immer wieder nach den Ursachen des deutschen Wirtschaftserfolges gefragt. Ich nenne dann die Einsatzbereitschaft des Einzelnen, vergesse aber nicht, dabei auch das starke ehrenamtliche Engagement und die durch die christliche Sozialethik begründete Tatkraft hervorzuheben. Ich verweise auf die Subsidiarität, das Prinzip, selber vor Ort zu entscheiden und kommunale Aufgaben anzupacken, ohne auf Direktiven von oben zu warten. Ich erinnere an den Föderalismus, denn ohne den Wettbewerb der Länder hätten wir vieles nicht, zum Beispiel keinen so ausgeprägten Wettbewerb der Universitäten in der Fläche unseres Landes und nicht so viele profilierte Städte wie Frankfurt als Bankplatz, Hamburg als Medienstadt, Köln als Versicherungsstandort oder München als Technologiestandort. Auch die duale Berufsausbildung in Betrieb und Schule und die Gleichwertigkeit von beruflicher und akademischer Bildung gehören zum deutschen Erfolgsmodell. Das duale System ist eine wichtige Voraussetzung für den Erfolg von Handwerk und Mittelstand und die in Deutschland überaus erfolgreichen Familienunternehmen.

Deutschland ist ein geschätzter Gesprächspartner in aller Welt. In meiner Amtszeit habe ich diese erfreuliche Erfahrung immer wieder machen dürfen, und meinerseits habe ich dafür gearbeitet, dass es so bleibt. Partnerschaften entstehen auf der Grundlage gemeinsamer Werte. Wo diese Grundlage noch nicht gegeben ist, weil sich ein Land noch auf dem Weg zu Demokratie und Rechtstaatlichkeit befindet, müssen wir hartnäckig auf der Grundlage der Universalität der Menschenrechte nach gemeinsamen Ansätzen suchen.

DIE ERSTEN HUNDERT TAGE

Während man am Montag nach meiner Antrittsrede in der CDU-Parteizentrale noch rätselte, was mit der «bunten Republik Deutschland» gemeint sein könnte, stellte ich am anderen Ende des Tiergartens meinen Mitarbeiterstab zusammen. Ich ernannte Lothar Hagebölling, der als Staatssekretär schon die Staatskanzlei in Hannover organisiert hatte, zum Chef des Präsidialamtes. Der Mann des Hintergrunds, sachkundig, kompetent und loyal, war einer der besten Spitzenbeamten, die Niedersachsen hatte. Er wurde allseits als erfahren und effizient geschätzt und genoss auch menschlich hohes Ansehen. Reibungslos und sachbezogen leitete er das Präsidialamt und nahm regelmäßig an den Sitzungen des Bundeskabinetts teil. Hagebölling bat darum, seinen ersten Wohnsitz in Braunschweig behalten zu dürfen; ich sah darin kein Problem. Olaf Glaeseker wollte seine Bindung an Hannover ebenfalls nicht aufgeben und am Wochenende nach Hause fahren; auch diesem Wunsch entsprach ich. Olaf Glaeseker blieb mein Pressesprecher.

Nach den Irritationen rund um den überraschenden Rücktritt von Horst Köhler wollte ich nicht weitere Unruhe in das Amt bringen und die Unsicherheit vieler leitender Mitarbeiter über ihre berufliche Zukunft nicht noch befeuern. Deshalb habe ich auf personelle Veränderungen weitestgehend verzichtet. Normalerweise besetzt ein Präsident etwa 25 Stellen in seinem unmittelbaren Umfeld selbst – Büroleiter, persönlicher Referent, Redenschreiber. Im Gegensatz zu den etwa 140 Stellen des Apparates, die in der Regel auf Lebenszeit besetzt werden, sind diese Stellen zeitlich auf eine Amtsperiode befristet. Die Personen, die der neue Amtsinhaber mitbringt, sind Personen seines Vertrauens, verfügen durch die Nähe über viel Einfluss und sind deshalb oft auch Tag und Nacht im Einsatz. Gegen Ende einer Amtszeit kehrt sich das Machtverhältnis zwischen den auf Lebenszeit und den vorübergehend Beschäftigten allerdings um: Dann müssen sich die Mitarbeiter mit Zeitverträgen neue Jobs suchen und können dabei auf wenig Unterstützung aus dem Haus zählen. Das kann für viele bitter sein.

Am Morgen nach meiner Wahl waren sieben führende Mitarbeiter des Präsidialamtes zu mir ins Hotel gekommen. Sie gratulierten mir, sagten, dass sie sich freuten, mit mir zusammenarbeiten zu dürfen, und fragten nach den Schwerpunkten meiner für den nächsten Tag geplanten Antrittsrede. Bis zum Abend hatten sie nach meinen Vorgaben ein überzeugendes Konzept entwickelt, und am Freitag hielt ich die Rede. Dieser erste Kontakt bestätigte mir, was für die Verwaltung unseres Landes insgesamt gilt: dass an der Spitze und in der Breite erstklassige, erfahrene und motivierte Leute stehen. Das galt übrigens auch für Staatssekretär Hans-Jürgen Wolff, den Horst Köhler ein Dreivierteljahr zuvor als Nachfolger seines Freundes Gert Haller zum Chef des Präsidialamtes berufen hatte. Ihm war bewusst, dass an seiner Entlassung dennoch kein Weg vorbeiführte.

Im Rückblick betrachtet, hätte ich mir vielleicht ein paar politische Routiniers an die Seite holen sollen. Aber die Stabilität des Amtes hatte für mich Vorrang, und insgesamt bin ich gut damit gefahren, alles mehr oder weniger so zu belassen, wie ich es vorfand. Gerade in der Endphase meiner Amtszeit haben alle in meinem Umfeld einen unvorstellbaren Einsatz gezeigt. Stellvertretend für andere nenne ich hier Petra Diroll. Der 1. Juni 2010 sollte ihr erster Arbeitstag als neue Pressesprecherin des Bundespräsidenten werden. Da Horst Köhler am Vortag zurücktrat, war ihr Vertrag hinfällig; man konnte ihr lediglich einen Übergangsvertrag für drei Monate anbieten. Nach meiner Wahl ernannte ich Frau Diroll zur stellvertretenden Pressesprecherin; nach Glaesekers Entlassung Ende Dezember 2011 übernahm sie dann kommissarisch seinen Posten. Was habe ich ihr alles zugemutet!

Aufgrund der scharfen Kritik bei meiner Nominierung und verstärkt durch den Widerstand aus den eigenen Reihen bei meiner Wahl hatte ich natürlich auch Sorgen. Aus heutiger Sicht hätte ich Anfang Juni die Aufgaben in Niedersachsen übertragen und die vier Wochen bis zur Wahl als Karenzzeit nutzen sollen, um mich gründlich auf die neue Aufgabe vorzubereiten. Die Zeit war kurz genug. Statt dessen versuchte ich einen gleitenden Übergang hinzubekommen, ohne mir bewusst zu machen, dass das Amt des Bundespräsidenten anderen Gesetzen unterliegt und deshalb völlig andere Herausforderungen auf mich zukämen. Von heute aus gesehen, wäre ein klarer Schnitt gegenüber meinen Aufgaben als stellvertretender CDU-Bundesvorsitzender und Ministerpräsident am Tag der Nominierung statt am Tag der Wahl sinnvoll gewesen.

Die Niederlagen, die ich im Laufe meines politischen Lebens hatte ertragen müssen, waren Niederlagen durch den politischen Gegner gewesen. Was ich während der Juni-Kampagne auszuhalten hatte, richtete sich gegen mich als Person; es waren Tiefschläge, die sicher auch ein robuster Politiker nicht so einfach wegsteckt. Wem es in der Küche zu heiß ist, der soll nicht Koch werden wollen, heißt es. Aber je mehr Widerstand mir entgegenschlug, desto mehr beschlich mich das Gefühl, mit genereller Feindseligkeit konfrontiert zu sein. Entsprechend unsicher bewegte ich mich, entsprechend unsicher wirkte ich in manchen Reden. Die massive Kritik an mir hat vorhandene Selbstzweifel verstärkt. Heute weiß ich, dass ich in einen Teufelskreis geriet: Weil ich unsicher war, wurde ich kritisiert, und weil ich kritisiert wurde, war ich unsicher.

In der niedersächsischen Staatskanzlei hatte ich mich ganz schnell zu Hause gefühlt, so als hätte ich die Aufgaben des Ministerpräsidenten schon immer wahrgenommen. Das war ja auch einer der Gründe dafür, dass ich nominiert worden war: Man setzte voraus, da kommt ein Profi, der von einem Amt gleichsam ins andere hinüberwächst und sich nicht so leicht aus der Spur bringen lässt. Mein Ziel war es, das Amt mit der gleichen Selbstverständlichkeit auszufüllen wie das Amt des Ministerpräsidenten, es zugleich aber zu öffnen und zu verjüngen.

Statt meine Offensive wohlwollend kritisch zu begleiten und mir die früher einmal üblichen hundert Tage «Schonzeit» zuzubilligen, verfolgte das Gros der Hauptstadtpresse gnadenlos jede meiner Bewegungen. Dass der Bundespräsident unter besonderer Beobachtung steht, ist klar. Aber gebührt dem höchsten Staatsamt nicht so viel Respekt, dass derjenige, der neu ins Amt kommt, eine Chance erhält, zu zeigen, was er kann und was er will? So dachte ich jedenfalls und vertraute darauf, dass mir ein Amts- und Vertrauensbonus über Anlaufschwierigkeiten hinweghelfen würde.

Weil sich die *Bild*-Zeitung während der Kandidatentour im Juni fair verhalten hatte, stimmte ich zu, dass mich ein Fotograf, Daniel Biskup, am Tag der Wahl vom Frühstück bis zur mitternächtlichen Feier am Brandenburger Tor exklusiv begleitete. Was von meiner Seite als eine Art Dankeschön gemeint war, wurde von *Bild* als Beginn einer wunderbaren Zusammenarbeit mit dem Bellevue verstanden. Während ich davon ausging, nun als Bundespräsident den Medien gegenüber souverän zu sein, glaubte man nach meinem Eindruck bei *Bild*, den Bundespräsidenten und seine Frau nach Belieben medial einsetzen zu können. Mit diesem Missverständnis begann eine fatale Abfolge gegenseitiger Irritationen. Dass andere Zeitungen sich zurückgesetzt fühlten, machte die Sache für mich nicht leichter.

Die Bundesversammlung war um 21.34 Uhr geschlossen worden, eine Stunde später saß ich beim Essen mit den Partei- und Fraktionsvorsitzenden von CDU/CSU und FDP in einem Restaurant am Potsdamer Platz. Kurz nach Mitternacht fuhr ich von dort zum Pariser Platz. In der Penthousewohnung von Manfred Schmidt mit Blick auf das Brandenburger Tor waren etwa vierzig Freunde zusammengekommen. Schmidt hatte Anfang Juni über Olaf Glaeseker anfragen lassen, ob er am Wahlabend eine kleine Feier organisieren könnte. Er wolle ein paar Freunde einladen, um gemeinsam die Bundesversammlung am Bildschirm zu verfolgen, und später könnte ich dazustoßen. Ich ergänzte einige Namen auf der Gästeliste, ließ aber ausrichten, dass ich meine Teilnahme nicht versprechen könne.

Ich hielt eine kleine Ansprache, in der ich mich für zum Teil Jahrzehnte lange Unterstützung bedankte, und brach um 1 Uhr auf. Es war eine kleine, rein private Feier – dachte ich. Hinterher erfuhr ich aus den Medien, dass einige der Anwesenden für die Teilnahme an der Feier bezahlt hatten. Da fühlte ich mich missbraucht ob meiner Leutseligkeit. So etwas lag damals außerhalb meines Vorstellungsvermögens.

In der Dankesrede nach meiner Wahl hatte ich versucht, eine gewisse Leichtigkeit an den Tag zu legen. Aus Niederlagen hätte ich eigentlich immer mehr gelernt als aus Siegen, sagte ich. Wenn man bedenke, dass es neun Jahre gedauert habe, bis ich im dritten Anlauf Ministerpräsident geworden sei, dann seien mir die neun Stunden in der Bundesversammlung «heute relativ kurz» erschienen. Das Protokoll vermerkt an dieser Stelle «Heiterkeit und Beifall».

Die anschließenden ersten beiden Amtswochen waren mit großen Strapazen verbunden. Ich wollte deutlich machen, dass mir vor allem an den europäischen Beziehungen lag, und reiste deshalb umgehend nach Straßburg, Paris und Brüssel. Das Europäische Parlament freute sich über die Aufwertung, die darin zum Ausdruck kam, dass die erste Reise nach Straßburg ging. Es folgten eine viertägige Reise nach Südafrika, ein Flug nach Warschau sowie Reisen nach Wien und Rom.

Für die zweite Juli-Hälfte war seit Monaten ein Urlaub eingeplant. Ohne die Aussicht, zwei Wochen entspannen und endlich einmal wieder mit der Familie zusammensein zu können, hätte ich die Anstrengungen nicht ohne weiteres durchgehalten. Als ich am Donnerstag, dem 15. Juli 2010, mit meiner Frau und den Kindern endlich in der Chartermaschine von Hannover-Langenhagen nach Mallorca saß, war ich vollkommen ausgelaugt. Der Urlaub in Port d'Andratx war seit langem gebucht. Natürlich wusste ich, dass das Anwesen, in dessen Nebengebäude das von uns gemietete Gästeapartment lag, dem AWD-Gründer Carsten Maschmeyer gehörte. Dass dies eine heikle, für manchen gar eine anrüchige Konstellation war – der neugewählte Bundespräsident verbringt seine Ferien im Haus eines aus seiner politischen Heimat Hannover stammenden Unternehmers, der im Ruf steht, beste Verbindungen in die höchsten Etagen der Politik zu pflegen –, habe ich schlicht verdrängt. Ein großer Fehler.

Carsten Maschmeyer war im niedersächsischen Wahlkampf 1998 zum ersten Mal politisch in Erscheinung getreten. Er finanzierte damals eine 650000 D-Mark teure Anzeigenkampagne für Gerhard Schröder «Der nächste Kanzler muss ein Niedersachse sein». Er habe damals nicht Gerhard Schröder gefallen oder mir schaden wollen, gab Maschmeyer später zu Protokoll, der Hauptzweck seiner Aktion sei vielmehr gewesen, Oskar Lafontaine als SPD-Kanzlerkandidaten zu verhindern. Nachdem die Rechnung aufgegangen und Schröder nach Berlin ins Kanzleramt gewechselt war, fanden wir Kontakt zueinander. Aus ersten Gesprächen entwickelte sich im Laufe der Jahre ein freundschaftliches Verhältnis, das eine besondere private Note dadurch bekam, dass Carsten Maschmeyer durch mich seine spätere Lebensgefährtin Veronica Ferres kennenlernte. Sie wollten sich mit uns auf Mallorca treffen.

Maschmeyers Anwesen im Südwesten von Mallorca liegt abgeschieden auf einem Felsvorsprung über dem Meer und bietet Schutz vor unerbetenen Einblicken. Für Personen des öffentlichen Lebens und Prominente zählt dieser Aspekt zu den wichtigsten überhaupt bei der Wahl eines Feriendomizils. Die Paparazzi liegen überall auf der Lauer. Nicht weniger aufdringlich als die professionellen Fotografen sind die Touristen, die als sogenannte «Bild-Leser-Reporter» über die Telefonnummer 1414 ihr Foto direkt an die Redaktion der *Bild*-Zeitung schicken und im Falle eines Abdrucks mindestens 250 Euro kassieren. Es soll auf Mallorca Hobbyfotografen geben, die Prominente von der Landung am Flughafen bis zum Abflug «begleiten» und mit den dabei geschossenen Fotos ihren Sommerurlaub finanzieren. Deshalb hatten wir uns für das Apartment bei Carsten Maschmeyer entschieden – das wir selbstverständlich bezahlten.

Es muss viele ziemlich gewurmt haben, dass sie von dem Mallorca-Aufenthalt erst gegen Ende unseres Urlaubs erfuhren. Von da an allerdings wurden von überallher Teleobjektive auf uns gerichtet – von Felsvorsprüngen, aus Booten, aus Hubschraubern. Wir flogen montags ab, aber erst am Donnerstag, dem 29. Juli, erschienen die ersten Meldungen. Leider habe «kaum wer» Herrn Wulff gesehen, teilte das Insel-Klatschblatt *Mallorca Zeitung* mit, und das konkurrierende *Mallorca Magazin* räumte ein, der offenbar «von langer Hand» geplante Urlaub sei bedauerlicherweise «von der Öffentlichkeit weitestgehend unbemerkt geblieben». Die *Bunte* nahm in ihrer Titelgeschichte «Traumurlaub auf Mallorca» mangels Informationen Zuflucht zu einer Auflistung von deutschen Politikern, die schon einmal Urlaub auf Mallorca gemacht hatten – «Gerhard und Doris» –, und *Bild* musste sich mit zwei verwackelten 1414-Fotos begnügen.

Die Presse, die den Verdacht, zu spät gekommen zu sein, ungern auf sich sitzen lässt, hat die Motivlage einfach umgedreht. Demnach hatte ich den Mallorca-Urlaub nicht deshalb so verschwiegen organisiert, um ein paar Tage Ruhe vor Reportern und Fotografen zu haben, sondern um meine Beziehungen zu Carsten Maschmeyer geheim zu halten, was wiederum darauf schließen lasse, dass da nicht alles mit rechten Dingen zugehe. Überall erschienen Luftaufnahmen des herrschaftlichen Anwesens bei Port d'Andratx, und die dazugehörigen Berichte legten nahe, dass ich in den elf Tagen in Maschmeyers Villa einen glamourösen Luxusurlaub verbracht hatte. Dabei hatten wir einen Urlaub verlebt wie viele andere Deutsche auch – einschließlich Inseltouren mit einem Leihwagen.

Mit meinem Mallorca-Urlaub im Juli 2010 trug ich aber zweifellos dazu bei, Spekulationen über unzulässige Verbindungen zu schüren. Diese Spekulationen führten zu dem bereits erwähnten Artikel der *Frankfurter Allgemeinen Zeitung* über «Erbfreundschaften in Hannover» und später zu Recherchen von *Spiegel* und *Stern* rund um die Finanzierung meines Hauskredits. Mir wäre eine Menge Ärger erspart geblieben, wenn ich im Sommer 2010 einen Moment nachgedacht hätte. Ich habe die Hintergründe hier zu erläutern versucht, aber es führt kein Weg daran vorbei, dass mir damals die nötige Sensibilität fehlte. Indem ich den fatalen Anschein einer Interessenverquickung und unzulässiger Nähe zu Carsten Maschmeyer zuließ, habe ich Ansehen verloren. Als Bundespräsident hätte ich jede Nähe vermeiden müssen. Diesen Fehler habe ich bereits 2010 als solchen öffentlich eingeräumt, aber es half nichts.

Wir hatten den Mallorca-Urlaub vorzeitig abgebrochen, weil sich am Samstagnachmittag bei der Love Parade in Duisburg eine Katastrophe zugetragen hatte. Ich sah in Mallorca die Fernsehbilder und dachte unwillkürlich an das Transrapid-Unglück im Emsland und an das ICE-Unglück in Eschede. Aufgrund meiner Erfahrungen mit solchen tragischen Ereignissen wollte ich nicht abseits stehen und erklärte: «Wie viele Menschen in unserem Land, die von diesem Unglück erfahren, bin ich mit meinen Gedanken bei den Opfern der Tragödie und allen ihren Angehörigen und Freunden. Ich hoffe, dass ihnen und allen Verletzten schnelle und wirksame Hilfe zuteil wird und die Ursachen rückhaltlos aufgeklärt werden.» Die Sätze liefen wenig später auf n-tv im Laufband zu den Live-Bildern von der Unglücksstelle.

Der Bundespräsident konnte nicht auf Mallorca die Sonne genießen, wenn zu Hause so schreckliche Dinge passierten. Ich beschloss, den Urlaub abzubrechen, und kümmerte mich um einen schnellen Charterflug zurück; wir bekamen nur noch Plätze in einer Montagsmaschine nach Köln/Bonn und fuhren von dort nach Hannover. Während ich mit den Umbuchungen beschäftigt war, ging meine Frau mit Linus im Kinderbuggy durch den Hafen und wurde dabei aus einem Auto von Paparazzi fotografiert. Dieses Foto wurde dann – ohne unsere Einwilligung – Titelbild einer großen deutschen Illustrierten. Während im dazugehörigen Bericht lobend hervorgehoben wurde, dass wir «trotz Anspruch auf einen Luftwaffenjet im Touristenflieger» angereist seien, bemängelte das Editorial, warum ich mich nicht umgehend mit der angeblich auf dem Flughafen bereitstehenden Maschine der Bundesluftwaffe nach Duisburg hätte fliegen lassen.

Bei der Trauerfeier für die 21 Opfer der Love Parade am 1. August in Duisburg sprach Hannelore Kraft als Ministerpräsidentin von Nordrhein-Westfalen. Ich erinnerte mich an das Transrapid-Unglück 2006, bei dem ich als niedersächsischer Ministerpräsident gesprochen hatte. Damals bekundete Horst Köhler Trauer und Anteilnahme, ohne dass er sprach; ich hielt es wie mein Vorgänger. Dennoch wurde in einigen Medien gefragt, warum ich nicht geredet hätte. Vor der Trauerfeier hatte ich die Gelegenheit wahrgenommen, ohne Kameras zu den Angehörigen zu sprechen; nach der Trauerfeier und später in Berlin habe ich ehrenamtlichen Helfern gedankt. Ich setzte mich für die Einrichtung eines Hilfsfonds ein und für einen Obmann als Ansprechpartner der Opfer; außerdem habe ich darauf hingewirkt, dass auf dem Gelände in Duisburg ein Mahnmal errichtet wird. Noch bei meinem Staatsbesuch in Italien im Februar 2012 – zwei Tage vor meinem Rücktritt – traf ich mich mit der Mutter eines italienischen Opfers in Mailand.

Der Bundespräsident kann manches bewirken, ohne dass die Öffentlichkeit davon erfahren muss. Wenn ein hoher Repräsentant des Staates den Hinterbliebenen zu verstehen gibt, dass das ganze Land an ihrer Trauer teilnimmt, dann bringt das dem einzelnen Betroffenen auf den ersten Blick vielleicht nicht viel. Und doch hilft das Zusammenstehen in der Katastrophe, es vermittelt so etwas wie ein Gefühl der kollektiven Geborgenheit. Man kann das menschliche Bedürfnis nach Zuwendung in einer solchen Extremsituation nicht hoch genug einschätzen. Es geht uns einfach besser, wenn wir wissen, dass wir nicht allein sind. Geteiltes Leid ist halbes Leid, sagt der Volksmund. Brauchen wir einen Bundespräsidenten, wird häufig gefragt. Bei solchen nationalen Katastrophen erweist sich das Amt als besonders hilfreich.

Schon 2003 hatte ich meine ersten Ferien als Ministerpräsident auf Norderney vorzeitig beendet, als in Ungarn ein Ferienbus verunglückte und zahlreiche Menschen aus Cloppenburg, Vechta und Osnabrück ihr Leben verloren. Von der Polizei erfuhr ich, dass sich unter den Toten ein junges Ehepaar befand, dessen kleine Tochter bei den Großeltern auf einem Bauernhof untergebracht war. Da fuhr ich hin, parkte das Auto weit entfernt und lief zu dem Hof. Die Kleine kam mir fröhlich entgegen – sie wusste nicht, dass sie Vollwaise geworden war –, und dieses Bild hat sich mir für immer eingebrannt.

In Duisburg fühlte ich mich besonders den betroffenen Eltern verbunden. Als ich von dem Unglück erfuhr, hatte ich sofort an meine Tochter Annalena gedacht. Sie war fast 17, und ich wusste, dass Freunde von ihr zur Love Parade wollten. Ich wollte wissen, ob sie es sich vielleicht im letzten Moment doch anders überlegt hatte und mitgefahren war. Ich schickte Annalena eine SMS und war beruhigt, als gleich Antwort kam.

Mit dieser persönlichen Geschichte begann das Interview, das am Tag der Trauerfeier in der *Bild am Sonntag* erschien. Man hatte mir zu verstehen gegeben, dass man es begrüßen würde, wenn ich bereit wäre, die Juni-Kampagne «Yes, we Gauck!» zu vergessen. Ich willigte ein und machte in den Augen vieler Kommentatoren einen unverzeihlichen Fehler, indem ich auf die Frage nach der Verantwortung des Oberbürgermeisters sagte: «Zwar hat jeder als unschuldig zu gelten, dessen Schuld nicht erwiesen ist. Doch unabhängig von konkreter persönlicher Schuld gibt es auch eine politische Verantwortung. Das alles wird der Oberbürgermeister genau abwägen müssen.» Ob ich ihm einen Rat geben würde, wollten die *Bild*-Redakteure wissen. «Den würde ich ihm nur geben, wenn er mich darum bitten würde – und dann unter vier Augen.»

Noch heute bin ich der Meinung, dass es eine ebenso angemessene wie vorausschauende Antwort war. Zumal wenn man die zugrunde liegende Frage der Redakteure noch einmal liest, die mich mehr oder weniger direkt aufforderten, Herrn Sauerland in die Wüste zu schicken: «Werden Sie die moralische Autorität Ihres Amtes nutzen, um diesem Treiben ein Ende zu bereiten?» Mit dem «Treiben» war die Ankündigung des Oberbürgermeisters gemeint, er werde das Ergebnis der Untersuchungen abwarten, bevor er über mögliche Konsequenzen für sich nachdenke. Adolf Sauerland hat zweifellos eine unglückliche Rolle gespielt. Er hätte besser gesagt, dass Fehler gemacht wurden und dass jetzt alles genau geprüft werde. Statt dessen wiederholte er nur immerzu, die Stadt habe nichts mit der Organisation der Love Parade zu tun, alles liege in der Verantwortung des Veranstalters. Der hatte aber immer davon geredet, dass man mit einer Million Gästen rechne, und auf das Gelände passten allenfalls hunderttausend.

Aus meiner Antwort, es gebe eine politische Verantwortung und der Oberbürgermeister werde genau abwägen müssen, wurde in den Schlagzeilen der nächsten Tage: Bundespräsident fordert Sauerland zum Rücktritt auf. Eine solche Forderung sei vollkommen unangemessen und ein großer Fehler. Aber ich habe ihn nicht zum Rücktritt aufgefordert. Auch in dem Interview, das ich der *Westdeutschen Allgemeinen* beziehungsweise der *Neuen Ruhr Zeitung* gab und das am Montag erschien, habe ich nichts in dieser Richtung geäußert: «Ich kann verstehen, dass die Menschen wütend sind, dass sie nach Schuldigen suchen», sagte ich. «Als Staatsoberhaupt bin ich aber kein oberster Richter ... Wir alle wissen, dass auf jeden Fall nicht einer alleine verantwortlich ist.»

Kommentatoren schrieben: Wulff agiert noch immer wie ein Ministerpräsident, er denkt operativ, wo er staatsmännisch moderieren müsste, er folgt politischen Reflexen. Alles, was vier Wochen später im Zusammenhang mit dem Rücktritt von Thilo Sarrazin als Bundesbankvorstand an Vorwürfen über mich hereinbrach, war in der Diskussion um die Verantwortung des Duisburger Oberbürgermeisters bereits angelegt. Beide Male ging es im Kern um die Trennung von Privatperson und Amtsträger, es galt abzuwägen zwischen persönlicher und politischer Verantwortung. An diese für das Funktionieren unserer Demokratie so grundlegende Unterscheidung zu erinnern, war in der Tragödie von Duisburg die Aufgabe des Bundespräsidenten – nicht mehr und nicht weniger.

Richtig ist, dass mir vieles oft nicht schnell genug ging. Auch während der ersten hundert Tage stand mir meine Ungeduld bisweilen im Weg. Am 11. Juni war in Südafrika die Fußballweltmeisterschaft eröffnet worden. Die Deutschen lieferten mitreißende Spiele ab und begeisterten einen Monat lang die gesamte Nation. Nach der 0:1-Niederlage im Halbfinale gegen Spanien spielte unsere Mannschaft am 10. Juli in Port Elizabeth gegen Uruguay um Platz drei. In Abstimmung mit der Bundeskanzlerin flog ich am Freitagabend nach Südafrika, um beim Spiel dabei zu sein und unseren Spielern anschließend im Namen Deutschlands dafür zu danken, wie großartig sie unser Land in der Welt vertreten haben. Als ich in der Pressekonferenz der Nationalmannschaft zwischen DFB-Präsident Zwanziger und Bundestrainer Löw saß, dachte ich an die warmen Worte von Walter Scheel zu meiner Wahl: Er habe als junger Präsident 1974

Franz Beckenbauer den WM-Pokal überreichen dürfen, und das gleiche wünsche er mir nun auch.

Es wurde dann zwar «nur» Platz drei. Dennoch entsprach es den Gepflogenheiten, die Spieler für eine solche Leistung mit dem Silbernen Lorbeerblatt auszuzeichnen; ich ließ durch das Bundespräsidialamt prüfen, ob etwas dagegen sprach, die beabsichtigte Auszeichnung bereits in Südafrika anzukündigen. Joachim Löw sollte das Bundesverdienstkreuz erhalten. Beide Entscheidungen gab ich auf der Pressekonferenz am Sonntagmittag in Südafrika bekannt und begründete die Auszeichnungen damit, dass die Mannschaft eine erstklassige sportliche Leistung gezeigt und tolle Werbung für ein modernes und weltoffenes Deutschland gemacht habe. Am Abend sah ich mir das Endspiel Spanien gegen Holland an, sprach mit der niederländischen und der spanischen Königsfamilie und flog in der Nacht zurück nach Berlin.

Über die Kritik, die mir in den nächsten Tagen in deutschen Zeitungen entgegenschlug, konnte ich mich nur wundern. Zwar gab es vereinzelt Stimmen, die mir wohlwollend eine «ungewöhnliche Form der Volksnähe» attestierten, aber das Gros spottete und mäkelte und sprach von einer «Anbiederung der peinlichen Sorte» (beide Zitate übrigens aus ein und derselben Zeitung vom 12. Juli). Wie kann sich ein Bundespräsident vor die Sponsorenwand des Deutschen Fußball-Bundes setzen und Lorbeerblätter verteilen! Mein Auftritt auf der Pressekonferenz habe «etwas Verstörendes» gehabt, schrieb Thomas Schmid in der *Welt*, ein Bundespräsident sei nun einmal kein Verbandssprecher. Er, Schmid, erwarte von einem Staatsoberhaupt jedenfalls «ein gewisses Maß an Zugeknöpftheit». Ein großartiges Wort im Zusammenhang mit Fußball! War ich wirklich zu spontan? Habe ich mich von der Begeisterung dieses Fußballsommers anstecken und zu unbedachten Handlungen hinreißen lassen? Schadet es wirklich dem Ansehen des Amtes, wenn der Bundespräsident die Nationalmannschaft im Trainingslager besucht und sie dann im Stadion von Port Elizabeth anfeuert?

Der Vollständigkeit halber will ich hier noch die «Brötchen-Affäre» erwähnen, von der ich vier Wochen nach Abschluss der Fußballweltmeisterschaft überrascht wurde. Es handelte sich um eine Bäckerposse, die an Kuriosität nicht zu überbieten war. Ein hannoverscher Bäckermeister lieferte seine Brötchen nicht nur in Hannover aus, sondern auch nach Berlin, unter anderem an das Adlon, mehrere Nobelrestaurants und ins Bellevue. «Der Bäcker vom Bundespräsidenten kommt aus Hannover und heißt Jochen», ließ er sich stolz auf sein T-Shirt drucken.

Am Montag, den 9. August, gab es eine Agenturmeldung, die so verstanden werden konnte, als würde ich mir meine Brötchen eigens aus Hannover ins Bellevue kommen lassen. Daraufhin brach ein Sturm der Entrüstung los. «Wulffs lassen Schrippen aus Hannover liefern», titelte der *Berliner Kurier* ganzseitig, als seien mir die Berliner Brötchen nicht gut genug. «Schmecken Herrn Wulff unsere Schrippen nicht?» Grüne und Umweltverbände zeterten über ökologisch unverantwortliche Autobahnkilometer, und die Handwerkskammer empörte sich: «An der Qualität der Berliner Brötchen kann es nicht liegen.» Es wurden Vergleichstests veranstaltet und Berliner Bäcker interviewt, die ihren Unmut bekundeten.

Einen Tag später räumten die meisten Zeitungen ein, dass alles nur heiße Luft war. Bäckermeister Gaues belieferte das Bellevue nämlich schon seit Jahren, schon seit den Zeiten von Roman Herzog und Johannes Rau. Um Gästen die kulinarische Vielfalt unseres Landes zu demonstrieren, lässt sich der Küchenchef des Bellevue für offizielle Essen regionale Produkte aus allen Gegenden Deutschlands kommen, und auf seiner Liste standen eben auch Backwaren aus Hannover, die zweimal im Monat geliefert wurden. Wer ein herausgehobenes öffentliches Amt bekleidet, muss damit rechnen, dass ihn eine solche Geschichte vom einen auf den anderen Tag erwischt. Zum Glück konnte das Bundespräsidialamt die Aufregung um die präsidialen Brötchen umgehend klären. Früher wurde in die Zeitung von gestern toter Fisch eingewickelt. Das Internet hingegen vergisst nichts: Man muss nur «Brötchen» und «Wulff» eingeben.

Während aus der Bevölkerung viel positive Resonanz kam und ich überall im Land erfreuliche Begegnungen hatte, war die Presseberichterstattung der ersten sechs Amtswochen alles in allem ernüchternd. Kritik an meinem Auftreten in Südafrika; die nach meinem Mallorca-Aufenthalt verbreiteten Gerüchte über angebliche «Erbfreundschaften von Hannover», die Anfang August etwa gleichzeitig zur «Brötchen-Affäre» hochkamen; die Missbilligung meiner Einlassungen zu Oberbürgermeister Sauerland – all das hinterließ in der Öffentlichkeit ein negativ bestimmtes Bild. Im Kern liefen sämtliche Vorwürfe darauf hinaus, dass es mir an Fingerspitzengefühl mangele. Wer an meinen Reden und Auftritten die präsidiale Autorität vermisste, darf sich im Gegenzug jedoch fragen lassen, ob er in Wirklichkeit nicht mit mir als Mensch – genauer gesagt, mit mir als Kandidat – und insbesondere mit meinem Alter haderte.

Der bekannte Politikwissenschaftler Herfried Münkler hat das Problem in einem Artikel der *Frankfurter Rundschau* Ende Juli analysiert: «Wulff ist zu jung, um jene Altersweisheit repräsentieren zu können, die fast alle seine Amtsvorgänger für sich beansprucht haben ... Die wichtigste Ressource, mit der frühere Bundespräsidenten gearbeitet haben, steht Wulff also nicht oder nur sehr eingeschränkt zur Verfügung. Die Folgen dessen sind kaum zu überschätzen: Wulff muss das Amt des Bundespräsidenten neu erfinden, oder er wird scheitern.» Würde ich versuchen, den strukturellen Mangel dadurch wettzumachen, dass ich meine politische Erfahrung einbringe, würde ich mir den Vorwurf der Einmischung einhandeln und käme vom Regen in die Traufe, so der Berliner Politikwissenschaftler weiter. «Wulffs Neuerfindung des Präsidentenamtes wird schwierig werden.» Unter den Redakteuren und Journalisten gab es leider nicht viele, die so differenziert zu urteilen in der Lage waren. Den einen war ich zu jung, den anderen zu politisch, einen Malus hatte ich bei beiden.

Am 30. August 2010 erschien das Buch von Thilo Sarrazin *Deutschland schafft sich ab*. Bereits in einem vorab in der Literaturzeitschrift *Lettre* erschienenen Interview hatte Sarrazin einige unerträgliche Sätze über Fertilität, Intelligenz und muslimisches Erbgut verbreitet, bei Erscheinen des Buches war das Land aufgewühlt. Durch die Begeisterung weiter Bevölkerungsteile für Sarrazins angeblich mutige Thesen zu Integration und Zuwanderung änderte sich das innenpolitische Klima in Deutschland. Die Bundeskanzlerin bezog als eine der ersten Position und bezeichnete das Buch als «überhaupt nicht hilfreich».

Ich wollte mich als Bundespräsident durch einen offensichtlichen Provokateur nicht zu einer präsidialen Stellungnahme zwingen lassen. Deshalb entschied ich mich, meine Einschätzung eher beiläufig zu Protokoll zu geben; vor allem aber wollte ich das Buch erst lesen. Die Modellrechnungen, die Sarrazin mit der Überzeugungskraft eines Buchhalters präsentierte, liefen darauf hinaus, dem Einzelnen seine Individualität abzusprechen, ihn einer Gruppe zuzuordnen und diese Gruppe als fortschrittsresistent zu bezeichnen. Mich erinnerte diese Form der Argumentation an die Pflege von Vorurteilen und Generalisierungen, wenn von *den* Protestanten oder *den* Katholiken gesprochen wurde.

Neben vielen anderen Stellen hatte ich mir damals folgende Passage auf Seite 369 f. grün markiert: «Die kulturelle Fremdheit muslimischer Migranten könnte relativiert werden, wenn diese Migranten ein besonders qualifikatorisches oder intellektuelles Potential verhießen. Das ist aber nicht erkennbar. Anzeichen gibt es eher für das Gegenteil ... So spielen bei Migranten aus dem Nahen Osten auch genetische Belastungen – bedingt durch die dort übliche Heirat zwischen Verwandten – eine erhebliche Rolle und sorgen für einen überdurchschnittlich hohen Anteil an verschiedenen Erbkrankheiten.»

Als mir bei meinem Antrittsbesuch in Dresden am 1. September vor dem Albertinum ein Mikro von N24 entgegengehalten wurde, sagte ich daher, inzwischen genervt von der Aufregung um Sarrazin, genau den Satz, der meiner Überzeugung entsprach: «Ich glaube, dass jetzt der Vorstand der Deutschen Bundesbank schon einiges tun kann, damit die Diskussion Deutschland nicht schadet – vor allem auch international». Kaum war der Satz draußen, lief über alle online-Dienste die Meldung, der Bundespräsident habe die Bundesbank aufgefordert, Sarrazin zu entlassen. Was folgte, war eine Gespensterdebatte. Diejenigen, die am lautesten protestierten, ich hätte mich in unzulässiger Weise eingemischt und sei zu weit gegangen, waren dieselben, die massiv Sarrazins Rauswurf aus der Bundesbank forderten. Sie waren zwar gegen Sarrazin, aber ihre Geschütze richteten sie gegen mich. In der rechten Ecke wurde sogar der Verdacht geäußert, ich hätte mich aus Eifersucht eingemischt, weil Sarrazin mir mein Kernthema Integration weggeschnappt habe.

Ich muss einräumen, dass ich einen wichtigen Punkt übersehen hatte. Mir war nicht bewusst, dass der Bundespräsident derjenige ist, der mit seiner Unterschrift unter die Entlassungsurkunde letztlich über die Abberufung eines Vorstands der Bundesbank entscheidet. Ich rechnete in dieser Phase jedoch damit, dass Sarrazin entweder einlenkt, ähnlich wie nach seinem Interview in *Lettre*, oder zurück auf die politische Bühne drängt, wo er sich offensichtlich wohler fühlte als bei der Bundesbank. Dass er es auf seine Entlassung ankommen lassen würde, hatte ich nicht erwogen. Also hatte ich mich in einer Sache geäußert, mit der ich mich später möglicherweise noch einmal zu befassen hatte. Damit war, juristisch gesprochen, meine Neutralität beschädigt, und ich musste mir den Vorwurf der Befangenheit gefallen lassen. Arbeitsrechtlich war der Fall kompliziert, weil Sarrazin nur abberufen werden konnte, wenn ihm ein Verstoß gegen seine Pflichten als Vorstandsmitglied nachzuweisen war, durch den das Ansehen der Bundesbank nachhaltig Schaden genommen hatte. Würde Sarrazin unter Berufung auf die Unabhängigkeit der Bundesbank und die grundgesetzlich garantierte Meinungsfreiheit gegen seine Entlassung klagen, stand ein langwieriges Verfahren mit ungewissem Ausgang bevor.

Dies galt es meines Erachtens zwingend zu verhindern. Weil der Antrag der Bundesbank auf Abberufung Sarrazins, der am 3. September im Bundespräsidialamt einging, juristisch angreifbar war, habe ich Staatssekretär Hagebölling beauftragt, gemeinsam mit der Bundesbank und Thilo Sarrazin eine Lösung zu suchen, die alle Beteiligten das Gesicht wahren ließ. Die Einigung kam am Abend des 9. September zustande. Die Bundesbank nahm ihre Vorwürfe gegen Sarrazin zurück, er behielt seine vollen Pensionsansprüche und schied auf eigenen Wunsch aus. «Die Bundesbank hat einen Deal gemacht, um den Bundespräsidenten zu retten», ereiferte sich SPD-Chef Sigmar Gabriel und zielte damit vollends am Thema vorbei.

Schließlich hatte er auf Bitten seines Parteifreundes Klaus Wowereit im April 2009 dafür gesorgt, dass der Berliner Finanzsenator in den Bundesbankvorstand berufen wurde. Hinterher versuchte er, ihn aus der SPD auszuschließen.

Mir ging es «um eine rasche Klärung vor dem Hintergrund einer eskalierenden Debatte», wie Friedbert Pflüger treffend formulierte. Das Gros der Kommentatoren interpretierte meine Stellungnahme zu Sarrazin jedoch als ungebührliche Einmischung in die Tagespolitik. Dieser Präsident, so der Tenor jener Tage, sei noch immer dem Politikbetrieb verhaftet und nicht in der Lage, von der hohen Warte seines Amtes aus zu sprechen. Mit Dankbarkeit erinnere ich mich einzelner Stimmen, die den Mut hatten, darauf hinzuweisen, dass man die Dinge doch wohl auf den Kopf stelle, wenn man glaube, Herrn Sarrazin vor mir in Schutz nehmen zu müssen.

«Ich habe mir die Äußerung nochmal angeschaut, und ich denke, sie ist doch sehr, sehr zurückhaltend», sagte der SPD-Bundestagsabgeordnete Dieter Wiefelspütz in einem Interview. Der Bundespräsident habe nichts anderes zum Ausdruck gebracht, als dass «der Vorstand der Bundesbank Mittel und Wege habe, dafür Sorge zu tragen, dass diese Rufschädigungen unterbleiben». Mit inquisitorischer Penetranz beharrte der Reporter darauf, dass doch wohl ein Fall von «Nötigung» vorliege, ähnlich wie schon im Fall Sauerland, doch Wiefelspütz blieb standhaft. Es wäre sicher besser gewesen, ich hätte mich beide Male nicht geäußert, aber «für mich ist der Bundespräsident der Bundesrepublik Deutschland kein Frühstücksdirektor ... Er darf eine Meinung haben, und wenn er damit sorgsam umgeht, kann das auch sehr häufig eine Hilfe sein.» Ein Politiker, der sich nicht auf die Ebene der wohlfeilen Empörung herablässt, hat ein Denkmal verdient.

Zwei Tage, nachdem das Bundespräsidialamt eine Lösung ausgearbeitet hatte, die alle Beteiligten einigermaßen unbeschadet ließ, resümierte Hajo Schumacher: «‹01›, wie der Präsident im Schloss Bellevue genannt wird, hat eine Wutbombe entschärft und der Republik zugleich gezeigt, dass das Suchen nach Win-win-Lösungen allemal effektiver ist als das lautstarke, aber folgenlose Gebalge ...

Was kaum jemand in einer Gauck-romantischen Republik erwartet hätte, ist dem jungen Staatsoberhaupt gelungen: eine neue Interpretation des Amtes, weg von der folgenlosen Rederei, hin zu pragmatischem Lösungshandeln. Christian Wulff hat mit seiner ersten relevanten Tat das Präsidialamt auf ein neues Bedeutungsniveau gehoben, als Clearing-Instanz für heikle politische Fälle. Er hat sich leise, aber beharrlich eingemischt und allen Beteiligten aus der Patsche geholfen, überparteilich, wie es seine Aufgabe ist.»

Hans-Ulrich Jörges ergänzte wenige Tage später im *Stern*: «Christian Wulff hat seine erste große Bewährungsprobe als Staatsoberhaupt bestanden – eine größere, als das Publikum ahnt. Es krönt die durch Fahrlässigkeiten, Fehlinterpretationen und Verdrehungen entstellte Debatte um Thilo Sarrazin, dass er dafür auch noch kritisiert wird ... Er hat den Staat – ja: den Staat –, wichtige Verfassungsorgane und die Bundesbank vor schwerem, historisch beispiellosem Schaden bewahrt.»

Der große Verlierer war das Haus Springer. Es war die *Bild*-Zeitung gewesen, die im Herbst 2009 mit dem teilweisen Nachdruck des *Lettre*-Interviews die verquere Debatte eröffnet hatte. Man wollte ein bisschen zündeln, testen, wie weit man gehen konnte, die Richtung war tendenziös und unverkennbar ausländerfeindlich. Im Vorfeld der Buchveröffentlichung legte man nach – Hand in Hand mit dem *Spiegel*! *Spiegel* und *Bild* glaubten offenbar, mit der Stimmungsmache gegen Muslime, «die ständig neue kleine Kopftuchmädchen produzier(en)», eine Mehrheitsmeinung zu bedienen, und verhalfen Sarrazins Buch zu einem einmaligen publizistischen Erfolg. Bis heute hat Sarrazin eine große Fangemeinde. Anfang September, als ich mich einschaltete, stand die Sache tatsächlich auf der Kippe. *Bild*-Schlagzeile vom 3. September: «Nur Wulff kann Sarrazin noch retten». Der Artikel ließ keinen Zweifel daran, was man von mir erwartete, nämlich Volkes Stimme, also die Meinung der *Bild*-Zeitung, zu berücksichtigen: «Entlässt er Thilo Sarrazin wegen dessen umstrittener Thesen – obwohl eine große Mehrheit der Deutschen, quer durch alle Schichten, Sarrazin zustimmt?»

Zwei Tage später wurde in der *Welt am Sonntag* ausgeführt, dass

Sarrazin den Bürgern aus dem Herzen spreche. Seine Zustandsbeschreibungen deckten sich «mit dem Bild, das sich die Menschen im Land von dieser Gesellschaft gemacht haben». Die Parteien hätten beim Thema Integration versagt, auch die Union habe sich der Volksmeinung entfremdet: «Ausgerechnet der CDU-Vordenker der ‹bunten Republik›, Christian Wulff, hat als Bundespräsident mit seiner flotten Vorverurteilung Sarrazins deutlich werden lassen, wie entrückt er bereits nach wenigen Wochen auf Schloss Bellevue der Lebenswirklichkeit der Unionswähler ist.»

Aus Sicht des Hauses Springer hatte ich meine Bewährungsprobe nicht bestanden. Statt die Panik des Springer-Verlages beim Thema Zuwanderung aufzugreifen und Sarrazin für seine vielen Denkanstöße dankbar zu sein, hatte ich die Stichworte zu seiner Entlassung vorgegeben. Damit war ich – so der Chefideologe des Springer-Konzerns, *Welt*-Herausgeber Thomas Schmid am 4. September – nicht mehr mehrheitsfähig. «Wulff wäre so gerne im breitesten Sinne der Präsident aller Deutschen. Es ist eine von Ironie nicht freie Pointe, dass er sich hier gegen die Mehrheit entschieden hat.» In dieser «Pointe» lag wohl der eigentliche Grund für den Zorn des Hauses Springer, der ein Jahr später voll ausbrechen sollte. Für die Verlagsspitze hing mein Schicksal jetzt offenbar an der Frage: Wie hält er es mit den Muslimen?

Am 9. September hatte Staatssekretär Hagebölling mit den Vertretern der Bundesbank und dem Anwalt von Thilo Sarrazin die letzten Details des Auflösungsvertrags ausgehandelt. Als ich am Abend von einem zweitägigen Staatsbesuch in der Schweiz zurückkehrte, konnte das Ergebnis in einer Pressemitteilung bekanntgegeben werden: Thilo Sarrazin bat um seine Entlassung aus dem Bundesbankvorstand. Zwölf Tage später diskutierte ich mit meinen Beratern und den zuständigen Abteilungsleitern den ersten Entwurf meiner Rede zum Tag der Deutschen Einheit. In welcher Form, wenn überhaupt, sollte man auf Sarrazin eingehen? Ich verwies lieber auf die Berliner Jugendrichterin Kirsten Heisig, deren Vorschläge auf einem reichen Erfahrungsschatz beruhten.

Es war ein offenes Geheimnis, dass ich am 3. Oktober meine erste programmatische Rede halten wollte – schließlich hatte ich selbst wiederholt darauf hingewiesen, an diesem Tag Grundsätzliches zu sagen. «Bundespräsident Christian Wulff lässt seine Beamten prüfen, inwieweit die Themen Integration und Zuwanderung bei seiner ersten großen Rede zum 20. Jahrestag der Deutschen Einheit am 3. Oktober eingearbeitet werden können», berichtete der *Spiegel* in seiner Ausgabe vom 9. August. Der Beitrag wurde vom Wirtschaftsressort verantwortet und setzte deshalb andere Akzente als die, von denen die Sarrazin-Debatte bestimmt wurde.

Aus Sicht der Wirtschaft ging es beim Thema Zuwanderung in erster Linie um den hiesigen Fachkräftemangel. Die deutsche Politik habe «mit einer halbherzigen Zuwanderungs- und Integrationspolitik im internationalen Wettlauf um Talente wertvolle Zeit vertan», hieß es im *Spiegel*. «Während andere Industrienationen seit Jahren um ausländische Fachkräfte buhlen, schreckt die Bundesrepublik Hochqualifizierte bis heute eher ab.» Auf diese Weise drohten dem Land jährlich rund 20 Milliarden Euro an Wertschöpfung zu entgehen. Für den Wirtschaftsstandort Deutschland war und ist eine vernünftige Regelung von qualifizierter Zuwanderung zweifellos dringend erforderlich. Sarrazin hatte mit seinem kruden Biologismus die Debatte allerdings in eine ganz andere Richtung gelenkt.

Sie seien durch die breite Zustimmung der Bevölkerung zum Sarrazin-Buch stärker verunsichert worden als durch die Brandanschläge von Solingen und Mölln, schrieben mir verängstigte Bürger mit Zuwanderungsgeschichte. Ähnlich erging es vielen der in Deutschland lebenden Muslime und vielen Ausländern, die seit langem bei uns eine neue Heimat gefunden haben. Sarrazins «Thesen» waren nicht im rechtsextremen Milieu formuliert worden, sondern kamen aus der Mitte der Gesellschaft und stießen genau dort auf lebhaften Beifall. Das war das eigentlich Beunruhigende an der Debatte.

Zahlreiche Verbände und Initiativen, die für die Interessen von Muslimen in Deutschland eintreten, verfassten gemeinsam einen Offenen Brief an mich, der auch von prominenten Künstlern wie Fatih

Akin, Shermin Langhoff und Feridun Zaimoglu unterzeichnet war und am 13. September in der *tageszeitung* erschien. Man habe aufmerksam meine Antrittsrede verfolgt und meine Worte zur Integration «mit großer Freude aufgenommen». Jetzt erlebe man eine «aggressiv und diffamierend» geführte Diskussion über angebliche muslimische Defizite, bei der sich Teile der Bevölkerung von anderen absetzten, und darüber seien viele Deutsche «genauso fassungslos» wie die deutschen Muslime.

«Auch wir deutschen Muslime gehören zu Deutschland, mit demselben Recht wie alle anderen religiösen, ethnischen oder sonstigen Bevölkerungsgruppen. Wir werden dieses Land nicht aufgeben. Dieses Land ist unsere Heimat, und Sie sind unser Präsident. Weil wir als Mitglieder des Staatsvolks in großer Sorge um die Zukunft dieses Landes sind, das Sie repräsentieren, wenden wir uns an Sie, der Sie so überzeugend sagten: ‹Es gibt unterschiedliche Interessen, es gibt Vorurteile gegeneinander, Bequemlichkeiten und Anspruchsdenken. Ich will helfen, über all das hinweg Brücken zu bauen. Wir müssen unvoreingenommen aufeinander zugehen können, einander aufmerksam zuhören, miteinander sprechen.› Wir bitten Sie, gerade in der derzeitigen angespannten Stimmung für diese Leitsätze einer offenen, von gegenseitigem Respekt geprägten demokratischen Kultur einzustehen und öffentlich für sie zu werben.»

Für diese Überzeugungen war ich schon als Ministerpräsident eingetreten. Im Januar 2005 hatte ich in einer Rede vor der Eugen-Biser-Stiftung in der Münchner Hofkirche vier Grundlagen für das Gelingen des interreligiösen Dialogs genannt. Erstens müssten für beide Seiten gleiche Voraussetzungen und Bedingungen gelten; da es sich um ein Gespräch zwischen Gläubigen handele, dürfe man zweitens erwarten, dass der Glaube des anderen nicht nur respektiert, sondern auch differenziert wahrgenommen werde; drittens sei das Zusammenleben der Gläubigen durch die Gesetze des Staates vorgegeben, der Dialog sei deshalb zwar nicht an die deutsche Staatsangehörigkeit gebunden, aber eine Parallelgesellschaft dürfe es nicht geben; und viertens schließe der interreligiöse Dialog prinzipiell niemanden aus, weder Andersgläubige noch Atheisten.

Ein Jahr später sprach ich bei einer Veranstaltung der Eugen-Biser-Stiftung über die abrahamitischen Weltreligionen und ihre Gemeinsamkeiten. Manche Formulierungen aus dieser Rede lesen sich im Rückblick fast wie eine Agenda meiner Amtszeit als Bundespräsident: «Das friedliche und fruchtbare Miteinander der Weltanschauungen, der Konfessionen und Religionen im Land ist mehr als nur Staffage. Denn ... die Suche nach dem Konsens über Glaubensüberzeugungen, Weltanschauungen und Wertvorstellungen entscheidet über die Stabilität und somit Zukunft einer Gesellschaft.» Die Wurzeln Europas seien «unbestritten überwiegend jüdisch-christlich geprägt ... Doch sollten wir auch die Einflüsse des arabischen wie des osmanischen Islams auf die Entwicklung Europas ins Auge fassen ... und nicht immer nur auf die kriegerische Seite im Verhältnis von Islam und Okzident schauen.»

Um mich meiner Position zu vergewissern, holte ich in den Tagen der Vorbereitung meiner Rede am 3. Oktober unter anderem die Meinung der beiden großen Kirchen ein. Nach einem Gespräch mit dem Bevollmächtigten des Rates der Evangelischen Kirche in Deutschland, Prälat Felmberg, am 16. September empfing ich am 27. September Erzbischof Zollitsch, den Vorsitzenden der Deutschen Bischofskonferenz. Danach traf sich die so genannte kleine Runde zu einer Besprechung des Redeentwurfs. Drei Tage später diskutierte ich mit meinen Mitarbeitern ausführlich die wichtigsten Passagen, ganz besonders die Sätze zur Integration.

Gegen 16.30 Uhr fuhr ich nach Großburgwedel. Am folgenden Tag, Freitag, den 1. Oktober, arbeitete ich dort die Rede noch einmal durch. Für Samstag hatte Altbundeskanzler Helmut Kohl einen Besuch in Aussicht gestellt; ich bat frühzeitig, ihn später in Oggersheim besuchen zu dürfen, weil ich mich ganz auf die Einheitsrede konzentrieren wollte. Am Sonntagmorgen ging es nach Bremen. Nach dem ökumenischen Gottesdienst im Dom eröffnete ich am Marktplatz die Musikparade der Länder und fuhr dann zur Bremen Arena, wo der Festakt zum 20. Jahrestag der Deutschen Einheit stattfand. Als ich an das Rednerpult trat, spürte ich die zentnerschwere Last von hundert Tagen. Aber ich hatte das beglückende Gefühl, dem

Land am 20. Jahrestag seiner Wiedervereinigung Botschaften vermitteln zu können, von denen ich überzeugt war, dass sie in die Zukunft wiesen.

Nicht wenige Beobachter hatten kritisiert, dass auf dem Höhepunkt der Sarrazin-Debatte nichts Grundsätzliches von mir zu hören gewesen sei. Ich hätte die Chance gehabt, «aus der Sarrazin-Debatte eine Integrationsdebatte zu machen», meinte Heribert Prantl in der *Süddeutschen Zeitung*, und mich «in einer großen Rede dem wichtigsten gesellschaftspolitischen Thema stellen müssen». Auch die *Zeit* nannte Anfang September den «Fall Sarrazin Wulffs große Chance. Welcher Präsident könnte geeigneter erscheinen, die Integrationsdebatte zu führen?» In der Tat hatte ich meine Einstellung zum Thema Integration mehrfach bekundet und entsprechende Zeichen gesetzt.

In meiner Antrittsrede hatte ich von der «bunten Republik» gesprochen, in der allen Bürgern, egal welcher Herkunft, die gleichen Chancen eingeräumt werden sollten. Und in meinem Dank an die Fußballnationalmannschaft hob ich hervor, dass der großartige Teamgeist auch ein Beweis dafür sei, dass sich Integration lohne. Özil, Khedira, Boateng, aber auch Klose und Podolski oder Mario Gómez, bei denen schon lange niemand mehr fragte, wo sie oder ihre Eltern eigentlich herstammten, hatten jenseits ihrer sportlichen Höchstleistungen dazu beigetragen, dass Deutschlands Bild in der Welt offener und freundlicher wurde.

Es ist meine Überzeugung, dass der Zusammenhalt einer Gesellschaft nur funktioniert, wenn auch diejenigen eingebunden werden, die aufgrund ihrer Herkunft leider noch immer mit schlechteren Startbedingungen zurechtkommen müssen. Die staatlichen Institutionen bleiben aufgefordert, diese Unterschiede auszugleichen, indem sie den Gleichheitsgrundsatz konsequent anwenden. Darauf hatte ich bereits in einer meiner ersten offiziellen Ansprachen – anlässlich der Vereidigung von Offiziersanwärtern an der Marineschule Mürwik, also in ganz anderem Zusammenhang – am 13. August hingewiesen. Ich nannte die Bundeswehr «ein Vorbild für gelungene Integration» und erinnerte außerdem an die erfolgreiche Eingliederung der ehemaligen Nationalen Volksarmee der DDR. Die steigende

Zahl der weiblichen Rekruten nannte ich ein sichtbares Zeichen für die Öffnung der Bundeswehr hin zur Chancengleichheit.

Dann sprach ich die vor mir stehenden Offiziersanwärter der Marine direkt an, von denen 15 aus Familien mit Migrationshintergrund kamen: «Der Dienst an Bord verbindet aber auch Menschen verschiedenster Herkunft, Kulturen und Religionen. Die Werte und Ideale, zu denen Sie sich heute förmlich bekennen, verpflichten in unserem Land junge Frauen und Männer, egal wo sie oder ihre Eltern geboren sind. Es ist einfach schön, wenn unsere neuen Mitbürgerinnen und Mitbürger sagen: ‹Dies ist meine Heimat, hier bin ich zu Hause, für dieses Land trete ich aus Überzeugung ein.›»

Das alles war hinlänglich bekannt. Deshalb konnte ich es um so weniger verstehen, dass Anfang September die Forderung nach einer Stellungnahme des Bundespräsidenten zur Sarrazin-Debatte laut wurde, so als hätte es an meiner Haltung irgendwelche Zweifel gegeben. Diejenigen, die mir schon meinen kurzen Hinweis, jetzt sei erst einmal die Bundesbank am Zug, als Einmischung übel nahmen, hätten Zeter und Mordio geschrien. Populismus wäre noch einer der harmloseren Vorwürfe gewesen. Ich wollte mir meinen Zeitplan jedenfalls nicht von einer Buchveröffentlichung diktieren lassen. Zum Tag der Deutschen Einheit hatte ich eine Grundsatzrede angekündigt, in der das Thema Integration eine wichtige Rolle spielen sollte. Diese Rede zu halten wurde dann von Tag zu Tag schwieriger – «eine unhaltbare Rede» schrieb die *Süddeutsche Zeitung* am 2. Oktober, «Bundespräsident Christian Wulff ist Erwartungen ausgesetzt, die er kaum erfüllen kann». Aber ich hatte dennoch keine Veranlassung, sie wegen eines Provokateurs vorzuziehen.

Und so wie ich den Zeitpunkt selber bestimmte, so wollte ich mir auch die Akzentsetzung nicht vorschreiben lassen. Deshalb blieb ich dabei, das Thema, das mir viel zu wichtig war, von den Aufgeregtheiten rund um Thilo Sarrazin zu entkoppeln und seinen Namen in meiner Rede nicht zu erwähnen. Es stimmte einfach nicht, dass bis dato angeblich tabuisierte Themen erst durch ihn ans Licht der Öffentlichkeit geholt worden seien. Die Politik hatte sich längst den tatsächlich vorhandenen Problemen gestellt, auf kommunaler und

Landesebene wurde an konkreten Lösungen gearbeitet. Ziel meiner Bremer Rede war es, die Diskussion in andere Bahnen zu lenken, weg von den Genen. «Es kommt nicht darauf an, woher jemand kommt, sondern wohin jemand will», hatte ich in meiner Antrittsrede gesagt, und daran knüpfte ich an. Nach der Eingliederung der Heimatvertriebenen nach 1945 und der Ostdeutschen nach 1989 müsse uns jetzt die dritte Integration gelingen: die Integration derer, die schon lange hier leben und sich noch immer nicht zugehörig fühlen, und derjenigen, die jüngst erst gekommen sind. Dazu müssten wir gemeinsam als Nation in dieselbe Richtung gehen.

«Wir haben doch längst Abschied genommen von drei Lebenslügen. Wir haben erkannt, dass Gastarbeiter nicht nur vorübergehend kamen, sondern dauerhaft blieben. Wir haben erkannt, dass Einwanderung stattgefunden hat, auch wenn wir uns lange nicht als Einwanderungsland definiert und nach unseren Interessen Zuwanderung gesteuert haben. Und wir haben auch erkannt, dass multikulturelle Illusionen die Herausforderungen und Probleme regelmäßig unterschätzt haben: das Verharren in Staatshilfe, die Kriminalitätsraten und das Machogehabe, die Bildungs- und Leistungsverweigerung. Ich habe die vielen hundert Briefe und E-Mails gelesen, die mich zu diesem Thema erreicht haben. Mich beschäftigen die Sorgen und Ängste der Bürgerinnen und Bürger sehr, wie auch die Politik diese erkennbar und zu Recht ernst nimmt. Und dennoch: Wir sind weiter, als es die derzeitige Debatte vermuten lässt.»

Ich führte aus, dass gerade beim Thema Integration Fördern und Fordern sich die Waage halten müssten. So wie auf der einen Seite die Kenntnis der deutschen Sprache als Voraussetzung erfolgreicher Eingliederung verlangt werden müsse, so seien auf der anderen Seite die zahlreichen Initiativen auf kommunaler und Landesebene zu loben, die Beträchtliches dazu beitrügen, gleiche Bedingungen für Migranten herzustellen. Dann fuhr ich fort:

«Auch wenn wir weiter sind, als es die gegenwärtige Debatte vermuten lässt, sind wir ganz offenkundig nicht weit genug. Ja, wir haben Nachholbedarf, ich nenne als Beispiele die Integrations- und Sprachkurse für die ganze Familie, Unterrichtsangebote in Muttersprachen, islamischen Religionsunterricht von hier ausgebildeten Lehrern – und selbstverständlich in deutscher Sprache. Und ja, wir brauchen auch viel mehr Konsequenz bei der Durchsetzung von Regeln und Pflichten – etwa bei Schulschwänzern. Das gilt übrigens für alle, die in unserem Land leben. Zuallererst brauchen wir aber eine klare Haltung. Ein Verständnis von Deutschland, das Zugehörigkeit nicht auf einen Pass, eine Familiengeschichte oder einen Glauben verengt, sondern breiter angelegt ist. Das Christentum gehört zweifelsfrei zu Deutschland. Das Judentum gehört zweifelsfrei zu Deutschland. Das ist unsere christlich-jüdische Geschichte. Aber der Islam gehört inzwischen auch zu Deutschland.»

Mit diesem Satz wird meine Präsidentschaft seither verbunden. Ich bin stolz, diesen Satz so gesagt zu haben. Walid Nakschbandi, ein aus Afghanistan stammender Fernsehproduzent, hatte mir geschrieben, dass er unter den von Sarrazin ausgelösten Ängsten physisch leide; er würde sich wünschen, dass ich die Debatte durch einen klarstellenden Satz zum Islam entkrampfen könnte. Vielen in unserem Land habe ich mit meinem Satz Würde und Vertrauen zurückgegeben. Dieses Wissen hat mich innerlich bewegt und glücklich gemacht. Seitdem habe ich keine Sekunde gezweifelt, damit einen richtigen Weg gewiesen zu haben. Auf der Erde leben rund 1,6 Milliarden Muslime. Entweder die Angehörigen der verschiedenen Religionsgemeinschaften und Glaubensbekenntnisse finden zu einem friedlichen Miteinander, oder es droht jener «Clash of Civilizations», den der amerikanische Politikwissenschaftler Samuel Huntington vor zwanzig Jahren vorausgesagt hat.

Thema meiner Rede zum 20. Jahrestag der Deutschen Einheit war die Parole der DDR-Bürgerbewegung im Herbst 1989 «Deutschland einig Vaterland». «Wir feiern heute, was wir vor zwanzig Jahren erreicht haben», so begann ich meine Rede und nannte die Wiedervereinigung in Recht und Freiheit ein epochales Datum – nicht nur unserer eigenen, sondern der Geschichte der gesamten freien Welt. Was die Bedeutung dieses Ereignisses angehe, wolle ich drei Antworten geben, sagte ich und berief mich als erstes auf die gemeinsame Geschichte der Deutschen in Ost und West.

Ich erwähnte die «große Hilfe von Freunden», die Hilfe der polnischen Solidarność-Bewegung und der ungarischen Regierung, die als erste die Grenzen öffnete, und erinnerte daran, dass die Einheit ohne die von Gorbatschow eingeleitete Glasnost-Politik nicht möglich gewesen wäre. Für die Ostdeutschen sei es besonders schwer gewesen sei, den Umbruch zu schultern und noch einmal von vorn anzufangen, sagte ich, und dies sei leider «bis heute nicht ausreichend gewürdigt worden». Um so mehr müsse man hervorheben, dass die Ostdeutschen «aus ganz Deutschland ein anderes Deutschland gemacht» hätten. «Damit haben sie vorgelebt, wie Umbrüche zu meistern sind, für das persönliche Glück wie für unser aller Zusammenhalt.»

Von hier leitete ich direkt zur zweiten Antwort über. «Unser Land ist offener geworden, der Welt zugewandter, vielfältiger – und unterschiedlicher.» Im Zuge der Globalisierung drifteten die Lebenswelten in unserem Land zunehmend auseinander, und das löse bei vielen Menschen Ängste aus. Trotzdem dürften wir die Vielfalt nicht preisgeben. «Zu viel Gleichheit erstickt die eigene Anstrengung und ist am Ende nur um den Preis der Unfreiheit zu haben. Unser Land muss Verschiedenheit aushalten. Es muss sie sogar wollen.» Das «wir» sei nur stark, wenn es gelinge, den Zusammenhalt herzustellen «zwischen denen, die erst seit Kurzem hier leben, und denen, die schon so lange einheimisch sind, dass sie vergessen haben, dass vielleicht auch ihre Vorfahren von auswärts kamen».

Die Zukunft gehöre den Nationen, die offen seien für kulturelle Vielfalt und neue Ideen. Es liege daher im ureigenen Interesse der Deutschen, geregelte Zuwanderung zu begrüßen. «Weil diese Menschen mit ausländischen Wurzeln mir wichtig sind, will ich nicht, dass sie verletzt werden in durchaus notwendigen Debatten. Legendenbildungen, die Zementierung von Vorurteilen und Ausgrenzungen dürfen wir nicht zulassen.» Dies war meine Bezugnahme auf die aktuelle Diskussion um das Buch von Sarrazin.

Nach den Passagen über die Voraussetzungen und Bedingungen adäquater Integration kam ich auf meine Ausgangsfrage zurück, welche Lehren wir aus der Vollendung der Einheit unserer Nation ziehen könnten und welche Verpflichtungen sich daraus ergäben. «Neuer Zusammenhalt in der Gesellschaft ist nur möglich, wenn sich kein Stärkerer entzieht und kein Schwächerer ausgegrenzt wird.» Der Konsens sei von zwei Seiten bedroht, man dürfe da keinen Unterschied machen. Wer lange vergeblich nach Arbeit gesucht habe, bis er schließlich in Resignation verfallen sei, wende sich, wenn auch aus gänzlich anderen Motiven, genau so von der Gesellschaft ab wie derjenige, der sich zur Elite zähle, aber dank materieller Unabhängigkeit längst in einer abgehobenen Parallelwelt lebe. Gegenseitiges Vertrauen zwischen allen Bevölkerungsgruppen sei die wichtigste Voraussetzung einer Gesellschaft, «in der sich niemand überflüssig fühlt und die niemanden überflüssig macht».

Das Echo auf die Rede war groß – und hätte kontroverser nicht ausfallen können. Am Montag blieb zunächst alles ruhig, kaum jemand hätte an diesem Tag geahnt, wieviel erregten Widerspruch meine Feststellungen zur Lebenswirklichkeit der Muslime in Deutschland noch hervorrufen würden. Im politischen Berlin überwog Unsicherheit, wie man meine Rede zu bewerten habe, auch die Presse hielt sich zurück. Die Kommentare reichten von souverän und überzeugend bis mutlos, glanzlos, lauwarm. Alles in allem hätte ich die mit der Rede verbundenen Erwartungen erfüllt, so die einhellige Meinung. Selbst die *Bild*-Zeitung wirkte unentschieden, nannte meine Rede zwar «irritierend», titelte aber scheinbar neutral: «Bundespräsident Wulff: Der Islam gehört zu Deutschland».

Am Dienstag gab *Bild* die Richtung vor und fragte, wiederum groß auf Seite eins: «Wie viel Islam verträgt Deutschland?» Das Wort «Islam» war farbig hervorgehoben. In Deutschland werde heftig über «Wulffs Islam-Sätze» diskutiert, schrieb das Blatt und stellte auf Seite 2 Pro und Contra gegenüber. Vertreter der Kirchen hatten sich inzwischen ebenso zu Wort gemeldet wie Politiker aus der zweiten Reihe der Union, die allesamt beklagten, dass durch meine Rede eine Akzentverschiebung drohe, gegen die sich die Anhänger der «Leitkultur» zur Wehr setzen müssten. «Dass der Islam Teil unserer Kultur ist, unterschreibe ich nicht», so Hans-Peter Friedrich, damals CSU-Landesgruppenchef im Bundestag. Sein Fraktionskollege Norbert Geis, katholischer Fundamentalist, packte die ganz große Keule aus: «Wir wollen, dass das christliche Abendland christlich weiterbesteht.»

Am selben Tag scheint man sich auch im Herausgeberkreis der *Frankfurter Allgemeinen Zeitung* festgelegt zu haben, wie mit dem Thema strategisch umzugehen sei. «Während sich alle um die von Sarrazin kritisierte Minderheit kümmern, bleibt eine sich bedrängt fühlende Mehrheit politisch unbetreut», schrieb Berthold Kohler in der Leitglosse. Mein «epochaler Satz» habe bisher leider «nur vereinzelt Widerspruch» hervorgerufen, aber das in diesen Tagen so oft und gern zitierte Wort aus dem Herbst 1989 «Wir sind das Volk» habe ja vielleicht noch nicht ganz ausgedient. Moderate Stimmen wie die des Vorsitzenden des Rates der EKD, Präses Schneider, der Bundespräsident habe «nüchtern, sachlich und gelassen die deutsche Wirklichkeit beschrieben», gingen im Lärm der Revolte unter. Bundestagspräsident Norbert Lammert mahnte erfreulicherweise, aber vergebens eine Versachlichung der Diskussion an.

Bild blieb auf Kurs und ließ am Mittwoch die Katze aus dem Sack: «Warum hofieren Sie den Islam so, Herr Präsident?» stand groß auf Seite 1. Auf Seite 2 ging es weiter: «Wütende Bürger schreiben an den Bundespräsidenten». Es werde viel zu viel über Minderheiten geredet und viel zu wenig über die Mehrheit, war da zu lesen, als habe man den *FAZ*-Kommentar vom Vortag eins zu eins übernommen – «wer denkt eigentlich an uns?» Mit «uns» war die von *Bild* repräsentierte Mehrheit des Volkes gemeint. Eine von *Bild* in Auftrag gegebene Internet-Umfrage habe ergeben, dass 66 Prozent der Bevölkerung die Feststellung, der Islam gehöre zu Deutschland, ablehnten. Auf Seite 6 meldete sich Heinz Buschkowsky zu Wort, der Bezirksbürgermeister von Berlin-Neukölln, der beklagte, dass deutsche Schüler auf dem Schulhof von Migrantenkindern als «Kartoffeln» beschimpft würden; die dazugehörige große Reportage über «Diskriminierungen einheimischer Schüler durch Migranten» stand unter der Überschrift «Ich wurde gemobbt, weil ich Deutsch spreche». Das Wort «Deutsch» war ein wenig größer gesetzt.

Am Donnerstag war wieder die *Frankfurter Allgemeine* zur Stelle.

Die Osmose zwischen der Hellerhofstraße in Frankfurt und der Axel-Springer-Straße in Berlin bewährte sich in diesen Tagen ein weiteres Mal. Mein «rührendes Bemühen um die Muslime» zeige, so der Leitartikel von Berthold Kohler, dass ich wie viele Politiker «den Kontakt zur Wirklichkeit verloren» hätte. «Auch der Bundespräsident scheint kein ausgeprägtes Sensorium dafür zu haben, wie sehr sich die alteingesessene Bevölkerung vom vorrückenden Islam bedroht fühlt.» Das solchermaßen verunsicherte und «aufgewühlte Volk», das meine Rede als «politische Anbiederung und kulturelle Kapitulation» verstehe, gehe mit Recht auf die Barrikaden. Um diese Mehrheit hätte ich mich aber mindestens so intensiv zu kümmern wie um die Muslime. «Sonst wird Wulff, der sich zum ‹Präsidenten aller Menschen› in Deutschland erklärte, nicht einmal Präsident aller Deutschen.»

Würde die Politik immer nur das aufgreifen und umsetzen, was von der Mehrheit gewollt ist, gäbe es im politischen und gesellschaftlichen Raum wenig Bewegung. Es ist richtig, dass von den etwa viertausend Briefen und Mails, die in diesen Tagen im Bundespräsidialamt eingingen beziehungsweise im Internet-Gästebuch des Amtes veröffentlicht wurden, der allergrößte Teil Ablehnung bekundete. Ob ich denn glaubte, dass in unserem Land alle, insbesondere die Mitglieder und Anhänger der konservativen Parteien, schon so weit seien, den Islam zu Deutschland zu zählen, hatte mich Ulrich Deppendorf am Abend nach der Rede im «Bericht aus Berlin» gefragt. «Das glaube ich nicht», war meine ehrliche Antwort. Es handele sich vielmehr um einen Prozess, «der jetzt lebhafte Diskussionen zur Folge haben wird, weil es ganz viele begründete Argumente gibt, sich Sorgen zu machen, auch Ängste zu haben – gerade auch vor dem Missbrauch des Islam und des Koran ... Dennoch gehören vier Millionen Muslime in Deutschland dazu.»

Dass die lebhaften Diskussionen, die ich mir gewünscht hatte, einen so tiefen Riss quer durch unsere Gesellschaft offenbaren würden, überraschte mich. Manche Kommentatoren beklagten mit Recht, man sei schon einmal weiter gewesen. «Der Islam ist Teil Deutschlands und Teil Europas, er ist Teil unserer Gegenwart, und er ist Teil unserer Zukunft. Muslime sind in Deutschland willkommen.» So hatte es der damalige Bundesinnenminister Wolfgang Schäuble in einer Regierungserklärung zur Eröffnung der ersten deutschen Islamkonferenz 2006 gesagt und damit viel Lob auf allen Seiten erhalten. Warum sollte 2010 plötzlich falsch sein, was seit damals Regierungspolitik war? Allerdings stand meine Rede 2010 in einem anderen Kontext: Ich sprach bewußt am Nationalfeiertag, und ich sprach als Bundespräsident in einer politisch aufgeladenen Situation, kurz nachdem manche Stammtischthese durch Thilo Sarrazin hoffähig geworden war.

Ich war immer der Überzeugung, dass die deutsche «Leitkultur» aus den im Grundgesetz Artikel 1 bis 19 niedergelegten Grundrechten besteht. Sie gelten zeitlos für alle. In diesem Grundrechtskatalog heißt es eindeutig und klar in Artikel 4, Absatz 1 und 2: «Die Freiheit des Glaubens, des Gewissens und die Freiheit des religiösen und weltanschaulichen Bekenntnisses sind unverletzlich. Die ungestörte Religionsausübung wird gewährleistet.» Deshalb bin ich bis heute über die Heftigkeit der Reaktionen verwundert.

Unterstützung erhielt ich von denen, die im Auftrag der Regierung mit dem Thema offiziell befasst waren: die Integrationsbeauftragte der Bundesregierung, Maria Böhmer, die Beauftragte der CDU/CSU-Bundestagsfraktion für Kirchen und Religionsgemeinschaften, Maria Flachsbarth, der Vorsitzende des Auswärtigen Ausschusses im Bundestag, Ruprecht Polenz, sowie Bildungsministerin Annette Schavan. An den Zuspruch einzelner Parteifreunde erinnere ich mich dankbar; Armin Laschet, Norbert Röttgen und Roland Koch, mit dem ich manche Diskussion in Sachen Integration geführt hatte, stellten sich hinter mich. Die Bundeskanzlerin nannte meine Rede eine «Weichenstellung für die Zukunft». Altkanzler Gerhard Schröder teilte mit, er empfinde die Rede als «bedeutende Leistung», die Debatte darüber sei «von gestern». Von SPD und Grünen war erstaunlich wenig zu hören: Sie verharrten vielleicht noch in ihrer Wahrnehmung, der falsche Kandidat sei Bundespräsident geworden. Die Linke kochte ihr eigenes Süppchen.

Besonders vehement artikulierte der CSU-Vorsitzende und bayerische Ministerpräsident Horst Seehofer seinen Widerstand. Am

11. Oktober befand er im Gespräch mit dem *Focus*, «dass sich Zuwanderer aus anderen Kulturkreisen, wie aus der Türkei und arabischen Ländern, insgesamt schwerer tun». Daraus ziehe er den Schluss, «dass wir keine zusätzliche Zuwanderung aus anderen Kulturkreisen brauchen». Eine Woche später lobte sich der *Focus*-Chefredakteur selbst, mit diesem Interview seien meine Pläne erfolgreich «durchkreuzt» worden. Meine Rede sei «der untaugliche Versuch» gewesen, ein kontroverses Thema «in Harmonie zu versenken», tatsächlich aber hätte ich nur dem Buch von Sarrazin neuen Auftrieb gegeben und einen weiteren Beweis dafür geliefert, wie weit die Politik von den Menschen inzwischen entfernt sei. Das Titelbild des *Focus* vom 18. Oktober war äußerst geschmacklos: Man hatte mir in einer Fotomontage einen Schnauzbart angeklebt und ein Gebetskäppi aufgesetzt – der Bundespräsident als Moslem. So hing ich an sämtlichen Kiosken und Tankstellen des Landes. Damit waren für mich definitiv Grenzen des Anstands überschritten.

Im Anschluss an das Seehofer-Interview druckte der *Focus* einen Gastbeitrag des Bischofs von Limburg, Franz-Peter Tebartz-van Elst, unter dem Titel: «Es gibt eine *christliche* Leitkultur, Herr Bundespräsident». Bei meiner nächsten Begegnung mit ihm habe ich ihn gefragt, warum er seinen Artikel in dieser Schärfe geschrieben habe; da redete er sich heraus, er habe nicht gewusst, dass das vom *Focus* so zugespitzt würde, es sei gar nicht so gemeint gewesen. Aber wie dann? Der Bischof konnte einen «eigenständigen Beitrag des Islam zu unserer Gesellschaft» nicht erkennen. «Was könnte der Islam denn beitragen, was nicht das Christentum und das Judentum bereits geleistet haben? ... Allein aus seinen christlichen Wurzeln ist Europa in der Lage, nachhaltig etwas zum Dialog mit dem Islam beizutragen.» Zur *Abwehr* des Islam, hätte es nach der Logik des Artikels wohl korrekt heißen müssen.

Warum ignorierte der Bischof in diesem Moment die Bibel? «Wenn ein Fremdling bei dir in eurem Lande wohnen wird, den sollt ihr nicht schinden. Er soll bei euch wohnen wie ein Einheimischer unter euch, und sollst ihn lieben wie dich selbst.» Es war der ehemalige Richter des Bundesverfassungsgerichts Ernst Gottfried Mahrenholz, der am 13. Oktober in einem Leserbrief an die *FAZ* an das Vierte Buch Mose erinnerte. «Die Würde des Menschen bewährt sich erst im Respekt vor dem Anderssein eines anderen. Das hat auch mit der Würde ‹der Einheimischen› zu tun. Denn auf sie kommt es ja auch an, ob aus Mehrheit und Minderheit ein Ganzes wird. Integration als politisches Programm heißt mithin auch, dass die Mehrheit ihre Rolle, nur mit der Minderheit ein Ganzes sein zu können, annimmt und sich nicht selbst als das Ganze setzt.» Den Wortführern der sogenannten Leitkultur fehle offenbar nicht nur das Verständnis für die Wurzeln der christlich-jüdischen Tradition, sondern ebenso der Sinn für die Aufklärung. «Sie hat als erste von der Würde des Menschen im ununterscheidbaren Sinne gesprochen ... Wenn schon Leitkultur, dann Kant.» Die Stimme der Vernunft strahlt Ruhe aus und Kraft. Solche Stimmen hörten wir gerade in jenen Tagen leider eher selten.

Am Freitag, den 8. Oktober, spielte die deutsche Fußballnationalmannschaft in der Qualifikation zur Europameisterschaft gegen die Türkei. Der türkische Ministerpräsident Recep Tayyip Erdogan, die Bundeskanzlerin und ich verfolgten das Spiel im Berliner Olympiastadion gemeinsam, am nächsten Tag trafen sich Erdogan und Merkel zu Konsultationen über den Beitritt der Türkei zur EU. Meine Position in dieser Frage war klar. Wiederholt hatte ich gefordert, dass die Verhandlungen fair und ergebnisoffen geführt werden müssten, und dass es im beiderseitigen Interesse besser sei, die Fortschritte zu würdigen, etwa bei den Verfassungsänderungen, als immer nur Defizite zu kritisieren. Die Türkei muss im Interesse aller – der Türken, der Deutschen und der Europäer – beharrlich an die Europäische Union herangeführt und dabei immer wieder an die Standards erinnert werden, die der westlichen Gemeinschaft zugrunde liegen. Dann kann sie Vorbild auch für andere Länder mit überwiegend muslimischer Bevölkerung werden.

Ende März 2014 konnte ich erneut bei einem Besuch in der Türkei die schwierige innen- und außenpolitische Lage des Landes offen mit Präsident Abdullah Gül erörtern. Am Abend nach unserem Gespräch ließ Ministerpräsident Erdogan Twitter sperren, Gül kritisierte dies mit einem Tweet. Gerade jetzt darf das Gespräch mit der Türkei nicht abreißen, wir müssen miteinander reden, auch und gerade über Kontroverses.

Im Oktober 2010, in der Pressekonferenz nach dem Treffen mit Frau Merkel, hatte Erdogan die umstrittenen Passagen meiner Rede als wichtiges Zeichen der Verständigung begrüßt. Es dürfe nicht dazu kommen, dass einzelne politische Parteien diesen Grundkonsens bekriegen, sagte der Ministerpräsident, «laienhafte» Kritik liege nicht im Interesse der deutsch-türkischen Beziehungen. «Wulff ist der Bundespräsident von allen», schrieb die größte türkische Tageszeitung *Hürriyet* am 4. Oktober auf Seite 1, und der Vorsitzende des Zentralrats der Muslime in Deutschland prophezeite: «Mit dieser Rede wird ein Ruck durch die muslimische Gesellschaft gehen». Auch der türkische Europaminister schaltete sich in die Debatte ein und appellierte an die in Deutschland lebenden Türken: «Lernt Deutsch! Passt euch den Sitten und Gebräuchen eures Gastlandes an! Schickt eure Kinder auf die besten Schulen, damit sie eine Zukunft haben! Und achtet die Gesetze!»

Am 18. Oktober reiste ich zu einem viertägigen Staatsbesuch in die Türkei, wo man mir einen herzlichen Empfang bereitete. Mit besonderer Liebenswürdigkeit wurden meine Frau und ich von Präsident Abdullah Gül und seiner Frau begrüßt, unser Verhältnis war vom ersten Moment an von großer Sympathie getragen. Güls Verständnis von Toleranz und Integration beeindruckte mich. Am liebsten hätte er vor dem letzten Länderspiel Deutschland-Türkei Mesut Özil das deutsche Trikot eigenhändig übergezogen, meinte er schmunzelnd. Ich empfand es als eine besondere Geste des Vertrauens, dass Präsident Gül mich auch zum Besuch nach Kayseri eingeladen hatte, seiner Heimatstadt in Zentralanatolien.

Am Nachmittag des 19. Oktober sprach ich als erster Deutscher vor der Großen Nationalversammlung in Ankara. Die Türken verfolgten die Diskussion bei uns zuhause sehr genau. Ich widmete mich dem Thema Zuwanderung und benannte dabei ganz konkret auch die Probleme. Ich wählte dieselbe Formulierung wie am 3. Oktober in Bremen: «Dazu gehören das Verharren in Staatshilfe, Kriminalitätsraten, Machogehabe, Bildungs- und Leistungsverweigerung.» Diese Probleme seien durch «multikulturelle Illusionen» lange Zeit verschleiert worden. In Deutschland hätten sich aber alle an die geltenden Regeln zu halten und unsere Art zu leben und unsere Gesetze zu respektieren – auch die Türken. Die Sätze waren natürlich auch an das heimische Publikum gerichtet und dienten der Klarstellung meiner Linie, nichts zu tabuisieren, sondern aus einer Position des Willkommens und der Offenheit heraus auch die vielfachen Herausforderungen anzusprechen. Dass sie vor dem türkischen Parlament gesagt wurden, verstärkte ihre Wirkung zuhause. Die Rede war stimmig zu meiner Bremer Rede zwei Wochen zuvor und ist mit dieser zusammen als eine Synthese zu lesen.

Was die Rolle der Türkei als Mittler zwischen Europa und Asien angehe, sagte ich, habe die Türkei «die große Chance zu zeigen, dass Islam und Demokratie, Islam und Rechtsstaat, Islam und Pluralismus kein Widerspruch sind … Eine im Westen verankerte Türkei, die eine aktive stabilitätsorientierte Nachbarschaftspolitik im Osten betreibt, ist als Brücke zwischen Okzident und Orient ein Gewinn für Europa.» Ich kam dann auf die schwierige Situation der Christen in der Türkei zu sprechen, die mir seit langem ein Anliegen ist. «Die Religionsfreiheit ist Teil unseres Verständnisses von Europa als Wertegemeinschaft. Wir müssen religiösen Minderheiten die freie Ausübung ihres Glaubens ermöglichen.» Deshalb spiegelte ich am Ende meinen Satz aus der Bremer Rede und sagte unmissverständlich: «Das Christentum gehört zweifelsfrei zur Türkei».

Die Rede wurde in der Türkei einhellig begrüßt und auch in Deutschland durchweg positiv aufgenommen. Von Erika Steinbach bis Jürgen Trittin erhielt ich viel Beifall. Die *tageszeitung* druckte groß auf Seite 1 das offizielle Präsidentenfoto und titelte: «Danke, Herr Präsident». Die Fraktionschefin der Grünen, Renate Künast, die am 19. September in der *Frankfurter Allgemeinen Sonntagszeitung* mein angebliches Schweigen in der Sarrazin-Debatte noch «beschämend» genannt und gerufen hatte: «Wo ist der Bundespräsident?», schlug jetzt, fast auf den Tag genau vier Wochen später, Präsident Gül und mich, die «Präsidenten aller Menschen», gemeinsam für den Europäischen Karlspreis vor.

Wenn wir Deutschen die Muslime willkommen heißen und offen sind für den Islam, dann sei es für mich selbstverständlich, dass umgekehrt auch die Türkei offen sein muss für das Christentum, so lautete meine Kernbotschaft. Das Christentum, das vor zweitausend Jahren in Anatolien seinen Ausgang nahm, ist im Laufe der Jahrhunderte jedoch sehr stark zurückgedrängt worden, die christlichen Gemeinden umfassen heute nur noch etwa 100 000 Seelen, das kirchliche Leben ist zahlreichen Restriktionen unterworfen. Um hier ein Zeichen zu setzen, hatte ich um einen Besuch in Tarsus gebeten, dem Geburtsort des Apostels Paulus im Süden des Landes. Der Stadtrat ernannte mich 2014 auch deshalb zum Ehrenbürger. Die Teilnahme an einem ökumenischen Gottesdienst dort unter der Leitung des katholischen und des protestantischen Geistlichen aus Istanbul war für mich ein emotionaler Höhepunkt; Priester der armenisch-apostolischen, der griechisch-orthodoxen und der syrisch-orthodoxen Kirche wirkten mit. Die Reise endete am Freitag in Istanbul mit einem Besuch der Blauen Moschee und der Hagia Sophia und der symbolischen Grundsteinlegung für die Deutsch-Türkische Universität.

«So gute Presse hatten die Deutschen schon lange nicht mehr», urteilte die *Süddeutsche Zeitung*. «‹Das lächelnde Gesicht Deutschlands› nannten ihn die Zeitungen. Dabei hat er ihnen nicht nach dem Mund geredet ... Da zeigte einer Empathie für den Fremden, da kam einer mit dem Willen, erst einmal hinzuschauen, bevor er große Urteile fällte.» Michel Friedman meinte in der *B.Z.*, es werde «höchste Zeit, dass die Wulff-Kritiker entdecken, dass sie diesen Bundespräsidenten unterschätzen. Sein Herzensthema, die Freiheit und der Frieden der unterschiedlichen Religionen und Kulturen, wird Schritt für Schritt, Rede für Rede, deutlicher und glaubwürdiger.»

Auf der Basis von Gegenseitigkeit und Anpassungsbereitschaft! So wie ich mich zuhause gegen Einseitigkeiten wandte, so setzte ich mich in mehrheitlich muslimischen Ländern wie der Türkei massiv dafür ein, die Toleranz gegenüber der christlichen Minderheit zu pflegen. Was wir bei uns im Alltag praktizieren, dürfen wir auch von anderen einfordern. Als Ende 2010 in Tunesien jene Entwicklung ihren Anfang nahm, die bald als arabischer Frühling bezeichnet wurde und sich über mehrere Länder Nordafrikas und des Nahen Ostens ausbreitete, sah ich darin ein Zeichen der Hoffnung, dass auch für die islamische Welt eine Phase der Aufklärung begonnen hat. Heute gilt im Mutterland des arabischen Frühlings das modernste Grundgesetz der arabischen Welt. Dort sind Religionsfreiheit, Gewaltenteilung, Gleichstellung von Mann und Frau verankert. Tunesien kann nun der Welt beweisen, dass Islam und Demokratie kein Widerspruch sind. Ohne eine gründliche Liberalisierung und Modernisierung etwa in Rechtsfragen wird es für viele muslimisch geprägte Länder schwer werden, den Anschluss an die westlich geprägte Welt zu finden.

Im September 2011 kamen Abdullah und Hayrünissa Gül zum Gegenbesuch nach Deutschland. Vor Beginn des offiziellen Programms unternahmen wir eine sonntägliche Schifffahrt zur Glienicker Brücke, besuchten das Dokumentationszentrum zur deutschen Teilung in der Villa Schöningen, und ich erklärte meinem Gast den ehemaligen Grenzverlauf und die unmenschlichen Sicherungsanlagen mitten durch die Havel. Am Abend lud ich ihn spontan ein, mit mir nach Kreuzberg zu fahren und die größte türkische Gemeinschaft außerhalb des Mutterlandes zu besuchen. Gül war von meinem Vorschlag angetan. Wir haben uns mit dem Essen beeilt und machten uns um halb zehn auf den Weg nach Kreuzberg. Dort hatte sich die Nachricht, dass die beiden Präsidenten kämen, in Windeseile verbreitet, und als wir nach Kreuzberg hineinfuhren, herrschte eine ausgelassen-fröhliche Atmosphäre. In der Krise um mein Amt, die drei Monate später ausbrach, dachte ich manchmal, es wäre gut, nach Kreuzberg zu fahren, um die herzliche Wärme dort zu genießen und Kraft zu schöpfen. Ich wusste, dort werde ich gestützt, und das gab mir viel Halt. Regelmäßig treffe ich Menschen mit Zuwanderungsgeschichte, die mir sagen, sie hätten sich durch mich in besonderer Weise persönlich als Bürger dieses Landes angesprochen gefühlt.

Es war für mich selbstverständlich, meinem Freund Abdullah Gül und seiner Frau auch meine Heimatstadt zu zeigen, so wie er mich ein Jahr zuvor nach Kayseri eingeladen hatte. Am 20. September 2011 fuhren wir nach Osnabrück, besuchten das Rathaus und den Dom, die Bundesstiftung Umwelt und das Zentrum für Interkulturelle Studien der Universität Osnabrück. Am nächsten Tag reiste Gül von Berlin weiter nach Baden-Württemberg. Ich bereitete mich auf den Empfang meines nächsten Gastes vor, Papst Benedikts XVI., der am 22. September auf meine offizielle Einladung zu einer viertägigen Apostolischen Reise in Deutschland eintraf.

Im Vorfeld war es zu erheblichem Störfeuer aus den Reihen konservativer deutscher Bischöfe gekommen, weil ich angekündigt hatte, in meiner Begrüßungsansprache den Papst daran zu erinnern, dass viele Christen in Deutschland große Hoffnungen in seinen Besuch setzten. Insbesondere Christen, die eine Antwort auf die ans Licht gekommenen Missbrauchsfälle innerhalb der katholischen Kirche erwarten, Christen, die einen neuen Umgang von Laien und Priestern und ein Nachdenken über die Rolle von Mann und Frau wünschen, und Christen, die geschieden sind oder in Scheidung leben. Im Park von Schloss Bellevue wurde Papst Benedikt XVI. mit großer Begeisterung willkommen geheißen. Die beanstandete Passage meiner Begrüßungsrede lautete:

«Kirche und Staat sind bei uns in Deutschland zu Recht getrennt. Aber: Kirche ist keine Parallelgesellschaft. Sie lebt mitten in dieser Gesellschaft, mitten in dieser Welt und mitten in dieser Zeit. Deswegen ist sie auch selbst immer wieder von neuen Fragen herausgefordert: Wie barmherzig geht sie mit Brüchen in den Lebensgeschichten von Menschen um? Wie mit den Brüchen in ihrer eigenen Geschichte und mit dem Fehlverhalten von Amtsträgern? Welchen Platz haben Laien neben Priestern, Frauen neben Männern?»

Am nächsten Tag flog ich zur Papstmesse mit 100 000 Gläubigen im thüringischen Eichsfeld. Den Besuch Benedikts XVI. in der katholischen Enklave hatte ich noch in meiner Zeit als Ministerpräsident über die Apostolische Nuntiatur angeregt. Das Eichsfeld hatte in den Jahrzehnten der Teilung über die innerdeutsche Grenze hinweg den kirchlichen und damit auch den Zusammenhalt der Nation gepflegt. Das Eichsfeld war für mich der ideale Ort, den Beitrag der Kirche zur Überwindung der Spaltung Europas zum Ausdruck zu bringen.

Unmittelbar vor der Messe sprach mich der Kölner Erzbischof Kardinal Meisner an und drückte mir sein Befremden aus. Es stehe einem Bundespräsidenten nicht zu, dem Papst solche Fragen zu stellen, wie ich sie in meiner Begrüßungsansprache gestellt hätte. Ich hielt in der Sache dagegen, dass ich es als Einladender des Papstes und als Bundespräsident für meine Pflicht hielte, einerseits den Rahmen für einen erfolgreichen Besuch des Heiligen Vaters in Deutschland zu gewährleisten und andererseits auch Fragen zu stellen, die viele Menschen in Deutschland bewegten. Bei aller gebotenen Zurückhaltung sei der Bundespräsident nicht dazu verdammt, keine Position beziehen zu dürfen. So wie umgekehrt ja auch die Kirchen und er in Person, vollkommen zu Recht, Einmischung für geboten hielten. Meine Antwort hat den Kardinal nicht davon abgehalten, mir sein Ungehaltensein noch einmal förmlich zu übermitteln.

Kardinal Meisner galt als der Wortführer der Erzkonservativen innerhalb der Deutschen Bischofskonferenz, seine Meinung hatte Gewicht, weil die Erzdiözese Köln wegen ihres Reichtums bei den Berufungen in Rom mitredet. Zu Bischof Woelki, der vier Wochen vor dem Papstbesuch zum Erzbischof von Berlin berufen worden war, sagte ich in einem sehr offen geführten Gespräch bei seinem Antrittsbesuch im Bellevue am 9. September, dass mich wie viele deutsche Katholiken die Reformunfähigkeit der Kirche bedrücke und dass ich mich als Laienkatholik weiterhin aktiv an der Debatte beteiligen wolle.

In Fragen des Katholizismus hielt ich mich an Erzbischof Zollitsch, den damaligen Vorsitzenden der Deutschen Bischofskonferenz, der in vielem für den liberalen Flügel innerhalb der katholischen Kirche steht. Seine Bemerkung vor dem Papstbesuch, er habe Verständnis für mich und mein Anliegen, trug ihm viel Ärger in den Reihen des Klerus ein. Bekannt ist, dass sich das Meisner-Lager und das Zollitsch-Lager oft kontrovers gegenüber standen. Wenige Tage vor dem Papstbesuch, am 11. September 2011, dem zehnten Jahrestag der Terroranschläge in den USA, hatte ich im Münchner Herkulessaal das internationale Friedenstreffen der Gemeinschaft Sant' Egidio eröffnet. Das Gedenken an die furchtbare Tat, die ich einen «Angriff auf unsere gemeinsamen Werte» nannte, verpflichte uns, aufeinander zuzugehen und «Frieden, Dialog und Ausgleich» zu suchen. Die Weltreligionen seien in besonderer Weise dazu aufgerufen, eine «Allianz des Vertrauens» zu bilden, sagte ich und fügte hinzu: «bei allem, was in Vergangenheit und Gegenwart in der Kirche schief läuft».

Der Münchner Erzbischof Kardinal Marx, der im März 2014 zum Nachfolger Zollitschs als Vorsitzender der Deutschen Bischofskonferenz gewählt wurde, sah nicht glücklich aus, als ich in meiner Rede sagte, die Bischöfe in Deutschland wüssten ja selbst, wie schwer es sei, die biblische Botschaft der Nächstenliebe umzusetzen, «liebe deinen Nächsten wie dich selbst». Mir war in solchen Situationen bewusst, dass ich mir keine neuen Freunde machte.

Auch nicht durch die neue Form der Weihnachtsansprache, für die ich mich entschied. Nicht mehr am Schreibtisch mit einsamer Kerze sitzend, sondern stehend in einer Gruppe von etwa zweihundert Mitbürgern, darunter viele ehrenamtlich und karitativ Tätige, die erkennbar aus allen Teilen der Bevölkerung stammten, so wollte ich die Vielfalt und zugleich den sozialen Zusammenhalt unseres Landes den Fernsehzuschauern vor Augen führen. Von der großen Mehrheit der Deutschen wurden diese Signale der Öffnung sehr positiv aufgenommen. Kardinal Meisner vertrat eine andere Auffassung. Noch im Januar 2014 ermunterte er bei einer Veranstaltung neokatechumenaler Katholiken junge Eheleute, viele Kinder in die Welt zu setzen, mit dem Hinweis: «Eine Familie von euch ersetzt mir drei muslimische Familien».

Am 20. Dezember 2011 legte mir Kardinal Meisner in einem Fernsehinterview mit dem WDR nahe, die Weihnachtsansprache nicht zu halten, sondern in mich zu gehen. Wäre er an meiner Stelle, würde er sagen: «Ich bin ein armer Sünder, habe versagt, habe mich *bestechen* lassen». Er wisse zwar nicht, ob das stimmt, fügte der Kardinal schnell hinzu, aber *er* würde in einer solchen Situation seinen «Hirtenstab abgeben». Wie soll man diese frühe Rücktrittsforderung von höchster Stelle – die erste überhaupt – anders erklären als mit dem Willen des Kardinals, mich endlich loszuwerden? Und wie unwohl muss er sich heute wohl fühlen, wenn er die Botschaften aus Rom hört, die neuen Fragen und Antworten von Papst Franziskus, der immer wieder Mut zu Reformen, Barmherzigkeit und Bescheidenheit anmahnt.

Mein Verständnis von Religionsfreiheit war geprägt durch eine Begebenheit, die sich zu Beginn des 18. Jahrhunderts in Hannoversch-Münden zutrug. Die niedersächsische Stadt am Zusammenfluss von Fulda und Werra liegt an der Grenze zu Hessen. Damals gehörte sie zum Königreich Hannover, die Einwohner waren folglich evangelisch-lutherisch. Eine evangelisch-reformierte Gläubige, die schwanger war, wollte im Winter zum Gottesdienst ins Hessische, ging über die zugefrorene Fulda, brach ein und kam zu Tode. Die Reformierte Gemeinde Hannoversch-Münden schrieb einen Brief an Kurfürstin Sophie von Hannover und berichtete über den tragischen Fall. Nur weil sie im Evangelisch-lutherischen ihren Gottesdienst nicht feiern durfte und ins benachbarte Fürstentum ausweichen musste, war die junge Frau mit ihrem Ungeborenen umgekommen. Die Kurfürstin wirkte auf ihren Gatten ein, und der erließ eine Verfügung, dass die Evangelisch-reformierten ihren Gottesdienst zukünftig in Hannoversch-Münden feiern durften. Das war 1708.

Das Edikt enthielt aber strenge Auflagen: Das Gotteshaus musste aussehen wie ein Wohnhaus und durfte weder einen Kirchturm haben noch Glocken. Es durfte auch sonst in keiner Weise geeignet sein, die Lutherische Mehrheit zu provozieren. Ich fühle mich an heutige Diskussionen im Zusammenhang mit dem Bau von Moscheen erinnert und sage deshalb ausdrücklich: Auch Moscheen sollten einen würdigen Platz in unseren Städten haben, nicht abseits in Hinterhöfen und Gewerbegebieten, sondern unter uns. Sie sollten aber auch jedermann immer zugänglich sein, nicht nur am Tag der offenen Moschee.

Weil die Diskussion um den Bau von Moscheen besonders heftig in Köln geführt wurde, will ich hier daran erinnern, dass Joseph Kardinal Frings 1965 türkischen Arbeitsmigranten die Seitenschiffe des Kölner Doms für ihre Gottesdienste zur Verfügung stellte. Damals gab es nicht genügend Moscheen in Köln, und so breiteten hunderte Muslime ihre Gebetsteppiche im Kölner Dom aus, um das Ende des Fastenmonats Ramadan mit einem Gottesdienst zu feiern. Angebetet wurde ohne Zweifel Allah. Der Kölner Kardinal verstand die Öffnung des Domes für Muslime als einen Akt der Gastfreundschaft, angestoßen durch die Liberalisierungen des zweiten Vatikanischen Konzils.

Allah, Jahwe, der dreieinige Gott: Das sind verschiedene Namen Gottes in den drei großen abrahamitischen Weltreligionen. Ich werde nie verstehen, warum viele ihrer Vertreter lieber über das Trennende als über das Gemeinsame ihrer monotheistischen Wurzeln diskutieren. Ermutigend war das Weltgebetstreffen für den Frieden 1986, bei dem auf Einladung von Papst Johannes Paul II. etwa 150 Vertreter der Weltreligionen in Assisi zusammenkamen. Dem Papst ging es darum, mit dieser Initiative einerseits «die dem Frieden innewohnende spirituelle Dimension hervorzuheben» und andererseits die Vertreter der Religionen an ihre Verantwortung zu erinnern, «zu einem wirksamen Aufbau des Friedens beizutragen». Religionszugehörigkeit dürfe nicht «als Konfliktstoff instrumentalisiert» werden. Ich schätzte auch das Gespräch mit Hans Küng, der sich seit Jahrzehnten dafür einsetzt, dass wir erkennen: Wirklichen Frieden wird es nur geben, wenn die Gläubigen der Weltreligionen in einen ernsthaften Dialog miteinander eintreten, der von gegenseitigem Respekt getragen ist.

Welche architektonischen Wunder der Glaube auch unter strengen Auflagen hervorbringen kann, erlebte ich am 27. September 2011, als mein slowakischer Amtskollege Ivan Gašparovič und ich Ehrenbürger von Käsmark (Kežmarok) wurden und wir uns in der Artikularkirche des Ortes mit Vertretern der karpatendeutschen Minderheit in der Slowakei trafen. In Käsmark hatten sich deutsche Protestanten Ende des 17. Jahrhunderts eine Kirche gebaut. Auch dieser Bau stand unter strengen Auflagen. Die Kirche musste außerhalb der Stadt stehen, durfte weder Turm noch Glocken haben und auch keine gemauerten Fundamente; alle Bauteile mussten aus Holz sein – selbst die Nägel. Die Holzkirche von Käsmark, die heute zum Unesco-Welterbe zählt, ist von außen deshalb vollkommen schlicht, innen aber prachtvoll ausgeschmückt und verziert, und sie bietet 1500 Gläubigen Platz.

Ein großartiges Beispiel religiöser Toleranz findet sich in der Geschichte meiner Heimatstadt Osnabrück. Da das Bistum im Westfälischen Frieden keiner der beiden Religionen eindeutig zugeordnet werden konnte, bestimmte man in einer «Immerwährenden Kapitulation», dass die Landesherrschaft abwechselnd von einem katholischen und einem evangelischen Bischof ausgeübt werden sollte und die Anhänger der jeweils anderen Konfession in dieser Zeit ungehindert und frei ihrem Glauben nachgehen durften. In dieser ökumenischen Tradition steht Osnabrück bis heute – heute selbstverständlich unter Einschluss der jüdischen und muslimischen Gläubigen.

Ich wollte, dass meine Präsidentschaft dazu beiträgt, das Thema Integration ein Stück voranzubringen. Schlagzeilen großer deutscher Zeitungen der letzten Monate bestätigen, dass die Debatte heute insgesamt sehr viel sachlicher geführt wird und erfreulicherweise auch die Erfolge der Zuwanderung im Fokus der Aufmerksamkeit stehen. «Wir brauchen eine bunte Republik» (*Handelsblatt*, 2. Januar 2014), «Zuwanderer füllen die Kassen. Migranten unterstützen die Wirtschaft und entlasten die öffentlichen Haushalte» (*Die Welt*, 21. Januar 2014), «Ein Lob der Vielfalt – verschiedene Ethnien sollen gemeinsam forschen» (*Frankfurter Allgemeine Sonntagszeitung*, 16. März 2014), «Freut euch doch! Das Land übersieht die Erfolge von Migranten» (*Die Zeit*, 20. März 2014).

ZWÖLF KERZEN

Im November 2011 wurde bekannt, dass eine Serie von Morden in Deutschland von 2000 bis 2006 einen monströsen rechtsextremistischen Hintergrund hatte, am 1. Dezember erging ein Fahndungsaufruf des Generalbundesanwalts. Am 20. Januar – am Morgen sprach ich auf der Gedenkfeier zum 70. Jahrestag der Wannsee-Konferenz – ließ ich mich von Generalbundesanwalt Harald Range ausführlich über den Stand der Ermittlungen unterrichten. Ich war zu der Einschätzung gelangt, dass es zu einem auffälligen Versagen von Polizei, Justiz und Verfassungsschutz gekommen sein muss und dass offenbar mehr gegeneinander als miteinander ermittelt worden war.

Was mich am meisten bedrückte, war das Los der Hinterbliebenen. Sie lebten mitten in unserem Land, waren aber nicht nur allein gelassen, sondern sogar massiv verdächtigt worden. Weil die Ermittler von Verbindungen der Opfer zur organisierten Kriminalität ausgegangen waren, wurden auch den Angehörigen Beziehungen in dieses Milieu unterstellt. Selbst Verwandte aus der Türkei wandten sich von ihnen ab, weil sie kriminelle Verstrickungen nicht ausschlossen. Ich musste damals erkennen, dass auch ich solchen Theorien grundsätzlich Bedeutung beigemessen hatte. Auch ich dachte, wenn der Besitzer einer Dönerbude erschossen wird, könnte es um Erpressung, Geldwäsche, organisierte Kriminalität gehen. Ich war einem, wie sich herausstellte, falschen Bild erlegen und hatte es für undenkbar gehalten, dass es sich um rechtsextremistische Taten gehandelt haben könnte.

Indem ich mir diesen fatalen Irrtum selbst eingestand und nach den Gründen fragte, erkannte ich zugleich eine große Verpflichtung: Die umfassende Aufklärung der Morde müsste für unser Land zu einer historischen Zäsur werden. Sie könnte helfen, die Mentalität gegenüber Migranten von Grund auf zu ändern und sensibler zu werden auch für versteckte Formen des Rassismus und Rechtsextremismus.

Bereits am 23. November hatte ich die Hinterbliebenen der Opfer und Verletzte von Bombenanschlägen des NSU ins Schloss Bellevue eingeladen. Ich hatte Wert darauf gelegt, dass das Ganze unter Ausschluss der Öffentlichkeit stattfand, um die Angehörigen nicht erneut der medialen Aufmerksamkeit auszusetzen. Die zuständigen Mitglieder des Bundeskabinetts, vom Innenminister bis zur Justizministerin, sowie alle Fraktionsvorsitzenden der im Deutschen Bundestag vertretenen Parteien waren meiner Einladung gefolgt. An den Tischen saßen die Angehörigen der Opfer jeweils mit wichtigen politischen Repräsentanten unseres Landes und konnten von ihren Erfahrungen berichten. Ich setzte mich dafür ein, dass die NSU-Opfer eine eigene Beauftragte bekamen und dass ein Hilfsfonds eingerichtet wurde. Ganz besonders lag mir an einer würdigen Gedenkfeier, mit der sich dem Land die Gelegenheit bot, das Verhältnis zwischen Einheimischen und Zugewanderten neu zu bestimmen.

Ich hatte zu dieser Gedenkfeier für den 23. Februar 2012 in das Konzerthaus am Gendarmenmarkt in Berlin eingeladen. Die Feier sollte im Fernsehen live übertragen werden und möglichst viele Deutsche erreichen. Es ging mir nicht nur darum, den Angehörigen, die schrecklich gelitten hatten, zu zeigen, dass sie nicht allein waren und wir die Trauer gemeinsam mit ihnen trugen, es ging mir auch um eine Form der öffentlichen Entschuldigung. Vor allem ging es mir um eine Veränderung unserer Wahrnehmung. Die Botschaft dieser Gedenkfeier musste sein, dass sich solche Fehleinschätzungen in Deutschland niemals wiederholen sollten.

Ich hatte die Feier zu meiner persönlichen Sache gemacht. Um so verletzender war es für mich, dass in angesehenen Zeitungen die Frage aufgeworfen wurde, wer von dieser Gedenkfeier wohl mehr profitiere, die Migranten oder ich selbst. Die Unterstellung, ich würde mich mit Hilfe der Opfer im Amt halten wollen, entwürdigte Feier und Redner gleichermaßen. Alle Dämme waren jetzt gebrochen.

Am 23. Februar, sechs Tage nach meinem Rücktritt, verfolgte ich die Übertragung der Gedenkveranstaltung im Fernsehen. Die Feier war ergreifend, so wie ich es mir gewünscht hatte. Zwölf Schülerinnen und Schüler stellten Kerzen auf, zehn für die Opfer der Zwickauer Terrorzelle, die elfte symbolisch für alle Opfer rechtsextremistischer Gewalt, die zwölfte als Zeichen der Hoffnung auf ein friedliches Miteinander in der Zukunft. Es war für mich bitter, an diesem Tag im Konzerthaus nicht dabei sein zu können, aber meine Anwesenheit hätte manchen zweifellos dazu verleitet, vom Anlass abzulenken.

Kurz vor der Gedenkveranstaltung hatte der Vater eines 21-jährigen Opfers darum gebeten, ein paar Worte sagen zu dürfen. Die Sätze von Ismail Yozgat werde ich nicht vergessen: «Ich möchte mich von ganzem Herzen bedanken bei Herrn Altbundespräsident Christian Wulff. Wir sind seine Gäste. Wir bewundern ihn.» Es fällt mir schwer, aufzuschreiben, was in dem Moment, als ich diese Sätze vor dem Fernsehgerät hörte, in mir vorging. Alle demütigenden Erfahrungen der vergangenen Monate waren wie weggeblasen. Mit einem Mal wusste ich wieder, dass es sich gelohnt hatte, für die richtige Sache zu streiten. Menschen waren mitten unter uns ermordet worden aus einem einzigen Grund: weil sie fremdländisch aussahen. Sie waren Bürger unseres Landes, sie haben sich für unser Land eingesetzt, sie gehörten zu uns – und sie haben mitten unter uns ihr Leben verloren. Haben wir uns ausreichend klargemacht, was das bedeutet?

ZWEITER TEIL

12. Dezember 2011 – 27. Februar 2014

«Jeder wollte den größten Stein werfen.»

Hans Leyendecker im ARD-Morgenmagazin
am Tag des Freispruchs

DIE JAGD

Fernsehübertragungen aus dem Ohnsorg-Theater hatten den Volksschauspieler Henry Vahl in den sechziger Jahren des vorigen Jahrhunderts weit über Hamburg hinaus bekannt gemacht. Im Frühjahr 1977 wurde der 79-jährige Opa Vahl, wie ihn die Hamburger liebevoll nannten, zunehmend hinfällig, kam ins Krankenhaus und starb schließlich am 21. Juli desselben Jahres. *Bild* berichtete. «Jetzt ist Opa Vahl gelähmt» (21. Februar), «Opa Vahl fleht um Hilfe» (19. März), «Heidi Kabel weinte, als sie Henry Vahl sah» (21. März) und so weiter bis zum 30. Juli: «Totengräber fiel zu Opa Vahl ins Grab». Ein Dutzend Schlagzeilen widmete das Blatt dem Sterben des alten Mannes.

Im Büro der zuständigen Hamburger *Bild*-Redaktion hing an der Wand das Foto eines Sarges, das man offenbar aus dem Katalog eines Beerdigungsinstituts ausgeschnitten hatte. Der Sarg war auf einen Karton aufgeklebt und ließ sich mit Hilfe eines Schiebers öffnen. Schob man den Schieber hoch, ging der Sargdeckel auf und Opa Vahl kam zum Vorschein, zog man am Schieber, verschwand er wieder in seinem Sarg und der Deckel schloss sich. Der jeweilige Stand zeigte an, wie es Opa Vahl gerade ging. Verkündete die Schlagzeile des Tages eine frohe Botschaft, zum Beispiel «Opa Vahl hat eine Freundin gefunden» (15. April), stand Opa Vahl aufrecht in seinem Sarg; waren die Nachrichten betrüblicher, zum Beispiel «Keiner will Opa Vahl» (2. Juni), ging der Deckel zu.

Könnte es nicht auch umgekehrt gewesen sein? Vielleicht betätigte ja nach der Mittagspause einer der Redakteure den Schieber, und je nach dem, wie der Sargdeckel gerade stand, produzierte man dann fröhlich die Schlagzeile für die Ausgabe des nächsten Tages. Bei ihnen werde viel gelacht, so ist immer wieder von *Bild*-Redakteuren zu hören.

Die Geschichte der *Bild*-Berichterstattung über die letzten Monate im Leben des Ohnsorg-Schauspielers Henry Vahl findet sich – mit Abbildungen des zynischen Klappmechanismus – in Günter Wallraffs Klassiker über das Innenleben der *Bild*-Zeitung, der 1977 unter dem Titel *Der Aufmacher* erschien. Wallraff war es gelungen, unter dem Pseudonym Hans Esser bei *Bild* einzusteigen und viereinhalb Monate zu recherchieren. Seither wissen wir eine Menge über die Arbeitsbedingungen und Arbeitsmethoden von *Bild*-Redakteuren und über den Erfolgsdruck, dem sie ausgesetzt sind. Auch wenn heute, 35 Jahre später, an den Wänden der Redaktionsbüros keine selbstgebastelten Särge mehr hängen dürften, so hat sich doch an der Mentalität von *Bild*-Redakteuren so wenig geändert wie an ihrem Selbstverständnis.

«*Bild* verkörpert für die Leser eine Instanz, die dafür sorgt, dass alles mit rechten Dingen zugeht und der einzelne gegenüber der gesellschaftlichen Apparatur nicht den kürzeren zieht», hieß es in einer 1965 vom Springer Verlag herausgegebenen Analyse. «In diesem Sinne ist *Bild* Berichter und Richter zugleich ... Dank ihrer Autorität nimmt die Zeitung dem Leser das Ordnen, Sichten und Bewerten der Ereignisse, welche die gegenwärtige Welt repräsentieren, ab.» Meinung und Information sind nicht nur nicht getrennt, sondern werden so lange ineinander gerührt und kondensiert, bis die Redaktion sicher sein kann, dass der fertige Artikel beim Leser die beabsichtigte Emotion hervorruft.

Springer strengte mehr als zwanzig Verfahren gegen Günter Wallraff und seinen Verlag an, am Ende stand ein historisches Urteil des Bundesgerichtshofes. Die Methoden der *Bild*-Zeitung, so der BGH, seien «mit den Aufgaben der Presse schwerlich in Einklang zu bringen und verdienen die besondere Beachtung der Öffentlichkeit»; die Zeitung stehe für «eine Fehlentwicklung im deutschen Pressewesen». Zwar hat das Springer-Blatt in den vergangenen Jahren viel getan, um von seinem Schmuddel-Image wegzukommen und sich einen seriösen politischen Anstrich zu geben, aber im Wettbewerb mit der 24-Stunden-Aktualität und Schnelligkeit des Internet und unter den verschärften Konkurrenzbedingungen des Boulevards ist letztlich der Druck auf die Auflage noch viel größer geworden. Zugleich hat eine Entideologisierung die Ausnahmestellung von *Bild* begünstigt, das Private ist längst das Öffentliche.

Im April 2012, zwei Monate nach meinem Rücktritt, legte die gewerkschaftseigene Otto Brenner Stiftung eine wissenschaftliche Studie vor, in der rund sechs Jahre *Bild*-Berichterstattung zu meiner Person analysiert wurden. Aus Sicht der *Bild*-Zeitung, so die beiden Autoren Hans-Jürgen Arlt und Wolfgang Storz, lasse sich die ganze Affäre in einem einzigen Satz zusammenfassen: «Höchstmögliche öffentliche Aufmerksamkeit so zu erregen, dass *Bild* dabei selbst am besten und prominentesten wegkommt». Vom ersten Tag an, als das Blatt mit einer Meldung über angebliche Ungereimtheiten im Zusammenhang mit meinem Hauskredit die Hatz eröffnete, berichtete *Bild* «mit einer gespielten Distanz, als habe sie das Thema nur forciert, weil andere Medien es ständig aufgegriffen hätten». Ihren Höhepunkt erreichte diese Art der scheinbar objektiven Berichterstattung, als es *Bild* wenig später durch Weitergabe einzelner Formulierungen aus meinem Anruf beim *Bild*-Chefredakteur gelang, andere Zeitungen zu veranlassen, für die Pressefreiheit auf die Barrikaden zu gehen und zu verbreiten, ich hätte die Veröffentlichung des Artikels verhindern wollen. Eines der höchsten Güter unserer Demokratie, die *Bild*-Zeitung, schien durch den ersten Mann im Staat bedroht. Da brannten bei vielen die Sicherungen durch.

Ich sei selber schuld, so war in den letzten zwei Jahren immer wieder zu hören. Hätte ich nicht über viele Jahre ein solches Nahverhältnis zur *Bild*-Zeitung gepflegt, wäre ich niemals so tief gefallen. Die Konstruktion eines solchen Arrangements zwischen Politik und Presse verkennt die Funktionsmechanismen ebenso wie die Machtverhältnisse. So wenig Möglichkeiten ein Politiker hat, sich gegen eine schlechte Presse zu wehren, so wenig Möglichkeiten hat er auch, eine positive Berichterstattung in seinem Sinne zu beeinflussen. Natürlich ist es deutlich angenehmer, wenn wohlwollend berichtet wird. Von einer aktiven Zusammenarbeit, gar einer Geschäftsbeziehung kann aber keine Rede sein: Ich habe meine Karriere nicht mit der *Bild*-Zeitung gemacht.

Alles fing damit an, dass meine Frau Christiane und ich uns auseinandergelebt hatten. Als Familienvater mit unserer damals knapp zwölfjährigen Tochter und als amtierender Ministerpräsident war ich bemüht, die Umstände unserer bevorstehenden Trennung von der Öffentlichkeit fernzuhalten. An Pfingstmontag sollte Olaf Glaeseker vier Zeitungen anrufen: *Bild*, die *Braunschweiger Zeitung*, die *Nordwest-Zeitung* Oldenburg und die *Neue Osnabrücker Zeitung*, die bereits hellhörig geworden waren und Anfragen gestellt hatten. Die Erklärung bestand nur aus einem Satz: Christian und Christiane Wulff haben sich einvernehmlich getrennt und werden keine weiteren Kommentare abgeben, sondern bitten, die Privatsphäre zu respektieren. Die Erklärung ähnelte der von Gerhard Schröder zehn Jahre zuvor bei der Trennung von seiner Frau Hiltrud.

Anfang April 2006 hatte ich Bettina Körner kennengelernt. In Vertretung ihres Chefs flog sie mit einer niedersächsischen Wirtschaftsdelegation nach Südafrika und erläuterte uns dort die Aktivitäten ihrer Firma in Port Elizabeth. Bald danach begann unsere Beziehung. Nachdem klar war, dass Glaeseker am Pfingstmontag die Presse unterrichten würde, sagte ich am Samstag vor Pfingsten zu Bettina: Lass uns heute Abend essen gehen, wir müssen uns jetzt nicht mehr verstecken, wir brauchen nichts mehr geheim zu halten. Die Zeitungen für Sonntag sind um diese Zeit schon angedruckt, vor Dienstag kann nichts passieren. So weit öffnet sich die Schere im Kopf eines Politikers, der zum ersten Mal mit seiner neuen Freundin in der Öffentlichkeit essen gehen will.

Wir entschieden uns für einen Italiener und hatten einen wunderbaren Abend. An den Wänden hingen Bilder eines mit dem Wirt befreundeten Malers, die man kaufen konnte, und ich habe zwei kleine Gemälde erworben. Am Pfingstsonntag bekam ich von Olaf Glaeseker eine SMS: Angi Baldauf fragt, mit welcher hübschen jungen Frau der Ministerpräsident am Samstagabend essen war. Wahrscheinlich hatte ein Gast die *Bild* Hannover informiert. Angi Baldauf, die für *Bild* Hannover arbeitete, suchte das Lokal auf und ließ sich vom Wirt alles haarklein berichten: An welchem Tisch wir saßen, was wir bestellt haben, wie verliebt wir gewesen seien.

Angi Baldauf begleitete den für mich schwierigen Lebensabschnitt dennoch mit Gespür für meine Situation, so dass die Neugier des Boulevards zunächst nicht mit meinen Interessen kollidierte. Einem Politiker, der sein Privatleben schützen und kein Hase-und-Igel-Spiel mit der Presse riskieren will, bleibt in einer solchen Lebenssituation aus meiner Sicht keine andere Wahl, als sich auf eine Form der kontrollierten Freigabe einzulassen. Es ist eine schwierige Gratwanderung. Aber nur so entgeht man der Gefahr, von Journalisten gehetzt und mit konstruierten Schlagzeilen konfrontiert zu werden. Es gibt zahlreiche Politiker in unserem Land, die ein Lied davon singen können.

Jahre später, in der Sendung von Günther Jauch am 8. Januar 2012, erklärte Nikolaus Blome als stellvertretender Chefredakteur der *Bild*-Zeitung, dass man damals doch großzügig mit mir umgegangen sei. Viele Leute würden gar nicht verstehen, dass *Bild* seinerzeit aus der «eher glimpflichen Scheidung» der Wulffs «keine Schlammschlacht» gemacht habe.

Bettina und ich kamen in der Tat gut weg. Das hing vor allem damit zusammen, dass Bettina sicher im Auftreten war und das Blitzlicht nicht scheute. Sie war genau der Typ von Frau, nach dem sich bunte Blätter sehnen. Daraus abzuleiten, wir seien am liebsten über den roten Teppich gegangen und hätten uns gern vermarkten lassen, stellt die Sache auf den Kopf. Richtig ist: Wir haben uns auf bestimmte Dinge eingelassen, weil wir wussten, anschließend gut dazustehen und wieder eine Zeitlang in Ruhe gelassen zu werden. Und richtig ist auch: Man hat uns in der Regel gut behandelt, aber wohl eher, weil wir für die Auflage interessant waren. Home-Stories gab es mit uns nicht. Im übrigen haben viele Prominente, die nicht oder nur selten in den Herz-Schmerz-Spalten auftauchen, auch ihr Arrangement getroffen.

Auch wenn ich mich darüber freute, dass Trennung und neues

Glück dem Publikum positiv vermittelt wurden, so war mir die ganze *Bild*-Berichterstattung doch schon bald nicht mehr geheuer. Da wurde mir ein Persönlichkeitsprofil attestiert, das mit meiner Selbstwahrnehmung nicht übereinstimmte. Der Musterschwiegersohn ohne Ecken und Kanten habe durch die Trennung von seiner Frau und das Bekenntnis zu seiner neuen Freundin an Statur gewonnen. Wer aus einer so schwierigen Phase seines Lebens so gestählt hervorgehe, stehe zweifellos auch in anderen brisanten Situationen seinen Mann. Diese Lesart von *Bild*, die jedem glücklich Verheirateten einen Makel anheftete, war skurril. Ich habe Angi Baldauf immer öfter hingehalten und weniger mit *Bild* gemacht. Im Gegenteil: Die Scheidung, Hochzeit und Hochzeitsreise, die Geburt unseres Sohnes, Urlaube – alles ging an *Bild* und allen anderen Medien vorbei.

Die Geheimhaltung unseres Privatlebens erforderte viel Aufwand, zumal die Berichterstattung der *Bild*-Zeitung die anderen Blätter, insbesondere die *Bunte*, nicht ruhen ließ. Manches war einfach nicht zu verheimlichen, anderes kam heraus, weil jemand seinen Mund nicht halten konnte. Im Dezember 2011, als die Jagd auf mich begann, wurde alles, was wir damals zum Schutz unserer Privatsphäre unternommen hatten, so interpretiert, als hätte es ganz andere Motive für die Geheimhaltung gegeben. Die Hochzeitsreise zum Beispiel hatte ich angeblich nur verschleiert, um nichts von meiner Freundschaft zu Talanx-Aufsichtsrat Wolf-Dieter Baumgartl ruchbar werden zu lassen, der uns in sein Haus in der Toskana eingeladen hatte. Die Staatsanwaltschaft Hannover ist in dem gegen mich geführten Ermittlungsverfahren sämtlichen Hinweisen auch zu diesem Vorwurf nachgegangen, das Ergebnis ist aktenkundig.

Das Verhältnis zur *Bild*-Zeitung wurde durch meine Weigerung, mehr von unserem Privatleben preiszugeben, nicht einfacher. Ein Beispiel soll hier genügen. Im Dezember 2007 suchte Bettina ihre Gynäkologin auf, sie war im fünften Monat schwanger. Ihr Mutterpass lag auf dem Tresen. Ein Mann, der im Wartezimmer saß und sie erkannte, unterrichtete die *Bild*-Zeitung. Meinem Pressesprecher blieb nichts anderes übrig, als die Information zu bestätigen. Die wichtigste Frage, die *Bild* und andere jetzt beschäftigte: Wird es ein

Mädchen oder ein Junge? Das ging wochenlang hin und her, und am 23. März 2008 «enthüllte» *Bild*, Bettina erwarte ein Mädchen. Als am 12. Mai unser Sohn Linus auf die Welt kam, war *Bild* blamiert. Wie wir es auch anstellten, den Schlagzeilen entgingen wir so oder so nicht.

Was ich mit diesen Beispielen widerlegen will, ist die Behauptung, ich sei mit der *Bild*-Zeitung nach oben gefahren. Das ist ja der vielzitierte Satz des Springer-Vorstandsvorsitzenden: Wer mit ihnen im Aufzug nach oben fahre, fahre mit ihnen auch wieder runter. Er wurde in den Tagen der Krise um mein Amt und zuletzt im Zusammenhang mit dem Prozess immer wieder bemüht, so als wolle man damit sagen, warum beschwert er sich, jetzt sind sie doch quitt.

Heute bin ich überzeugt, dass ich der *Bild*-Zeitung zweimal als Blaupause gedient habe. Das erste Mal, im Juni 2006, lautete die Botschaft des Blattes an alle Personen des öffentlichen Lebens: Wer sich entschließt, gemeinsam mit uns eine schwierige Lebensphase transparent zu machen, wird gestärkt und nicht geschwächt daraus hervorgehen. Das zweite Mal, im Dezember 2011, lautete die Botschaft an die Prominenten unseres Landes: Seht her, so machen wir es mit jedem, der die Ausnahmestellung von *Bild* nicht anerkennt, er geht unter. Alles in allem war es mir in den Jahren bis zu meiner Wahl zum Bundespräsidenten gelungen, mein Verhältnis zur *Bild*-Zeitung in Balance zu halten, nicht mehr und nicht weniger.

Mit meiner Wahl am 30. Juni 2010 glaubte ich, dem Medienzirkus entkommen zu sein. Der Bundespräsident steht jenseits der Parteien und ist zu parteipolitischer Neutralität verpflichtet, so will es das Grundgesetz. Als Ministerpräsident war ich auf die Medien angewiesen, die mir halfen, den Bürgern das politisch Notwendige zu erläutern. Als Bundespräsident würde ich mich nur noch grundsätzlich zu gesamtgesellschaftlichen Entwicklungen oder aus besonderem Anlass äußern. Auch müsste ich nicht mehr dauernd präsent sein, weil ich ja nicht mehr im Wettbewerb stand. Würde ich ab und zu ein Interview geben, hätte ich vor allem darauf zu achten, dass alle Medien gleich behandelt werden. So dachte ich. Mit diesem

Missverständnis begann eine fatale Abfolge gegenseitiger Irritationen zwischen dem Chefredakteur der *Bild*-Zeitung, Kai Diekmann, und mir, die am Ende dazu führte, dass der Chefredakteur seine Leute ausschwärmen ließ.

Drei Tage vor meiner Bremer Rede zum 20. Jahrestag der Deutschen Einheit war es zu einer ersten direkten Konfrontation mit Herrn Diekmann gekommen. Ende Juni 2010, also noch vor meiner Wahl, hatte er mich in sein Haus in Potsdam eingeladen, eine Gegeneinladung zum Frühstück im Bellevue war seit längerem für den 30. September verabredet. Auch unsere beiden Frauen nahmen daran teil. Das Gespräch kam, wie nicht anders zu erwarten, auf Thilo Sarrazin und meine bevorstehende Rede für den Sonntag. Ich hätte vor, auf die Rolle der Muslime in Deutschland einzugehen, sagte ich und hätte in meinem Redeentwurf den Satz: Der Islam gehört inzwischen zu Deutschland. Das ginge auf keinen Fall, sagte Diekmann. Ich kann nicht mehr im Einzelnen rekapitulieren, wer welche Argumente ins Feld führte, aber ich weiß, dass Diekmann mir deutlich sein Missfallen zum Ausdruck brachte, als ich sagte, für mich sei die Entscheidung gefallen.

Im vorigen Kapitel ist nachzulesen, mit welchen Schlagzeilen *Bild* in den Tagen nach der Rede reagierte. Dass der bekennende Katholik Diekmann sich durch diese Rede offenbar genauso provoziert fühlte wie Bischof Tebartz-van Elst und Kardinal Meisner, diese Möglichkeit habe ich zweifellos unterschätzt.

Spätestens am 23. November 2010 hätte ich wissen können, wohin die Reise ging. An diesem Tag geißelte der Vorstandsvorsitzende von Springer, Mathias Döpfner, unter der Überschrift «Der Westen und das höhnische Lachen der Islamisten» in einem mehrseitigen Artikel der *Welt* jede Form von Nachgiebigkeit gegenüber dem radikalisierten Islam. Es handele sich hier um eine «kollektivistische, autoritäre, religiöse, vormoderne Gesellschaft», deren Gefahren von weiten Teilen der nichtmuslimischen Welt leider «verharmlost» würden. Unsere westliche Freiheit sei «so gefährdet wie seit 70 Jahren nicht mehr». Seit 70 Jahren – das hieß, seit Adolf Hitler. «Auf dem jahrhundertelangen Weg zum Weltkalifat sind den fundamentalistischen Moslems alle Mittel recht, um zuerst Israel, dann Amerika und schließlich den gesamten libertären Westen von innen zu unterminieren und von außen zu zerstören – mit Parallelgesellschaften, Selbstmordattentaten und Atomwaffen. Auf unsere unbeholfenen Reaktionen, auf die naiven Angebote des Dialogs, der interkulturellen Verständigung, der westlich geprägten Sehnsucht nach Harmonie und Kompromiss reagieren die Strategen des globalen Kalifats nur mit höhnischem Lachen ... Entweder wir haben die Symbolik des gefallenen World Trade Centers verstanden und nehmen den Kampf an. Oder wir sind verloren.»

In der Wahl der Mittel zu meiner Bekämpfung kannte Springer kein Pardon. Man investierte sogar in ausgiebige Recherchen zu meiner Kindheit. Das Ergebnis war ein ganzseitiger Bericht in der *Welt am Sonntag* vom 26. Juni 2011 über meine von mir angeblich verheimlichte Halbschwester, «eine unerwähnte Episode im Leben des Bundespräsidenten». Diese Halbschwester, die ich 1998 bei der Beerdigung meines Vaters zum letzten Mal gesehen hatte, verkehrte ausschließlich anwaltlich mit mir, ihr einziges erkennbares Motiv waren finanzielle Interessen, es gab kein persönliches Verhältnis. Ich war bei meiner Mutter aufgewachsen. Mein Vater hatte in hohem Alter im Zuge einer Erwachsenenadoption eine junge Frau an Kindes statt angenommen. Sie habe lange mit sich gekämpft, so meine neue Halbschwester in der *Welt am Sonntag*, ob sie sich auf ein Interview überhaupt einlassen und «aus dem Dunkel der Anonymität heraustreten soll». Sie wolle zwar «keine schmutzige Wäsche waschen» – das erledigten selbstredend die Redakteure –, aber dass sie nirgendwo vorkomme, das versetze ihr schon einen Stich.

Die geschmacklose Reportage, die meine Herkunft aus einfachen Verhältnissen ins Zwielicht tauchen sollte, wurde als große Enthüllungsstory gefeiert. Drei Tage vor der Veröffentlichung war eine «eilige Anfrage» mit der Bitte um «möglichst rasche Beantwortung» im Bundespräsidialamt eingegangen. Man habe für ein großes Porträt zum einjährigen Amtsjubiläum meine «Familiengeschichte» durchleuchtet und wüsste gern Details zu meinem verstorbenen Vater, meiner verstorbenen Mutter, deren Auseinandersetzungen mit ihrem zweiten Ehemann, dessen Trennung von ihr – privateste Dinge, die zum Teil über dreißig Jahre zurücklagen. Das Schreiben der *Welt am Sonntag* war in geradezu inquisitorischem Ton abgefasst, die Eingangsfrage lautete: «Vor gut einem Jahr sagte SPD-Fraktionschef Gabriel sinngemäß, Gauck habe ein Leben, Wulff eine politische Laufbahn. Es heißt, der Bundespräsident sei deswegen noch heute tief getroffen. Ist das richtig?»

Die Dringlichkeit der Anfrage verstand ich sofort – schließlich handelte es sich um äußerst wichtige, für ein Porträt zum ersten Amtsjahr geradezu unentbehrliche Details! Ausgangspunkt der Recherchen waren allerdings lang zurückliegende Behauptungen meiner Halbschwester, die sie immer wieder zur Veröffentlichung angeboten hatte. Ich zitiere aus dem Editorial von Helmut Markwort im *Focus* vom 23. Februar 1998, also dreizehn Jahre früher: «Wenige Tage vor der Wahl in Niedersachsen werden Erinnerungen geweckt an die Affäre um den Lügner Reiner Pfeiffer … Wir müssen daran denken, weil uns eine Anwaltskanzlei Informationen aus dem privaten Bereich eines Politikers [d. i. Christian Wulff] anbietet. Die Absicht ist offenkundig, die Verbreitung stümperhaft … Offenkundig haben die Absender, deren Mandanten auch Geld verlangen, ihr Angebot breit gestreut. Wir sind nicht interessiert.»

Material, das für den *Focus* und andere im niedersächsischen Wahlkampf 1998 so schmierig war, dass man es nicht einmal prüfen wollte, war dem Springer-Blatt im Sommer 2011 willkommen. Als ich die Anfrage erhielt, habe ich Kontakt zur Verlagsspitze aufgenommen. Man mische sich nicht in Entscheidungen von Redaktionen ein; daraufhin habe ich einen der mit dem Artikel befassten Reporter ins Bellevue gebeten, konnte aber auch ihn nicht mehr von dem Vorhaben abbringen. Im Januar 2012 streute der Springer-Verlag, dies sei mein erster Versuch gewesen, Einfluss auf seine Berichterstattung zu nehmen.

Im Nachhinein betrachtet, wäre es vielleicht richtig gewesen, damals in die Offensive zu gehen und zu einem großen Befreiungsschlag gegen Springer anzusetzen. In einem *Zeit*-Interview oder in der *Süddeutschen Zeitung* hätte ich darlegen können, was meiner

Meinung nach hinter solchen Skandalisierungen steckte und dass ich Sorge trüge um das Ansehen des Amtes. Aber genau dieser Punkt war es, der mich von solchen Erwägungen Abstand nehmen ließ. Denn sofort wäre der Vorwurf laut geworden, Wulff verschanze sich hinter dem Amt, um von weniger schönen Seiten seiner Herkunft abzulenken. Auch ein Bundespräsident habe zu trennen zwischen Amt und Person. Bei Springer war man sich anscheinend sicher, dass ich diese Trennlinie nicht würde überschreiten können, ohne selbst nachhaltig beschädigt zu werden.

Welch verheerenden Eindruck hätte es wohl hervorgerufen, wenn ich auf die Äußerungen einer schwerkranken Frau eingegangen wäre, die sich mir in Anwaltsbriefen als Halbschwester vorgestellt hatte? Da war es mir lieber, darauf zu vertrauen, dass die Reichweite der *Welt am Sonntag* begrenzt ist und andere Medien sich nicht auf die Geschichte einlassen würden. Im Juni 2011 war das noch eine richtige Annahme. Hätte ich geahnt, dass sechs Monate später trübe Spekulationen aus dem Hause Springer einen Tsunami auslösen würden, wäre ich damals an die Öffentlichkeit gegangen. Aber was hätte ich geantwortet auf die Frage, wie ich mir diese Angriffe erkläre? Hätte ich sagen sollen: Herr Döpfner bekämpft mich, weil er durch meine Äußerungen zum Islam die Freiheit in Deutschland bedroht sieht und Joachim Gauck ohnehin für den Besseren hält? – Geht es nicht auch eine Nummer kleiner, Herr Präsident?

Kai Diekmann wirkte in diesen Monaten noch unentschieden, so als wisse er nicht, ob er auf die Döpfner-Linie einschwenken oder weiterhin versuchen sollte, mich zu «exklusiven» Geschichten zu überreden. Um meine Freiheit anderen Zeitungen gegenüber zu wahren, musste ich Abstand halten. Es war ein zähes Hin und Her, und auch hier wieder nur ein Beispiel.

Am 1. Februar 2011 wurde in der Astor Filmlounge am Kurfürstendamm der ZDF-Zweiteiler «Schicksalsjahre» nach den Erinnerungen des ehemaligen Regierungssprechers Uwe-Karsten Heye vorgestellt. Die Nico-Hofmann-Produktion mit Maria Furtwängler in der Hauptrolle beeindruckte mich. Am Schicksal der Frauen, die den Nationalsozialismus, Flucht und Vertreibung erlebten und dann beim Wiederaufbau die Hauptlast trugen, ließ sich das Leid dieser Jahre gut begreifen. Der Film konnte Jüngere dazu ermutigen, ihre eigenen Eltern und Großeltern zu befragen, wie sie die Kriegs- und Nachkriegszeit erlebt haben. Weil ich wollte, dass möglichst viele junge Menschen sich den Film anschauten, schrieb ich einen Artikel, der am Tag vor der Ausstrahlung in der *Bild*-Zeitung erschien.

Diekmann drängte jetzt auf ein Interview. In der Osterwoche telefonierten wir miteinander, Diekmann steckte wieder voller Ideen. «Herr Diekmann», sagte ich, «haben Sie nicht gesehen, dass mein Artikel in *Bild* in Journalistenkreisen bereits zum Gesprächsthema geworden ist?» Am 14. April war im *Zeit Magazin* ein großer Artikel über das Verhältnis von Prominenten zur Boulevardpresse erschienen, in dem auch meine Würdigung des Films von Nico Hofmann kritisch vermerkt wurde. Diekmann kannte den Artikel angeblich nicht, obwohl es in erster Linie um sein Blatt ging und er vorab einen langen Fragenkatalog beantwortet hatte. Also schickte ich ihm mit handschriftlicher Notiz eine Kopie, und spätestens da muss ihm klar geworden sein, dass ich mir über die Art seines Interesses an mir keinerlei Illusionen machte. Der hervorragend recherchierte Artikel zeigte die ganze Brutalität, mit der *Bild* Prominente unter ihr Joch zu zwingen sucht.

Die Reportage begann mit einem Besuch bei der Viva-Moderatorin Charlotte Roche. Im Sommer 2001 war sie nach England gefahren, um ihren Lebensgefährten zu heiraten. Die Mutter verunglückte auf dem Weg zur Hochzeit in Belgien mit dem Wagen und wurde schwer verletzt, die drei Brüder von Frau Roche, die mit im Auto saßen, kamen ums Leben. Großes Foto des Unfallwagens in *Bild*. Vier Wochen später wartet Frau Roche vor ihrer Wohnung in Köln auf ein Taxi. Ihr Freund steht neben ihr, macht einen Witz, und Frau Roche «lacht für einen Moment, der lange genug ist, um fotografiert zu werden … Als Roche bei Viva eintrifft, erfährt sie, dass jemand dort angerufen hat, der gerne ein Interview mit ihr führen würde – wenn sie nicht wolle, könne man am nächsten Tag ein Foto in der Zeitung sehen, auf dem sie lache. Eine mögliche Überschrift könne sein: ‹So trauert sie um ihre toten Brüder›.»

Bild behauptet bis heute, dass es sich bei dem Anrufer nicht um einen ihrer Reporter gehandelt habe, es gab mehrere Prozesse, auch zwischen *Bild* und konkurrierenden Medien.

Die Geschichte hat mich so schockiert, dass ich Ende November 2011 sofort wusste, mit was ich es zu tun hatte. Der Voreigentümer unseres Hauses in Großburgwedel hatte meine Frau angerufen und ihr aufgeregt erzählt, dass ein *Bild*-Journalist mit ihm Kontakt aufgenommen und ihm mit Konsequenzen gedroht habe für den Fall, dass er sich nicht kooperativ zeige. Es handele sich um Korruptionsvorwürfe gegen mich. Der Journalist hatte sich am Telefon vorgestellt: Heidemanns. Zwei oder drei Klicks bei Google genügten: Es war derselbe, dessen Name im Zusammenhang mit der Roche-Geschichte gefallen war. Heidemanns war inzwischen zwar nicht mehr Unterhaltungschef, gehörte aber weiterhin der Chefredaktion an. Kritiker, so das Branchenmagazin *Kress*, hielten ihm «fragwürdige Methoden der Informationsbeschaffung» vor.

Die Demokratie kennt drei Gewalten: Exekutive, Legislative und Judikative. Das Parlament kontrolliert die von ihm gewählte Regierung, die Regierung ernennt die Richter, die ihrerseits Regierung und Parlament kontrollieren. So will es das Grundgesetz. Aber ganz so ist es nicht. «Einem ehemaligen Chefredakteur der *Berliner Zeitung* wird ein Bonmot zugeschrieben, das leider Wahlspruch eines ganzen Berufsstandes sein könnte», schrieb Susanne Gaschke 2009 in der *Zeit*. «‹Die Presse ist ja die vierte Gewalt›, soll der Mann gesagt haben, ‹aber was sind noch mal die anderen drei?›»

Es wäre ungerecht, einen ganzen Berufsstand über einen Kamm zu scheren. Das Selbstbewusstsein der Journalisten wächst jedoch mit der Geschwindigkeit, mit der ihre Nachrichten Verbreitung finden. Früher, im nichtdigitalen Zeitalter, erfuhr man in der Regel, dass die Regionalzeitung am nächsten Morgen mit dieser oder jener Neuigkeit aufmachen würde, über die dann einen Tag später alle anderen auch berichteten. Man hatte also Zeit, seine eigene Sicht darzulegen, Unterlagen zusammenzustellen, zu begründen, warum der Bericht höchstens die halbe Wahrheit enthielt, und entsprechend ge-

genzusteuern. Heute erfährt man um 16.00 Uhr, was um 16.02 Uhr ins Netz geht und um 16.05 Uhr ungeprüft und ohne Möglichkeit zum Widerspruch weltweit online über einen behauptet wird. In meinem Fall wurden Falschmeldungen zu angeblich neuen Vorwürfen wiederholt um 4.30 Uhr nachts an die Nachrichtenagenturen gegeben, sodass sie ab 6.00 Uhr in den Frühnachrichten verbreitet werden konnten, ohne dass es für das Bundespräsidialamt Gelegenheit zu rechtzeitiger Klarstellung gab. Gerichtlich durchgesetzte Unterlassungserklärungen fanden keine Verbreitung.

Die Macht der Medien ist durch diese Art der Beschleunigung in Orwell'sche Dimensionen vorgestoßen. Gleichzeitig hat der technische Fortschritt dazu geführt, dass jeder jederzeit verbreiten kann, was er will, man braucht dafür keine Zeitung, keinen Sender, kein Diplom. Was früher glücklicherweise am Stammtisch verblieb, wird heute weltweit in Sekundenschnelle über das Netz verbreitet. Mit Hilfe von Google Alerts erfährt man nicht nur die neuesten relevanten Ergebnisse zu einem eingegebenen Suchbegriff, sondern eben auch die abwegigsten Spekulationen aus der Gerüchteküche der sozialen Netzwerke. Das wiederum setzt die Journalisten unter erhöhten Quotendruck, dem sie aufgrund der erbitterten Konkurrenz der Medien untereinander ohnehin ausgesetzt sind.

«Wer überprüft, verliert Zeit, aber die Häufung von Fehlern und Dementis untergräbt Vertrauen und macht den Profijournalismus dem Laienjournalismus dann doch zu ähnlich. Damit gefährdet man die eigne Existenz», so sagte ich in meiner Rede zur Eröffnung der neuen dpa-Zentralredaktion im September 2010 vor Berliner Journalisten. «Wir brauchen Journalisten, die Verantwortungsbewusstsein zeigen, denen wir vertrauen können, die verlässlich und glaubwürdig sind. Wir brauchen Kontroversen, Konflikte und Kritik. Aber keine Verletzungen, Verspottung, Verachtung.» Als ob ich etwas geahnt hätte …

Der legendäre, im November 2013 verstorbene *Spiegel*-Reporter Jürgen Leinemann hat eine Anekdote überliefert, die in diesem Zusammenhang erwähnt zu werden verdient: «Ein erfahrener Auslandskorrespondent, der seinen Bürochef um Genehmigung für ein Politiker-Porträt bat, erfuhr von dem herablassend, dass die Zeiten, in denen Reporter Politiker begleiteten ... nun wirklich vorbei seien. ‹Ach›, sagte der Berlin-Neuling, ‹und was machen wir jetzt?› Antwort: ‹Wir jagen sie.›» Und begnügen uns nicht mit dem Rücktritt, hätte er hinzufügen können, sondern geben erst Ruhe, wenn die Persönlichkeit des Betreffenden so vollständig vernichtet ist, dass keine Gefahr mehr besteht, dass er noch einmal zurückkommt. Stellen die Jäger beim Blick auf den erlegten Keiler dann fest, dass sie ihn gar nicht hätten erlegen dürfen, sagen sie voller Rührung: Der arme Keiler war aber sicher krank.

Alle rennen in eine Richtung, und es verlangt sehr viel Mut, eine andere, eine abweichende Meinung zu formulieren. Das Gejohle der Jagdgesellschaft ist bereits Teil der Jagd. Wer dagegenhält, macht sich verdächtig. Als Hans Leyendecker im Namen der Redaktion der *Süddeutschen Zeitung* im Mai 2012 den Henri-Nannen-Preis für investigativen Journalismus ablehnte, um so gegen die gleichzeitige Auszeichnung der *Bild*-Zeitung für ihre angebliche Rechercheleistung in meinem Fall zu protestieren – eine Auszeichnung, die nach Meinung der *Süddeutschen* allen journalistischen Standards Hohn sprach –, wurde dies von der Zunft als unsolidarisch gebrandmarkt. Die Jury sah sich mit der grundsätzlichen Frage konfrontiert, wie man eine journalistische Leistung bewertet und was mehr zählt: die Solidität der Recherche oder die beabsichtigte Wirkung.

Einerseits gibt es den ökonomischen Druck, der dazu führt, dass die Redaktionen verkleinert werden, was wiederum dazu führt, dass Recherchen weniger aufwendig betrieben werden können. Andererseits lässt die Schnelligkeit des Netzes, das in Echtzeit überträgt, journalistisches Arbeiten zu einem Wettlauf gegen den nächsten Klick werden. Die am häufigsten wiederkehrende Floskel in der Berichterstattung zwischen dem 12. Dezember 2011 und dem 17. Februar 2012 lautete: «Unterdessen wurde bekannt ...» Das hieß nichts anderes als: Wir haben zwar keine Ahnung – und nachprüfen lässt es sich vorerst nicht –, aber Kollegen scheinen eine neue heiße Spur im Fall Wulff entdeckt zu haben. Wir bleiben dran! Nur nicht der Zweite sein!

Im kollektiven Fieber, getrieben von der Angst, mit einer Nachricht zu spät zu kommen, bleibt für die Ausleuchtung der Hintergründe und die Darstellung der Zusammenhänge wenig Zeit. «Diese Art von Journalismus kennt keine Wahlergebnisse und keine Machtstrukturen, keine internationalen Verflechtungen und wirtschaftliche Konkurrenz, keine kulturellen Hintergründe und keine Zwänge der Verhandlungsdemokratie – alles nebensächlich», schrieb der Medienexperte Wolfgang Storz in der *tageszeitung* vom 14. Juni 2010. «Auf die immer komplizierteren Entscheidungssituationen der Politik reagieren die meisten Journalisten mit immer banaleren Personalisierungen, die Ereignisse in Duelle umwandelt: Merkel gegen ... Wulff gegen ... Gabriel für ... High Noon als Endlosschleife.» Der ökonomische Druck muss als Entschuldigung herhalten: Das Publikum verlange nach solchen Nachrichten, die Konkurrenz, insbesondere diejenige, die nur noch im Netz unterwegs ist, schlafe nicht. «Wer seinen Beruf noch als Instanz der Aufklärung versteht, leidet.»

Die Zeitungsleser sind klüger, als manche Zeitungsmacher meinen. Deshalb werden die Zeitungen auf Dauer nur überleben, wenn sie sich durch Qualitätsjournalismus vom Internet absetzen und ihre Reputation dadurch unter Beweis stellen, dass sie Wichtiges von Unwichtigem und Behauptungen von Tatsachen unterscheiden. Auf der Feier zum sechzigsten Jahrestag der Bundespressekonferenz richtete sich mein Amtsvorgänger Horst Köhler direkt an die vor ihm sitzenden Journalisten: «Was soll man davon halten, wenn viele von Ihnen gern ein Urteil über die Dienstwagennutzung der Gesundheitsministerin [Ulla Schmidt] zum Besten geben, aber die wenigsten ein kompetentes Urteil über die Gesundheitspolitik der Ministerin abgeben können.» Was er vor allem vermisse, so der Bundespräsident, sei Haltung. «Das ist ein ziemlich altes Wort. Aber ich finde, es könnte mal wieder in Mode kommen. Genau wie ein anderes, viel schlichteres Wort: Ahnung haben.»

Je mehr Gerüchte, desto näher ist man dran, desto wichtiger darf man sich vorkommen. Die Hauptstadt ist in dieser Hinsicht den drei anderen Pressestädten Hamburg, Frankfurt und München teilweise voraus. Alle großen Zeitungen und Zeitschriften haben hier ihre Büros, zwischen Bundestag, Ministerien und Parteizentralen ist die Nachrichtendichte am erregendsten. Was am Mittag im Café Einstein noch als vage Vermutung kursiert, hat sich am Abend im Borchardt oder im Grill Royal zur Gewissheit verdichtet; ein Blick aufs Smartphone genügt, um zu sehen, wer diesmal der Schnellste war. Die Macht liegt in den Händen derer, die die Gerüchte am geschicktesten in ihrem Sinne zu steuern wissen. Es handelt sich um Menschen, so hat es Kurt Kister treffend formuliert, «die das, was sie sagen oder schreiben, tatsächlich für das Gespräch des ganzen Landes halten».

Wer in Hannover – oder seinerzeit auch in Bonn – in einem Kreis «unter drei» sprach, konnte sich darauf verlassen, dass das, was er sagte, im Raum blieb. In Berlin wird man eine Stunde nach einem Hintergrundgespräch von einem Reporter angerufen: Es sei durchgesickert, dass man dieses und jenes gesagt habe, ob man das bitte erläutern könne. Obwohl Vertraulichkeit vereinbart ist, legen einzelne Journalisten, mit denen man sich trifft, auf Geheiß ihrer Redaktion anschließend einen Vermerk an, der dann in der Redaktion in Umlauf geht. Es kann auch passieren, dass man denjenigen, über den man sich kritisch geäußert hat, zwei Stunden später persönlich am Telefon hat. Diese Unerbittlichkeit und Unbarmherzigkeit des Berliner Betriebs, die einhergeht mit mangelnder Pluralität und entsprechender Einförmigkeit des Urteils, war für mich schwer zu ertragen.

Mein Pressesprecher Olaf Glaeseker hatte in Hannover jahrelang erstklassige Arbeit geleistet und mich sowohl in der Zeit als Oppositionsführer als auch später als Ministerpräsident stets hervorragend beraten. In Presseangelegenheiten, aber auch in Fragen, die mein öffentliches Auftreten betrafen, folgte ich fast immer seinen Empfehlungen. Die Journalisten schätzten ihn, weil er es verstand, eine Atmosphäre des Vertrauens zu schaffen. Was in Hannover funktionierte, wurde in Berlin zum Problem. Zum einen ist der Pool der Hauptstadtpresse viel zu groß und unübersichtlich, keiner traut hier dem anderen über den Weg, Entgegenkommen weckt sofort Argwohn. Zum anderen hat ein Pressesprecher, der in Berlin Politik machen will, eine undankbare Aufgabe. Das Prinzip Glaeseker, in der niedersächsischen Landespolitik effizient und erfolgreich, war unvereinbar mit dem Amt des Bundespräsidenten. Hinzu kommen die Eitelkeiten: Wer ruft wen an, wer hat Zugang zum Bundespräsidenten?

Im Juni eröffnete mir Olaf Glaeseker, dass Kai Diekmann verärgert sei. Es ging um das Interview, das ich nach einem Jahr Amtszeit mit der *Zeit* führen wollte. Sicher war Herr Diekmann enttäuscht, dass ich mich nicht für die *Bild*-Zeitung entschieden hatte. Aber sollte ich Vermutungen darüber anstellen, welche meiner Entscheidungen wie zur Verstimmung des Chefredakteurs beigetragen haben? Tatsache war, dass ich nicht die von *Bild* erwartete Kooperationsbereitschaft an den Tag legte und damit zu erkennen gab, die Ausnahmestellung des Blattes nicht zu akzeptieren.

Im Oktober 2011 war die Geduld des Chefredakteurs am Ende. Die Vorgeschichte ist schnell erzählt. Für den 14. September war ein Besuch bei Präsident Hamid Karsai in Kabul geplant gewesen. Weil am Tag zuvor Terrorkommandos die US-Botschaft und das ISAF-Hauptquartier angegriffen hatten – einen Bereich, den ich passieren sollte –, musste die Reise aus Sicherheitsgründen kurzfristig verschoben werden. Obwohl die Vorbereitungen strengster Geheimhaltung unterlagen, bekam die *Bild*-Zeitung einen Hinweis. Olaf Glaeseker bat, mit Blick auf drohende Sicherheitsprobleme und die angespannte Lage in Afghanistan die Absage nicht publik zu machen, die Reise werde so bald als möglich nachgeholt. *Bild* versprach Stillschweigen, erwartete aber wohl im Gegenzug, bei dieser Reise mitgenommen zu werden.

Am 10. Oktober berichtete dann jedoch der *Spiegel* über die geplatzte Reise. In Hamburg schien es niemanden zu interessieren, dass mit dieser Meldung deutsche Sicherheitsinteressen berührt wurden und die neuerliche Planung der Reise mit noch größerem Aufwand verbunden war. Immerhin sollte es der erste offizielle Staatsbesuch eines Bundespräsidenten in Kabul seit Heinrich Lübke sein; mein Vorgänger Horst Köhler hatte im Mai 2010 die deutschen Truppen an ihrem Standort in Mazar-i-Sharif besucht.

Am Wochenende darauf konnte die Reise dann überraschenderweise durchgeführt werden. Als Gastgeschenk für Präsident Karsai hatte ich ein Kinderfahrrad mit Stützrädern für seinen kleinen Sohn im Gepäck. Die Stützräder sollten die deutsche Hilfe symbolisieren: Wenn sein Sohn groß genug sei, könne er die Stützräder abnehmen. Karzai war über das Geschenk so erfreut, dass er seinen Sohn im Hof des wie eine Festung gesicherten Präsidentenpalastes einige Runden drehen ließ.

Als Herr Diekmann daraufhin in der Redaktionskonferenz fragte, wer von *Bild* in Afghanistan dabei sei, erhielt er zur Antwort: niemand, *Bild* sei bei dieser Reise nicht berücksichtigt worden. Diekmann habe daraufhin geschwiegen, heißt es bei Michael Götschenberg, der ein gut recherchiertes Buch zu meiner Amtszeit veröffentlicht hat und sich auf zwei Teilnehmer der Runde beruft, von denen ihm einer gestand: «Nichts sagt so viel, wie wenn Diekmann schweigt».

Die Pressestelle hatte mich gefragt, wen ich auf den wenigen zur Verfügung stehenden Journalistenplätzen mitnehmen wolle. Ich hatte mich für einen Rundfunk- und einen Fernsehreporter, zwei Korrespondenten großer Nachrichtenagenturen sowie zwei Fotografen entschieden. Ich wollte tatsächlich keinen *Bild*-Reporter dabei haben, *Bild* wäre dann die einzige Zeitung gewesen, die direkt berichtet hätte. Außerdem hatte ich deren Inszenierung der Afghanistan-Besuche von Karl-Theodor zu Guttenberg in schlechter Erinnerung. Ich wollte für Kai Diekmann nicht den Guttenberg II geben. Die Sorge war nicht unbegründet, wie die *B.Z.*, das Berliner Beiboot des Springer-Verlags, am Dienstag, den 18. Oktober, zeigte. Einem großen Foto von mir mit Schutzhelm und Tarn-Tuch vor dem Gesicht, aufgenommen an Bord eines Hubschraubers auf dem Weg von Mazar-i-Scharif nach Kunduz, war ein kleines Foto von Karl-Theodor zu Guttenberg beigestellt: «Finden Sie Wulff hier auch etwas zu Guttenberg?»

Die Antwort von Springer kam am Wochenende. Am 20. Oktober wurde in Hannover das Europa-League-Spiel zwischen Hannover 96 und dem FC Kopenhagen ausgetragen, Anpfiff war um 21.05 Uhr, das Spiel endete 2:2. Ich war gerade aus Afghanistan zurück, hatte am nächsten Morgen, Freitag 8.00 Uhr, ein Frühstück mit Verteidigungsminister de Maizière, dem ich über meinen Afghanistan-Besuch berichtete, und brach am Samstag zu einem einwöchigen Staatsbesuch nach Japan auf. Meine Frau wollte die Gelegenheit nutzen, einmal aus Berlin rauszukommen, und fuhr zu ihrem Bruder nach Hannover. Sie besuchten gemeinsam das Fußballspiel und gingen anschließend in eine Disco zum Tanzen.

Einer der Disco-Gäste nutzte offenbar die 1414-Nummer der *Bild*. Irgendwann nach Mitternacht machte er heimlich ein Foto meiner tanzenden Frau und schickte es an die Redaktion. Es erschien am nächsten Tag auf *bild.de*, in der Regionalausgabe Hannover und schließlich in der *Bild am Sonntag*. Bis dahin war es üblich gewesen, bei mir anzufragen. Jetzt war das nicht mehr der Fall. Die Botschaft war klar: Gattin des Bundespräsidenten kurz vor drei Uhr nachts in der Disco. «Sie tanzt, sie lacht, sie genießt das Leben. Gatte Christian ist in der Partynacht nicht dabei.» Mich überkam ein Gefühl des vollkommenen Ausgeliefertseins: Die waren uns so nah gekommen, so nah ... Die Schlinge legte sich immer enger um unseren Hals, es gab keinen unbeobachteten privaten Moment für meine Frau, für meine Familie mehr. Aber wie soll ein Bundespräsident sich wehren? Mir fiel das Foto von Horst Köhler im Ohrensessel ein, und mit einem Mal verstand ich, warum er zurückgetreten war.

Als ich vier Wochen nach Publikation des Disco-Fotos in *Bild* und *BamS* durch den Vorbesitzer unseres Hauses von der Art der Recherchen in Großburgwedel erfuhr und den Namen des Journalisten recherchierte, war endgültig klar, dass die *Bild*-Zeitung mich ins Visier genommen hatte.

Am zweiten Advent – es war der 4. Dezember 2011 – sah ich Herrn Diekmann zum letzten Mal. Ich war zusammen mit meiner Frau und den Kindern zum Advents-Brunch bei Bekannten in der weiteren Berliner Nachbarschaft eingeladen. Etwa vierzig Gäste waren da. Linus und die Kinder von Kai Diekmann und seiner Frau Katja Kessler spielten miteinander. Ich habe kein Wort mit Kai Diekmann gewechselt, ich war viel zu empört, die *Bild*-Zeitung hatte überzogen. Ich habe noch ein Foto von diesem Mittag: Ich sitze neben Katja Kessler, deren neuestes Buch ein halbes Jahr zuvor erschienen war – *Der Tag, an dem ich beschloss, meinen Mann zu dressieren* –, vor uns die spielenden Kinder. Auf dem Foto ist mein Jackett etwas verrutscht. Ich wog damals mit ein bisschen Übergewicht 93 Kilo. Kein Jahr später wog ich 79 Kilo.

Am Donnerstag, den 8. Dezember, flog ich zu einer sechstägigen Reise in die Golfstaaten Oman, Katar, Vereinigte Arabische Emirate und Kuwait. Als ich am 12. Dezember, dem vorletzten Tag der Reise, von dem mitreisenden Olaf Glaeseker unterrichtet wurde, dass die *Bild*-Zeitung am nächsten Tag einen Artikel über angebliche Ungereimtheiten bei der Finanzierung unseres Hauses in Großburgwedel veröffentlichen wolle und er die Sache nicht mehr aufhalten könne, folgte ich seinem Rat, Kai Diekmann anzurufen.

Ich werde im weiteren Verlauf dieses Kapitels auf die Finanzierung unseres Einfamilienhauses zurückkommen. An dieser Stelle braucht der Leser für das Verständnis der Zusammenhänge nur zu bedenken, dass sich *Spiegel, Stern* und *Bild* seit Monaten ein Wettrennen lieferten, wer als erster den «Kreditgeber» enthüllen konnte. Alle schienen auf Carsten Maschmeyer zu tippen: Weil nur der Name Carsten Maschmeyer einen Skandal versprach, musste es eben Carsten Maschmeyer sein, so einfach war die Logik der Journalisten. Anfang Dezember hatten der *Bild*-Reporter Heidemanns und der *Stern*-Reporter Tillack auf meine Veranlassung Einblick in den Darlehensvertrag erhalten und konstatieren müssen, dass nicht Carsten Maschmeyer, sondern eine ihnen vollkommen unbekannte Privatperson mir das Geld zum Kauf des Hauses geliehen hatte.

Gelegenheit, Kai Diekmann anzurufen, gab es in Kuwait. Bei der Landung der Regierungsmaschine am späten Nachmittag begrüßte uns der Emir am Flughafen, fuhr mit uns zum Bayan-Palast, wo wir untergebracht waren, und von dort ging es wenig später zur Residenz des Deutschen Botschafters, der einen Empfang für den Emir gab. Es war kurz nach 20.00 Uhr – 18.00 Uhr MEZ –, als ich im Wagen die Nummer von Diekmann wählte. Es war eine dieser langen Staatskarossen, in denen man hinten zu viert sitzt. Mir gegenüber saßen der kuwaitische Protokollchef und die Dolmetscherin des Auswärtigen Amtes, neben mir einer meiner Gastgeber. Die Mailbox sprang an. Ich sprach sachlich, ruhig, klar und bestimmt. Im folgenden gebe ich den vollständigen Wortlaut wieder, ergänzt um zwei Stellen, an denen die Aufzeichnung angeblich «unverständlich» war (gefettet):

> «Guten Abend, Herr Diekmann,
> Ich rufe sie an aus Kuwait. Bin gerade auf dem Weg zum Emir und deswegen hier sehr eingespannt. Weil ich von morgens 8.00 Uhr bis abends 11.00 Uhr Termine habe. Ich bin in vier Golfstaaten unterwegs, und parallel plant einer ihrer Journalisten seit Monaten eine unglaubliche Geschichte, die morgen veröffentlicht werden soll und die zum endgültigen Bruch mit dem Springer-Verlag führen würde. Weil es einfach Methoden gab mit Dingen im Nachbarschaftsumfeld in **Burgwedel**, die über das Erlaubte hinaus gehen, und die Methoden auch öffentlich gemacht werden von mir. Ich habe alles offengelegt, Informationen gegeben, gegen die Zusicherung, dass die nicht verwandt werden. Die werden jetzt indirekt verwandt. Das heißt, ich werde auch Strafantrag stellen gegenüber Journalisten morgen, und die Anwälte sind beauftragt. Und die Frage ist einfach, ob nicht die *Bild*-Zeitung akzeptieren kann, wenn das Staatsoberhaupt im Ausland ist, zu warten, bis ich Dienstagabend wiederkomme, also morgen, und Mittwoch eine Besprechung zu machen, wo ich mit Herrn **Heidemanns und** den Redakteuren rede, wenn sie möchten, die Dinge erörtere, und dann können wir entscheiden, wie wir die Dinge sehen, und dann können wir entscheiden, wie wir den Krieg führen.
> Aber wie das gelaufen ist in den letzten Monaten, ist das inakzeptabel, und meine Frau und ich werden Mittwochmorgen eine Pressekonferenz machen zwischen dem [Treffen mit dem] japanischen Ministerpräsidenten und den weiteren Terminen und werden entsprechend auch öffentlich werden. Weil diese Methoden Ihrer Journalisten, des investigativen Journalismus, nicht mehr akzeptabel sind. Und Sie werden ja voll

umfassend im Bilde sein; ich vermute, nicht voll, richtig, objektiv informiert sein, aber im Bilde sein. Und ich wollte einfach, dass wir darüber sprechen. Denn wenn das Kind im Brunnen liegt, ist das Ding nicht mehr hochzuholen – das ist eindeutig. Nach den Erfahrungen, die wir in den letzten Wochen gemacht haben. Es gab immer dieses jahrelange Gerücht, Maschmeyer hätte was damit zu tun. Wir haben dargelegt, dass das alles Unsinn ist. Und jetzt werden andere Geschichten behauptet, die Unsinn sind. Und da ist jetzt bei meiner Frau und mir einfach der Rubikon in dem Verhalten überschritten.
Und ich erreiche Sie leider nicht. Ich höre, Sie sind in New York – insofern ist es da jetzt ja Mittag, und hier ist natürlich schon Abend. In Berlin ist es jetzt 18.00 Uhr. Es wäre nett, wenn Ihr Büro versuchen kann, Herrn Glaeseker oder Herrn Hagebölling, den Chef des Bundespräsidialamtes, oder mich zu erreichen. Ich bin nur jetzt im Gespräch, und dann habe ich hier eine Rede zu halten. Und ich bin also erst wieder etwa in eineinhalb Stunden in der Lage, dort in der Deutschen Botschaft zu sprechen. Ich würde aber dann natürlich gern mit Ihnen sprechen, denn dass man nicht bis Mittwoch wartet, die Dinge bespricht und dann sagt, okay, wir wollen den Krieg und führen ihn, das finde ich sehr unverantwortlich von Ihrer Mannschaft, und da muss ich den Chefredakteur schon jetzt fragen, ob er das so will, was ich eigentlich mir nicht vorstellen kann.
Vielen Dank! Und bis dann, wo wir uns dann sprechen. Ich hoffe, dass Sie die Nachricht abhören können. Und ich bitte um Vergebung, aber hier ist jetzt für mich ein Punkt erreicht, der mich zu einer Handlung zwingt, die ich bisher niemals in meinem Leben präsentiert habe. Die hatte ich auch nie nötig. Die Dinge waren immer ordentlich, sauber, bei allen Vorbehalten und Gerüchten, die es immer verbreitet gab. Die alle falsch waren. Und jetzt würde ich diese Dinge dieser investigativen Journalisten des Netzwerkes offenlegen. Und insofern

denke ich mal, es gibt jetzt noch eine Chance, und die sollten wir nutzen. Dankeschön! Wiederhören, Herr Diekmann.»

Auf die Mailbox zu sprechen war eine Dummheit, eine Riesendummheit. Kein Mensch ist in der Lage, seine Worte zurückzuholen. Dabei sind es gar nicht die Worte, die ich im einzelnen bedauern und für die ich mich rechtfertigen müsste. Abgesehen von dem falschen Gebrauch des Wortes «Vergebung» – mit dem ich natürlich um Entschuldigung bat dafür, dass ich die Mailbox vollgesprochen hatte – habe ich mich, wie ich finde, recht präzise ausgedrückt. Vor allem die zweimalige Verwendung des Begriffs «Krieg» und das Bild vom Rubikon, der überschritten sei, entsprachen dem Sachverhalt, so wie ich ihn seit Monaten empfand. Springer hatte mir den «Krieg» erklärt, und ich stellte klar, dass ich zur Auseinandersetzung bereit war. Dennoch hätte ich diese Worte besser nicht verwendet. Wer meine Ansprache an Herrn Diekmann vor dem Hintergrund der in diesem Kapitel dargestellten Zusammenhänge liest, wird mich aber vielleicht ein bisschen verstehen.

Von meiner Empörung über die Schnüffeleien in Großburgwedel und die Publikation des Disco-Fotos abgesehen, gab es einen weiteren Grund für meinen Anruf. Beim Staatsbesuch in Russland im Oktober 2010 hatte meine Frau einen modischen Mantel und Stiefel getragen. Die *Welt am Sonntag* fand diese Garderobe unangemessen und veröffentlichte auf Seite eins einen Schnittmusterbogen meiner Frau mit der Aufforderung an die Leser, sie richtig anzuziehen! Als ich mich bei späterer Gelegenheit über diesen impertinenten Aufmacher beschwerte, hieß es: «Hätten Sie doch einmal angerufen, um Ihrem Ärger Luft zu machen». Einen solchen Anruf unternahm ich jetzt, um zu verhindern, dass sich Kai Diekmann hinterher herausredete, er habe von den Recherchen des Herrn Heidemanns gar nichts gewusst: «Hätten Sie doch einmal angerufen …»

Nicht meine Sätze hatte ich zu bereuen, sondern den unverzeihlichen Fehler, sie auf der Mailbox des Chefredakteurs zu hinterlassen und ihm damit einen Köcher voller Pfeile frei Haus zu liefern. Für ihn fiel Weihnachten in diesem Jahr auf den 12. Dezember. Und er wurde umgehend tätig. Er leitete den Inhalt der Mailbox sofort von New York nach Berlin, ließ eine Abschrift anfertigen und diese zwei Kollegen anderer Blätter zukommen. Damit war gewährleistet, dass sich die Nachricht, der Bundespräsident habe ihm angeblich mit Krieg gedroht, wie ein Lauffeuer in den oberen Etagen der Redaktionen verbreitete, auf deren Beistand er zählen konnte. Das waren vor allen anderen der *Spiegel* und die *Frankfurter Allgemeine Zeitung*.

«Der stillschweigende Konsens der führenden Printmedien in Deutschland – *Bild, Spiegel* und *FAZ* –, den Bundespräsidenten durch nachhaltige journalistische Häme aus dem Amt zu schubsen, darf keinen Erfolg haben», schrieb der Kölner Rechtswissenschaftler Norbert Horn. Mein Verbleiben im Amt habe «inzwischen sogar eine neue, wichtige, zusätzliche Bedeutung: Wulff kann Lernprozesse in Politik und Medien anstoßen über den fairen Umgang mit Bundespräsidenten». Die Mahnung erschien in den Leserbriefspalten der *Frankfurter Allgemeinen Zeitung* – drei Tage vor meinem Rücktritt.

Im Juni 2010 hatten *Spiegel* und *FAZ* vier Wochen lang alles unternommen, um meine Wahl zu verhindern. Im Oktober 2010 hatten *FAZ* und *Bild* in auffallender Übereinstimmung aus allen Rohren gefeuert, um meine «Islam-Rede» zum Tag der Deutschen Einheit als nicht mehrheitsfähig zu diskreditieren. Beide Male war ich schwer lädiert, kam aber wieder auf die Beine. Jetzt schlugen sie erstmals zu dritt zu. Bevor die Woche vom 12. Dezember zu Ende ging, dürfte es in Deutschland bereits weit über hundert Personen gegeben haben, die das Ungeheuerliche von Mund zu Mund weitergaben: Der Bundespräsident habe die Veröffentlichung eines kritischen Artikels zu verhindern versucht und Kai Diekmann mit Krieg gedroht. Er habe im Zustand höchster Erregung eine wirre Nachricht auf Diekmanns Mailbox gesprochen, wie ein Rumpelstilzchen getobt und sich dabei ordinärster Ausdrücke aus der Gossensprache bedient. Jeder, der sich privilegiert fühlen durfte, an der Verbreitung dieses Gerüchts mitzuwirken, blähte es noch ein wenig auf. Das ist ja das Wesen von Gerüchten.

Während das Rudel noch in den Niederungen des Hauskredits unterwegs war, wo es nichts zu holen gab, hatten die Leitwölfe bereits das Thema gewechselt. Wer darf als erster über den Anruf berichten? Den Zuschlag erhielt das Feuilleton der *Frankfurter Allgemeinen Zeitung*, das am 19. Dezember, exakt eine Woche nach meinem Anruf, scheinbar beiläufig am Ende eines Artikels über die Jauch-Sendung vom Vorabend, in der Peter Altmaier für mich eingetreten war, zu berichten wusste: «In Journalistenkreisen erzählt man sich von umständlichen, gewundenen Mailbox-Ansagen bei Medienchefs …» Der Autor des Artikels wurde zum 1. Januar Feuilleton-Chef des Blattes. Der für die Beförderung zuständige Herausgeber hatte am 15. Dezember mit einem Zweispalter über «moralische Befangenheit» die Jagdrichtung vorgegeben. Am 1. Januar legten die Frankfurter in ihrer Sonntagszeitung nach und veröffentlichten einzelne Worte aus der Mailbox – «Kriegführen» und «Rubikon».

Der Titel der Jauch-Sendung vom 18. Dezember erinnerte an «Wer wird Millionär?» bei RTL: «Die 500 000-Euro-Frage: Ist Christian Wulff noch der richtige Bundespräsident?» Bei den schwierigeren Fragen werden Joker gezogen. Den besten Joker hatte diesmal der Quizmaster selbst. In seiner vermeintlich naiven, spitzbübischen Art fragte Günther Jauch den stellvertretenden Chefredakteur der *Bild*-Zeitung, Nikolaus Blome, nach Gerüchten über meine Frau. In Berlin werde «gemunkelt», die *Bild*-Zeitung könnte «mit einer Geschichte über das frühere Leben Bettina Wulffs aufwarten. Angeblich verfügt die Redaktion über Informationen, die bisher auf Weisung von ganz oben nicht gedruckt werden dürfen aus Respekt vor dem Amt des Bundespräsidenten.» Kai Diekmann als oberster Sittenwächter, der Enthüllungen über die angebliche Rotlicht-Vergangenheit meiner Frau aus Staatsräson unterdrückt: Das war die auf den Kopf gestellte Welt. Und es war, wie ich sachlich feststellen möchte, eine Bankrotterklärung des öffentlich-rechtlichen Fernsehens. Ich habe die Sendung nicht gesehen, ich hätte es nicht ertragen. Blome, der in diesen Tagen ununterbrochen in Talkshows saß und telegen für die Seriosität von *Bild* warb, dementierte: Von einer Akte Bettina Wulff sei ihm nichts bekannt.

Jauch hatte aus einem Artikel der *Berliner Zeitung* vom Freitag zitiert, in dem der Journalist Holger Schmale, der mich seit meiner Nominierung mit hämischen Artikeln begleitete, absurde Rotlichtgerüchte aus dem Sumpf des Internets geholt und in ein seriöses Medium gebracht hatte. Wie hätten wir uns dagegen wehren sollen? Indem wir vor die Bundespressekonferenz treten und erklären, die Gattin des Bundespräsidenten Bettina Wulff hat niemals als Escort-Dame gearbeitet? Welche Wirkung hätte ein solcher Auftritt wohl im Ausland gehabt? Selbst die Berichterstattung seriöser Zeitungen wie der *Neuen Zürcher* hätte nicht verhindern können, dass eben immer etwas hängen bleibt. Nach meinem Rücktritt ging meine Frau juristisch vehement gegen Jauch, Schmale und alle anderen vor, die die Gerüchte verbreitet hatten, und erwirkte drei Dutzend Unterlassungserklärungen. Aber was hilft das im Zeitalter des Internet? Ein paar Klicks mehr – und schon hat man die Meldung wieder auf dem Schirm. Der Rechtsstreit mit Google war nervtötend.

Unmittelbar nach meiner Rückkehr von der Golfreise hatte ich mich bei Kai Diekmann dann doch telefonisch für meine Mailbox-Nachricht entschuldigt. Diese Entschuldigung hatte er angenommen. Von nun an wusch er seine Hände nur noch in Unschuld. Man habe in der Redaktion lange intern diskutiert, wie man mit der Mailbox-Nachricht umgehen sollte, ließ er verlauten. Viele Kollegen hätten gedrängt, den Text öffentlich zu machen, zusätzlich seien zwei «externe Journalisten» (auch Chefredakteure und Herausgeber sind «Journalisten») um ihre Einschätzung gebeten worden. Er, Diekmann, habe allen Versuchungen widerstanden.

Am 3. Januar 2012, auf dem Höhepunkt der Spekulationen über den Wortlaut der Mailbox-Nachricht und einen Tag vor dem ARD/ZDF-Interview, machte *Bild* meine fast drei Wochen zurückliegende Entschuldigung publik. Damit verstärkte sich in der Öffentlichkeit natürlich der Eindruck, ich hätte in der Sache und im Ton überzogen – warum sonst hätte ich mich entschuldigen sollen? Zwei Tage später hielt es Diekmann für «notwendig», den Mitschnitt zu veröffentlichen, um die in der Öffentlichkeit entstandenen «Missverständnisse auszuräumen». Ich hätte in dem ARD/ZDF-Interview den Eindruck erweckt, mit meinem Anruf bei ihm lediglich um eine Verschiebung des Artikels gebeten zu haben, und das könne er nicht hinnehmen. *Bild* als Opfer von Falschaussagen des Bundespräsidenten – das war die Kunst der Intrige in ihrer Vollendung. Kai Diekmann war alleiniger Herr des Verfahrens.

An dieser Stelle möchte ich die Grünen-Politikerin und ehemalige Vizepräsidentin des Deutschen Bundestages Antje Vollmer zitieren, die viele Monate später in der *Frankfurter Rundschau* scharfsinnig analysierte: «Kai Diekmann von der Marienschule der Ursulinen in Bielefeld hatte immer den Ehrgeiz, eine große Zeitung in der Hand zu haben. Er bekam aber nur eine Postille mit großer Auflage. Seitdem arbeitet er daran, sein Blatt aus dem Geruch der Gosse zu holen, seinen Aufstieg in die bürgerliche Welt der Notablen zu organisieren.» Mit der Kampagne gegen mich sei es Diekmann gelungen, die Architektonik der öffentlichen Meinungsbildung endgültig aus den Angeln zu heben. Das Ziel war erreicht, «als die wertvollsten unserer Printmedien – auch *Süddeutsche* und *Frankfurter Allgemeine* – auf Zuruf des vermeintlichen Opfers Kai Diekmann gleich die ganze Pressefreiheit in Deutschland für gefährdet erklärten … Der dann folgenden Farce lag schlicht ein Vertrauensbruch zugrunde: Auf rätselhafte Weise erfuhr die Öffentlichkeit, was Wulff auf Diekmanns private Mailbox gesprochen hatte, ohne dass der *Bild*-Chef das verhinderte. Ein Meisterstück, das Staunen macht. Die stolze Riege des deutschen Journalismus ließ sich vor diesen Karren spannen.»

Was Antje Vollmer besonders irritierte, war die Tatsache, dass die *Bild*-Zeitung dafür im Frühjahr 2012 mit dem renommierten Henri-Nannen-Preis ausgezeichnet werden sollte – «nicht einmal Axel Springer hätte das zu träumen gewagt». Man dürfe sich im übrigen nicht täuschen lassen von dieser Art Journalismus, «der zwar oberflächlich nur Entertainment, im Kern aber das populistische Aufrühren von niederen Instinkten in verunsicherten Massengesellschaften zum Zweck des Seins hat. Das ist ein Politikum, denn es verändert politische Realitäten. Der hintergründigste Kommentar zu dem Vorgang stand im Netz. Auf die Frage, wer denn nach dem Sturz von Christian Wulff der nächste Bundespräsident werden sollte, schrieb ein heller Kopf: ‹Kai Diekmann, dem Sieger gehört die Beute!›»

«Ein Chefredakteur, der noch nie einen erbosten Politiker am Telefon hatte, muss sich fragen: Was habe ich falsch gemacht?», spottete Friedrich Küppersbusch, schließlich würden diese Leute dafür bezahlt, dass sie solche Anrufe aushielten. Die raffinierte mediale Inszenierung meiner Mailbox-Nachricht in Form von diffusen Andeutungen durch Dritte ließ die *Bild*-Zeitung Anfang Januar 2012 als Speerspitze des deutschen Journalismus erscheinen, und das entbehrte wahrlich nicht der Komik: Staatsoberhaupt greift nach der Pressefreiheit! Schützt *Bild*!

Zur Abrundung sei ein kurzer Nachtrag angefügt. Als ich Kai Diekmann am 12. Dezember auf die Mailbox sprach, hielt er sich im Waldorf Astoria New York auf. Am Abend wurde dort im Rahmen einer Gala dem Maler und Bildhauer Anselm Kiefer die Leo-Baeck-Medaille überreicht. Zu den «Ideen», die mir Herr Diekmann im Laufe des Jahres hatte antragen lassen, zählte auch der Vorschlag, dass ich nach New York kommen und die Laudatio halten sollte. Kiefer zählt zu den von Mathias Döpfner besonders geschätzten zeitgenössischen Künstlern: Im Winter 2010/2011 widmete er ihm in seinem Potsdamer Museum eine Ausstellung, im Januar 2011 wurde er mit dem Springer-eigenen B.Z.-Kulturpreis ausgezeichnet, und im Oktober 2011 diskutierten sie im *Spiegel*. Eine Laudatio des Bundespräsidenten wäre da sozusagen das i-Tüpfelchen gewesen.

Ich ließ Herrn Diekmann ausrichten, dass ich für diesen Zeitraum eine wichtige Reise in die Golfstaaten zugesagt hätte. Statt meiner sprach Außenminister Guido Westerwelle. Wäre ich Kai Diekmann und Mathias Döpfner zu willen gewesen, hätte ich am 12. Dezember nicht auf die Mailbox sprechen müssen, sondern die Fragen von *Bild* im Foyer des Waldorf Astoria Herrn Diekmann direkt und sicher zu seiner vollsten Zufriedenheit beantworten können.

In den neuneinhalb Wochen der Kampagne erging es mir wie dem Hasen im Wettlauf mit dem Igel. Sobald der Hase ins Ziel kommt, sitzt dort die Frau des Igels und ruft: Bin schon da. Der Hase rennt hin und her, bis er am Ende tot umfällt. Hatte ich eine Geschichte aus der Welt geschafft, hielt mir irgendeine Redaktion am nächsten Tag prompt den ersten Zipfel einer neuen Geschichte vor die Nase. Ich würde offenbar die Taktik verfolgen, immer nur das zuzugeben, was ohnehin nicht mehr zu leugnen sei, rügte als einer der ersten der bekannte SPD-Politiker Sebastian Edathy am 21. Dezember im Deutschlandfunk.

In manchen Redaktionen muss es ausgesehen haben wie bei der Kripo im Tatort: Pinnwände voll mit Namen, Fotos, Pfeilen, Verbindungen. Vielen Journalisten ging es nicht um Aufklärung dieses oder jenes Sachverhalts, es ging ihnen darum, mich vorzuführen, mich schwitzen zu sehen, mich lächerlich zu machen. Ich fühlte mich wie beim Dosenwerfen auf dem Jahrmarkt. Nach dem Motto «Es bleibt immer was hängen» war keine Denunziation abwegig genug. Die Wahl zum Schulsprecher 1976 hätte ich nur gewonnen, weil ich in den Pausen «After Eight» verteilt hätte, und auf Norderney sei mir als Ministerpräsident womöglich die Kurtaxe erlassen worden. Wie bei einer Matrjoschka kamen immer neue, immer winzigere Püppchen zum Vorschein. Die Vorwürfe würden «immer kleiner, immer kleinlicher, immer kleinkarierter», schrieb Heribert Prantl Mitte Januar in der *Süddeutschen Zeitung*.

Ich kann und will hier nicht noch einmal in die Endlosschleife der Vorwürfe einsteigen. Das haben die Staatsanwaltschaften in Berlin, Stuttgart und Hannover getan, die jeden noch so absurden Hinweis aufgriffen und – mit Ausnahme eines Oktoberfestbesuchs 2008 – nirgendwo einen hinreichenden Tatverdacht gegeben sahen. Mir liegt an etwas anderem. Von allen möglichen Seiten wurden unablässig Formfehler und Stilfehler bemängelt. Statt für vollständige und restlose Aufklärung zu sorgen, hätte ich stets neue Widersprüche geschaffen. In der Tat konnten Außenstehende den Eindruck gewinnen, ich hätte mich für die sprichwörtliche Salamitaktik entschieden. Aber der Charakter der Anfragen ließ eine aktive Mitwirkung meinerseits gar nicht zu; viele Fragen waren von vornherein so angelegt, dass jede mögliche denkbare Antwort zwangsläufig sofort neue angebliche Widersprüche nach sich ziehen musste. Ich konnte nur defensiv antworten. Vieles war frei erfunden, und vieles wurde offensichtlich nur behauptet, um den damit verbundenen Verdacht am nächsten Tag mit dem Hinweis zu veröffentlichen, der Bundespräsident habe dementiert, aber entsprechende Nachfragen leider nicht vollständig beantworten können.

Viele Fragen konnte ich überhaupt nicht beantworten, zum Beispiel die Frage, was ich am 11. Dezember 2011 im Monte Carlo Beach Club in Abu Dhabi gemacht hätte. Die Mitgliedschaft in diesem Club der Reichsten kostet 80000 Dollar, vor der Tür stehen die Bentleys und Lamborghinis, das passte zu dem Bild, das man von mir verbreitete. Was wollte Herr Wulff mit seiner Frau im Monte Carlo Beach Club? Ich konnte mich nicht erinnern, je in einem solchen Club gewesen zu sein, und nirgendwo im Reiseplan fand sich ein Hinweis. Vollkommene Ratlosigkeit.

Was dahinter steckte, habe ich erst Ende letzten Jahres erfahren, als ich auf der Rückreise von einem Aufenthalt in Südostasien in Abu Dhabi Zwischenstation machte und den deutschen Botschafter sprach. Er sei Weihnachten 2011 in Deutschland gewesen, erzählte er mir, und da hätte morgens um sieben sein Handy geklingelt. Journalisten, erst von Springer, dann vom *Spiegel*, wollten Auskunft zum Monte Carlo Beach Club. Um was ging es? Der Protokollchef des Auswärtigen Amtes hatte in Abu Dhabi angerufen und mitgeteilt, dass ich eventuell drei Stunden früher aus Katar eintreffen würde und man die Zeit bis zum ersten Termin überbrücken müsse. Der Botschafter fuhr mit seiner Frau die Strecke zum Flughafen ab, entdeckte den Club und bat den Chef, sich auf eine mögliche Kaffeepause der deutschen Delegation einzurichten. Das war dann nicht nötig, weil am Zeitplan nichts geändert wurde. Von dieser Improvisation wussten der Botschafter, seine Frau, sein Fahrer, seine Sekretärin – und natürlich der Protokollchef des AA.

Bis heute wird im Zusammenhang mit der Affäre von einem fatalen Krisenmanagement gesprochen. Ich sei daran gescheitert, mit jeder Erklärung neue Angriffsflächen geboten zu haben, nicht an den Vorwürfen selbst. Zweifellos wurden schwere Fehler gemacht, auch von mir. Ich will mich hier nicht aus der Verantwortung stehlen. Gleichwohl kann ich nicht unerwähnt lassen, dass ich, wäre es nach mir gegangen, am 13. Dezember 2011, als ich von der Golfreise zurückkam, eine andere Strategie bevorzugt hätte. Sie lief darauf hinaus, öffentlich zu erklären, dass ich mich dem Druck bestimmter Medien nicht beugen werde.

Im Bellevue war man entsetzt. Es herrschte gedrückte Stimmung: Das mit dem Kredit sei schon komisch, warum ich niemanden früher davon in Kenntnis gesetzt hätte. Eine Offensive sei jetzt nicht mehr möglich. Sagen Sie, der Kredit war ein Fehler, den Kreditgeber im Landtag nicht zu nennen, war ein Fehler, die Umwandlung des Kredits hätte transparenter gemacht werden müssen. Alle Ratgeber argumentierten in die gleiche Richtung: den Kopf einziehen und Demut zeigen. Ein Bundespräsident dürfe sich niemals auf ein solches Niveau herablassen und sich in Clinch mit der Presse begeben, schon gar nicht dürfe er eine harte Linie fahren. Dem Amt ist jede Konfrontation erklärtermaßen fremd. Die Einsamkeit des Bellevue wehte mich kälter an denn je.

Ich folgte den Empfehlungen meiner Berater, die mich überzeugten, dass ich mit einer offensiven Strategie scheitern würde. Aber ich beschloss, durchzuhalten. Wenn einer einen solchen Angriff überstehen kann, sagte ich mir, dann überhaupt nur der Bundespräsident. Kein Ministerpräsident, kein Minister in den Ländern und kein Bundesminister hätte die erste Woche politisch überlebt. Spätestens eine Woche nach dem ersten *Bild*-Artikel wäre er aus dem Rennen genommen worden. Innerparteilich hätte sofort die Suche nach einem potentiellen Nachfolger eingesetzt, und durch den Druck aus der Partei wäre der mediale Druck erheblich verstärkt worden. Am Schluss hätte man sich auf eine Sprachregelung geeinigt, bei der die eigenen Leute das Gesicht wahren.

Dass der Bundespräsident zwei Monate lang einer Schmutzkampagne ausgesetzt wird, deren Niederträchtigkeit heute wohl kaum noch jemand bestreitet, das hatte ich nicht für möglich gehalten. Ebensowenig konnte ich mir vorstellen, dass eine Staatsanwaltschaft sich dem von den Medien erzeugten Druck beugt und aufgrund einer manipulierten *Bild*-Geschichte die Aufhebung meiner Immunität beantragt.

Der Tsunami kam in drei Wellen. Die erste Welle, die Hauskredit-Welle, traf mich am Abend des 12. Dezember, als *Bild* die Meldung vom nächsten Tag online stellte. Sie hielt das Land bis zu den Feiertagen in Atem. Die zweite Welle, die Mailbox-Welle, ließ sich am 19. Dezember von Ferne hören, schien während der Feiertage abzuklingen und baute sich am 1. Januar 2012 dann mit umso größerer Gewalt auf. Sie hinterließ eine breite Spur der Verwüstung, aber noch stand ich. Die dritte Welle schließlich, die Sylt-Welle, raste am 8. Februar direkt auf mich zu: «Wer zahlte Wulffs Sylt-Urlaub?», fragte die *Bild*-Zeitung und unterstellte eine Vertuschung von Beweismitteln. Noch am selben Morgen rief SPD-Fraktionsgeschäftsführer Thomas Oppermann nach dem Staatsanwalt.

Dreimal war es Kai Diekmann, der die Welle auf Knopfdruck auslöste, und dreimal schien er sicher zu sein, dass der Großteil der deutschen Presse ihm folgen würde, von den Fernsehanstalten ganz zu schweigen. Zu den wenigen rühmlichen Ausnahmen gehörte die *tageszeitung*. Das Blatt hatte dem *Bild*-Chef in den vergangenen Jahren immer mal wieder auf die Finger geklopft, und auch diesmal wollten ihn die Kollegen von der anderen Straßenseite nicht ungeschoren davonkommen lassen. Am 16. Januar, als die Aufregung um die Mailbox-Nachricht schon im Abklingen war, wollte die *taz* noch einmal genau wissen, wie Herr Diekmann die Affäre denn nun «gespielt» habe. Am 24. Januar gingen seine Antworten ein und wurden von der *taz* am nächsten Tag online gestellt.

Der Ausdruck in kleinen Lettern umfasste 14 Seiten, trotzdem war das Ergebnis mager: «Statt auf die entscheidende Frage zu antworten, wie und wann die Wulff-Nachricht ihren Weg von der Mailbox Diekmanns in andere Medien und in die Öffentlichkeit fand, zündet *Bild* Nebelkerzen.» Er bitte darum, zu respektieren, so Diekmann, «dass wir grundsätzlich zu Inhalten von vertraulichen Gesprächen, die wir mit Journalisten führen, keinem anderen Journalisten Auskunft geben.» Hätte ich auf die Fragen von Journalisten so selektiv geantwortet wie Kai Diekmann, der nur Fragen beantwortete, die ihm passten, und statt dessen viele Gegenfragen stellte, wäre ich damit ganz sicher nicht durchgekommen.

Im ARD/ZDF-Interview richtete ich eine einzige Gegenfrage an Bettina Schausten, die daraufhin kaltschnäuzig behauptete, sie zahle für Übernachtungen bei Freunden grundsätzlich 150 Euro. Sie tat so, als sei es in unserem Lande üblich, Freundschaft zu verrechnen. Mit dieser offenkundigen Unwahrheit vor einem Millionenpublikum – in einem Land, in dem man sich nicht mehr einladen lassen könne, wolle ich nicht leben, antwortete ich – suchte sie mich noch weiter in die Enge zu treiben. Die Lüge sei notwendig gewesen, verteidigte sich Frau Schausten hinterher, sonst wäre ihr die Gesprächsführung entglitten. Darüber las ich anschließend wenig; viel größer war die Empörung darüber, dass ich es überhaupt gewagt hatte, eine Gegenfrage zu stellen.

Diekmann räumte ein, meine Mailbox-Nachricht an zwei Kollegen weitergegeben und mit ihnen darüber gesprochen zu haben, und erklärte ein paar Antworten später – wohl eher unfreiwillig – das zugrunde liegende Prinzip: «Wenn eine Information erst einmal in Journalistenkreisen bekannt ist, dann ist es nur eine Frage der Zeit, bis sie sich auch weiterverbreitet. Es ging ja auch um den Versuch, die freie Presse einschüchtern zu wollen.» Als Kronzeuge wurde der ehemalige *Spiegel*-Chefredakteur Stefan Aust genannt. Aust ist inzwischen Herausgeber der *Welt* – die Grenzen zwischen beiden Häusern seien immer schon «viel durchlässiger» gewesen, als man aufgrund der politischen Ausrichtung vermutet hätte, kommentierte die *Süddeutsche Zeitung*.

Die zweite Welle, die Mailbox-Welle, war zweifellos Diekmanns Coup, mit dem er eine bis dahin unbekannte Solidarisierung der deutschen Medien mit *Bild* zustande brachte. Weil ihr Verlauf am kompliziertesten zu rekonstruieren ist, habe ich die Beschreibung vorgezogen. Was die erste Welle vom 12. Dezember angeht, will ich im folgenden meinen Hauskauf erläutern, dabei aber nur am Rande auf das eingehen, was mir später im Zusammenhang mit den Krediten unterstellt wurde. Der Schmutz, den viele Medien und das Netz verbreiteten und der in über dreißig Talkshows breitgetreten wurde, soll hier nicht noch einmal aufgewühlt werden. Denn wie bei so vielen Kampagnen seit Bestehen des Blattes gilt auch in meinem Fall: *Bild* ist niemals der ganze Skandal, aber ohne *Bild* ist der ganze Skandal nichts.

Im Februar 2008 war ich von meiner ersten Frau geschieden worden, einen Monat später hatten Bettina und ich geheiratet. Zu diesem Zeitpunkt lebten wir bereits anderthalb Jahre zusammen mit ihrem Sohn Leander in einer Wohnung in Hannover. Als im Mai unser gemeinsamer Sohn Linus auf die Welt kam, mussten wir uns nach einer größeren Wohnung oder einem kleinen Haus umsehen. Im Spätsommer hörten wir, dass in der Nachbarschaft von Freunden meiner Schwiegereltern in Großburgwedel ein Einfamilienhaus zum Verkauf stand. Bettina brachte genügend Phantasie für die nötigen Renovierungen mit.

Die Kosten für das Haus einschließlich der nötigen Ausbauten und Verschönerungsarbeiten bezifferte ich alles in allem auf rund 500000 Euro. Über die Frage der Finanzierung beriet ich mich mit meinem langjährigen Freund Egon Geerkens. Er war ein Freund meines Vaters gewesen, hatte mich bereits in jungen Jahren in wichtigen Lebenssituationen beraten und auch meinen beruflichen Werdegang eng begleitet. Egon war einfach ein jahrzehntelanger guter Freund. Er war als Unternehmer sehr erfolgreich, hatte es zu Vermögen gebracht und sich einige Jahre zuvor wegen einer schweren Erkrankung an den Vierwaldstätter See zurückgezogen.

Als ich Egon Geerkens später in der Affäre einen «väterlichen Freund» nannte, ergoss sich ein Kübel Häme über uns. Wohl wieder einer dieser sogenannten Freunde, die sich gegenseitig Vorteile gewähren – wie lange kennen die sich überhaupt? Er hätte auch gern einen Freund, der ihm 500000 Euro leiht, ätzte der niedersächsische Justizminister Bernd Busemann in der Kabinettssitzung. Er hatte so einen Freund offenbar nicht. Ich hatte ihn aber. Ich durfte ihn auch haben. Er hätte mir das Geld sogar schenken dürfen, stellte die Staatsanwaltschaft später fest. Wirtschaftlich hatte Egon Geerkens nie irgendeinen Vorteil durch mich, er wäre auch nie auf den Gedanken gekommen, mich um etwas zu bitten. Nachdem die *Bild*-Zeitung seinen Namen preisgegeben hatte, kamen von überall her die Denunzianten gelaufen.

Egon Geerkens hatte uns bei der Haussuche und bei den Umbaumaßnahmen geholfen, er kennt sich als erfolgreicher Investor gut mit Immobilien aus. Statt einer Hypothek sollte ich einen Privatkredit aufnehmen, den mir seine Frau zur Verfügung stellen würde. Es war auf dem Höhepunkt der Bankenkrise, kurz zuvor war Lehman in die Insolvenz gegangen. In diesen unsicheren Zeiten legte Edith Geerkens 500000 Euro lieber bei mir an als bei einer Bank. Sie bekam vier Prozent, mehr, als sie bei einer Bank bekommen hätte; etwa 1700 Euro überwies ich ihr banküblich monatlich auf ihr Konto. Ich sparte Bankbearbeitungsgebühren und Provisionen. Der Vertrag wurde am 25. Oktober 2008 zwischen Edith Geerkens einerseits und Bettina und mir andererseits auf fünf Jahre geschlossen.

Ein Jahr später waren die Zinsen für Kredite und Hypotheken stark gefallen und fielen weiter. Egon Geerkens stellte für mich einen Kontakt zur BW-Bank her, und im März 2010 habe ich den Kredit bei Edith Geerkens gegen einen Geldmarktkredit bei der BW-Bank abgelöst. Der Geldmarktkredit war günstiger als eine Hypothek, allerdings wurde der Zinssatz nur für drei Monate garantiert und dann neu festgesetzt. Das damit verbundene Risiko einer Zinserhöhung nahm ich in Kauf. In dem Moment, in dem eine Langfristfinanzierung günstiger wäre als der Geldmarktkredit, würde ich umsteigen. Das geschah Ende 2011, als ich den Geldmarktkredit in ein herkömmliches Hypothekendarlehen mit 15-jähriger Laufzeit umwandelte. Das alles war von Anfang bis Ende ein klares, in jeder Hinsicht sauberes Finanzierungskonzept – und meine Privatsache.

Die Spekulationen freilich, die im Zuge der Affäre von den Medien dazu verbreitet wurden, waren an Absurdität nicht zu überbieten. Ob die Wahl der BW-Bank eventuell mit der Tatsache zu tun habe, dass diese Bank von einer CDU-geführten Landesregierung kontrolliert wurde, wollte der *Stern* am 6. Dezember von mir wissen. «Wählte Herr Wulff eine von einer CDU-Regierung kontrollierte

Bank, um die Identität des vormaligen Kreditgebers zu verbergen? Nutzte Herr Wulff Kontakte zu Mitgliedern oder Mitarbeitern der damaligen Landesregierung von Baden-Württemberg, um den Kreditvertrag mit der BW-Bank vorzubereiten?». An Journalistenschreibtischen ausgedacht. Nächster logischer Schritt solcher aberwitzigen «Recherchen»: Wann haben sich Wulff und Oettinger in diesem Zeitraum getroffen? Zum Beispiel am 10. Dezember 2009, also drei Monate vor Umwandlung des Privatkredits in den Geldmarktkredit. So wird es gelaufen sein! Der arme Günther Oettinger musste mehrfach öffentlich dementieren, mit mir jemals über die Finanzierung meines Hauses gesprochen zu haben.

Was war das überhaupt für ein komischer Kredit, von dem kein Journalist je gehört hatte? Das Instrument des rollierenden Geldmarktdarlehens, bei dem der Kreditnehmer das Risiko der Zinsentwicklung trägt, war in der Tat lange vergessen und eigentlich auch nicht für kleine Vermögen gedacht. Seit der Berichterstattung über meine Hausfinanzierung hat die Nachfrage der Verbraucher nach Kurzfristdarlehen allerdings deutlich zugenommen. Die Banken sind über diese Entwicklung nicht glücklich, weil sie weniger dabei verdienen. 2010/2011 jedenfalls war der Zinssatz sehr niedrig, deshalb hatte ich mich ja auch dafür entschieden. In den Zeitungen las man von Machenschaften: So viele offene Fragen – da kann es unmöglich mit rechten Dingen zugegangen sein!

Die Namen von Egon und Edith Geerkens hatte ich bis zuletzt nicht öffentlich machen wollen – und auch dies aus Gründen, die im Privaten lagen. Es gab ein notarielles Testament des Ehepaars Geerkens, dass ich im Falle ihres Todes ihre beiden minderjährigen Töchter zu mir nehmen sollte. Wenn dieser Fall eintrat, sollten die Töchter in einem anständigen Haus unterkommen, auch deshalb wurden wir bei der Suche nach einem Haus und bei der Finanzierung von Egon Geerkens unterstützt. Wäre etwas passiert, hätten wir zu den Mädchen gesagt, eure Eltern haben uns aufgetragen, dass wir uns um euch kümmern. Mir lag daran, dass weder Familie Geerkens noch die Kinder in eine *Bild*-Kampagne reingezogen wurden. Als diese Zusammenhänge später aus den Ermittlungen der Staatsanwaltschaft an die Öffentlichkeit durchgestochen wurden, meinte die *Süddeutsche Zeitung*, wenn ich das alles gleich im Dezember 2011 öffentlich gemacht hätte, wäre mir die ganze Kampagne wahrscheinlich erspart geblieben. Aber wer erzählt denn so persönliche Dinge? Ich jedenfalls konnte mich nicht dazu durchringen, und ich wusste auch nicht, ob die Töchter von Egon und Edith Geerkens darüber im Einzelnen informiert waren. Muss ich wirklich das Privateste preisgeben, um politisch überleben zu können?

Am 6. Dezember erhielt Herr Heidemanns von *Bild*, am Tag darauf Herr Tillack vom *Stern* im Bellevue Einblick in den Darlehensvertrag mit Edith Geerkens. Olaf Glaeseker hatte beiden Journalisten Einsicht unter der Voraussetzung gewährt, dass die Privatsphäre der Kreditgeberin gewahrt blieb. Herr Heidemanns behauptete später, dass es keinerlei Zusagen in diesem Zusammenhang gegeben habe.

Neben *Bild* und *Stern* stellte auch der *Spiegel* seit geraumer Zeit Nachforschungen an. Die Hamburger hatten durch mehrere Instanzen auf Einsicht in die Grundbuchakten unseres Hauses in Großburgwedel geklagt und am 17. August 2011 vor dem Bundesgerichtshof dieses Recht erstritten. Offiziell habe ich dazu als Eigentümer bis heute keine Informationen erhalten. Weil es beim Erwerb des Hauses möglicherweise zu Unregelmäßigkeiten gekommen sei, müsse ich als eingetragener Eigentümer von der bevorstehenden Grundbucheinsicht nicht in Kenntnis gesetzt werden – «zum Schutz der Gesamtrecherche der Antragstellerin». Die Recherchen des *Spiegels* hatten Vorrang vor den durch die Verfassung garantierten Eigentums- und Persönlichkeitsrechten. Man muss sich die Folgen ausmalen: Wer den Verdacht hat, dass beim Nachbarn etwas nicht stimmt, wirft schnell mal einen Blick in dessen Grundbuchakten. Eine Person des öffentlichen Lebens muss nach dem Urteil des Bundesgerichtshofs vom 17. August 2011 (AZ: V ZB 47/11) künftig damit rechnen, dass jeder Journalist jede Information bekommt, wenn nur Zwielichtigkeit behauptet wird.

Der *Spiegel* erhielt also ohne mein Wissen Einsicht in das Grundbuch, entdeckte aber weder die Namen, die er suchte, noch sonst irgendwelche Auffälligkeiten, woraufhin das Interesse des *Spiegels* vorerst erlahmte. Jetzt übernahm der Springer-Verlag die Führung. Am 4. November 2011 stellte die *Welt* beim Amtsgericht Tecklenburg per Fax Antrag auf Einsicht in das Grundbuch von Westerkappeln, einer Gemeinde westlich von Osnabrück. Ich besaß dort seit zwanzig Jahren ein Grundstück, auf dem eine Tankstelle stand, für die ich eine kleine Pacht bezog. Es lägen Hinweise vor auf «finanzielle Vergünstigungen» und «Unregelmäßigkeiten beim Grundbucheintrag», schrieb die Redaktion und fügte unter Berufung auf das BGH-Urteil vom August vorsichtshalber hinzu, dass «der Betroffene bei einer Einsichtnahme durch die Presse nicht angehört und auch nicht darüber informiert werden» darf.

Der Antrag wurde vom Amtsgericht Tecklenburg vier Tage später kostenpflichtig zurückgewiesen: «Das lediglich Äußern eines Verdachts von Unregelmäßigkeiten und finanziellen Vergünstigungen kann nach Ansicht des Grundbuchamtes nicht dazu führen, Einsicht in Grundbücher und Grundakten zu gewähren». Amtsrichter sind vernünftige, bodenständige Leute. Springer legte Beschwerde ein. Das Amtsgericht gab die Sache daraufhin an das Oberlandesgericht Hamm. Als ich nach meinem Rücktritt 2012 die Tankstelle in Westerkappeln verkaufte, teilte mir das Grundbuchamt in Tecklenburg mit, man habe die Grundbuchakte nicht, sie liege beim Oberlandesgericht Hamm. So erfuhr ich überhaupt von dieser Springer-Recherche.

Prozesse, Recherchen und eigens in Auftrag gegebene Umfragen, die beweisen sollten, dass der Rückhalt für mich in der Bevölkerung schwand, dürften den Springer-Verlag beträchtliche Summen gekostet haben – sicherlich mehr, als unser Haus gekostet hat. Geld spielte jedenfalls keine Rolle, und am Ende wurde der Aufwand belohnt. Es war der *Bild*-Redakteur Harbusch, der am 8. Dezember die Formel für die toxische Mischung entdeckte. Bei seinen «Recherchen» zum Namen Geerkens stieß er auf eine Kleine Anfrage der Grünen im niedersächsischen Landtag vom 10. Februar 2010: «Gab es geschäftliche Beziehungen zwischen Christian Wulff, dem CDU-Kreisverband Osnabrück, dem CDU-Landesverband Niedersachsen, dem CDU-Bundesverband, bzw. dem Land Niedersachsen und Herrn

Egon Geerkens oder Herrn Joachim Hunold oder irgendeiner Firma, an der Herr Hunold oder Herr Geerkens als Gesellschafter beteiligt waren?» Staatssekretär Hagebölling antwortete acht Tage später korrekt: «Zwischen Ministerpräsident Wulff und den in der Anfrage genannten Personen und Gesellschaften hat es in den letzten zehn Jahren keine geschäftlichen Beziehungen gegeben.»

Fällt der Kredit von Frau Edith Geerkens zur Finanzierung meines Hauses in Großburgwedel unter den Begriff «geschäftliche Beziehung»? Und ist Frau Edith Geerkens im juristischen Sinne identisch mit Herrn Egon Geerkens? Einfacher gefragt: Habe ich den Landtag in meiner vom Staatssekretär vorgetragenen Antwort belogen?

Die Opposition stellt hunderte von bohrenden Fragen, das ist die Aufgabe der Opposition. Regierungsmitglieder nerven diese Fragen, aber genaue Antworten sind so notwendig wie genaue Fragen. Die sogenannten Kleinen und Großen Anfragen korrekt und umfassend zu beantworten, ist für den betroffenen Minister mit erheblichem Aufwand verbunden. Alles und jedes darf gefragt werden, und es muss wahrheitsgemäß auf alles und jedes geantwortet werden, das sind zwei gute Grundsätze. Aber es gibt in den Landtagsparlamenten ebenso wie im Bundestag einen Konsens, den alle anerkennen: genau das zu beantworten, was konkret gefragt wurde. Das ist Brauch. Es zwingt die Opposition, eine Frage ordentlich und präzise zu formulieren, und die Regierung, umfassend und konkret zu antworten. Wäre es anders, würde sich die Opposition bei der Fragestellung noch weniger Mühe geben müssen und jede nicht erhaltene Information, nach der nicht gefragt wurde, anschließend bemängeln.

Über eine Frage hinauszugehen und sie interpretierend auszuleuchten – die Opposition meinte sicher nicht nur Herrn Geerkens, sondern auch Frau Geerkens, sicher nicht nur geschäftliche Beziehungen, sondern auch private –, wäre der Weg in die Endlosschleife. Die Vertreter der Regierung wären mit nichts anderem mehr befasst als mit der Beantwortung parlamentarischer Anfragen, schon heute ziehen sich manche Themen über Monate hin. Es war nach Egon Geerkens gefragt, der keinerlei Gewerbe mehr unterhielt. Wäre die Opposition mit meiner Antwort nicht zufrieden gewesen, hätte sie eine Woche später nach Frau Geerkens fragen können. Hat sie aber nicht. Das Argument, dass die Frage so gemeint war, zählt nicht. Gemeint ist, was gefragt wird.

Aus heutiger Sicht wäre es besser gewesen, die Anfrage offensiv anzugehen und den privaten Finanzierungskredit darzulegen. Das hatte ich sofort nach der Golfreise im Dezember 2011 öffentlich eingeräumt. Das Ganze hatte jedoch eine mir unangenehme Vorgeschichte. Zum Jahreswechsel 2009/2010 hatten meine Frau und ich Urlaub im Haus von Egon und Edith Geerkens in Florida gemacht. Wir nutzten ein kostenloses Upgrade und flogen mit unseren zwei kleinen Kindern, statt der gebuchten Economy, Business Class. Bettina hatte zwei Wochen vorher auf einer Veranstaltung Joachim Hunold, dem Gründer von Air Berlin, von unserer Reise erzählt, und er hatte daraufhin das Upgrade veranlasst. Das Upgraden von Prominenten gehörte für Joachim Hunold zum Geschäftskonzept von Air Berlin. Kaum waren wir zurück, gab es Nachfragen: Ich sei Business geflogen, hätte aber nur Economy gezahlt. Ich habe daraufhin den Differenzbetrag nachgezahlt.

Das Personal am Counter hat in Schulungskursen gelernt, unter den Wartenden diejenigen auszuwählen, die am ehesten in die Business Class passen, ohne dass das kostenlose Upgrade auffällt; die dadurch frei werdenden hinteren Plätze können dann noch last minute verkauft werden. Im Frühjahr 2010 flogen wir mit einer niedersächsischen Delegation in die Emirate. Am Flughafen sagte der Verantwortliche der Fluggesellschaft Etihad, es tue ihm leid, dass wir nicht First Class hätten buchen können, weil die ursprünglich vorgesehene Maschine nicht über First Class verfügte. Man habe die Maschine deshalb ausgetauscht, so dass jetzt alle, die Business gebucht hätten, First Class und alle Economy-Passagiere Business Class fliegen würden. Die Beamten der Staatskanzlei und ich als Delegationsleiter und Ministerpräsident, sensibilisiert durch den Miami-Flug, waren die einzigen, die in ihrer Klasse verblieben.

Politiker sollen Verfehlungen zugeben, heißt es. Beim ersten Mal kommt das vielleicht noch gut an, beim zweiten Mal aber wundert man sich, na, was ist mit dem denn los. Deshalb habe ich auf die

Anfrage der Grünen vom 10. Februar 2010 formal korrekt geantwortet. Zumal es weder zwischen dem Upgrade und dem Hauskredit noch zwischen Edith Geerkens und dem Land Niedersachsen einen Zusammenhang gab. Wären meine Frau und ich mit den Kindern an den Feiertagen per Upgrade nach Alaska oder sonstwohin geflogen, wäre der Name Geerkens nie in den niedersächsischen Landtag gekommen. In dessen Protokollen fand ihn zwei Jahre später der *Bild*-Redakteur Harbusch.

Es ist die Verkettung solcher Zufälle, die gelegentlich eine Politikerlaufbahn beenden kann.

DIE LETZTE KUGEL

Nachdem ich den ganzen Januar 2012 über unter Dauerbeschuss gestanden hatte, verstärkte sich nicht nur bei mir gegen Ende des Monats der Eindruck, das Schlimmste hinter mir zu haben. Es sehe in diesen Tagen ganz danach aus, so der *Spiegel* am 23. Januar 2012, «als könnte der Bundespräsident dem Affärenstrudel entkommen». Mir lagen Hinweise vor, dass die *Bild*-Zeitung ihre Munition verschossen und nichts mehr in der Hand hatte.

Umso härter traf mich am Morgen des 8. Februar der Aufmacher «Vertuschungs-Verdacht – Wer zahlte Wulffs Sylt-Urlaub?» Auf Seite zwei der *Bild*, die den Sylt-Aufenthalt über sechs Spalten in allen Facetten breit ausleuchtete, war zu lesen: «Vom 31. Oktober bis 3. November 2007 übernachtete Christian Wulff mit seiner heutigen Ehefrau Bettina (38) im vornehmen ‹Hotel Stadt Hamburg› auf Sylt ... Zugleich war der Berliner Filmfonds-Manager David Groenewold (38), ein enger Freund von Christian Wulff, in dem Luxus-Hotel untergebracht ... Nach *Bild*-Recherchen hatte Groenewold seinen und Wulffs Sylt-Aufenthalt beim VIP-Service von Airtours gebucht und vor Reiseantritt mit seiner Platinum-Kreditkarte von American Express bezahlt.» Bis zu diesem Satz war der Bericht korrekt.

Was folgte, war das Ergebnis einer Manipulation: «Jetzt steht der Wulff-Freund im Verdacht, diesen Vorgang vier Jahre später vertuschen zu wollen. Vor rund drei Wochen, am 16. Januar 2012, rief Groenewold im ‹Hotel Stadt Hamburg› an. In der *Bild* vorliegenden Notiz des Hotels über diesen Anruf heißt es: ‹lt. tel. 16.1. keine Daten von Hr. Groenewold rausgeben! (War 2007 mit Hr. Wulff hier &

hat den Aufenthalt übernommen.)› Am 17. Januar notiert das Hotel in seiner internen Aufgabenliste für Mitarbeiter, die *Bild* vorliegt: ‹Hr. David Groenewold hat gestern angerufen, wir sollen keinerlei Infos über ihn rausgeben! Er war 2007 mit Hr. Wulff im HSH und hat den gesamten Aufenthalt übernommen. Falls also *Bild* oder *Spiegel* anruft, wir wissen von nichts!›» Drei Tage später sei David Groenewold in Westerland erschienen: «Am Morgen des 20. Januar fordert er Mitarbeiter des Hotels auf, relevante Rechnungen und Belege … auszuhändigen. Ein Hotel-Manager übergibt Groenewold Anreiselisten, Meldescheine und Verzehrquittungen.» Was mit diesen Sätzen suggeriert werden sollte, war der Versuch einer Unterdrückung von Beweismitteln durch David Groenewold.

Zehn Tage hatten *Bild*-Reporter Martin Heidemanns und sein Kollege Nikolaus Harbusch an dem Artikel gebastelt, der darauf abzielte, die Staatsanwaltschaft zur Bejahung eines Anfangsverdachts und damit zum Einschreiten zu bewegen. Der Fraktionsvorsitzende der Grünen im niedersächsischen Landtag Stefan Wenzel lieferte ihnen für den 8. Februar das passende Zitat: «Wer solche Dokumente verschwinden lassen will, dürfte etwas auf dem Kerbholz haben. Hier muss endlich der Staatsanwalt ran!» Auch den SPD-Fraktionsvorsitzenden im Landtag von Hannover, Stefan Schostok, hatte die *Bild* ins Boot geholt: «Offenbar finden gerade Versuche statt, Akten zu säubern».

In Wahrheit hatte David Groenewold keine Unterlagen verschwinden lassen wollen, sondern vom Hotel lediglich Rechnungskopien erbeten, um seinerseits auf vielfältige Journalistenanfragen präzise Auskunft geben zu können. Wie aus den späteren Vernehmungen von Hotelangestellten durch das Landeskriminalamt Schleswig-Holstein hervorgeht, war der angebliche Vertuschungsversuch von den *Bild*-Redakteuren gegen besseres Wissen konstruiert worden.

Um das ganze Ausmaß dieses Komplotts angemessen darstellen zu können, muss ich ein wenig ausholen. Den Filmunternehmer David Groenewold hatte ich 2003 bei der Präsentation des Fernsehzweiteilers «Das Wunder von Lengede» kennengelernt. Der Film über die legendäre Rettung von elf Kumpeln bei einem Grubenunglück 1963 wurde als ein wichtiger Beitrag zur Geschichte Niedersachsens gesehen. Aus anfänglichen Gesprächen über Filmwirtschaft und Medienpolitik entwickelte sich später eine private Freundschaft. 2008 war David Groenewold Redner auf meiner Hochzeit und erster Gratulant zur Geburt von Linus.

Es bestanden weder zwischen ihm und mir noch zwischen ihm und dem Land Niedersachsen nach 2006 wirtschaftliche oder dienstliche Beziehungen, wie auch das Gericht in seinem Urteil feststellte. Es gab überhaupt nur zwei dienstliche Berührungspunkte, die das Gericht zusätzlich in meinem Sinne als Indiz für die klare Trennung von privat und dienstlich wertete. Als ich im Mai 2009 von einer (nicht in Anspruch genommenen) Ausfallbürgschaft des Landes Niedersachsen erfuhr, die im Dezember 2006 für eine Filmproduktionsgesellschaft erteilt worden war, die zur Hälfte David Groenewold gehörte, machte ich einen handschriftlichen Vermerk: «Bei allen Aktivitäten im Zusammenhang mit David Groenewold bitte äußerste Zurückhaltung, um jeglichen Anschein von Nähe zu vermeiden. Hier müsste – wenn überhaupt – genau hingeschaut werden.» Schon ein Jahr zuvor hatte ich den Chef der Staatskanzlei, Staatssekretär Hagebölling, gebeten, mich auf das Stichwort Groenewold anzusprechen: «Ich möchte nicht, dass wir die Zusammenarbeit intensivieren. Ich möchte mit Ihnen darüber sprechen, wo überhaupt Anträge und Vorhaben laufen. Ich vermute, dass es nur im MW [Wirtschaftsministerium] der Fall ist.»

Als ich 2006 meine spätere Frau Bettina kennenlernte, freute ich mich, dass sie sich auch mit David Groenewold gut verstand. Die beiden verband nicht zuletzt die Zuneigung zu Sylt, wo Bettina seit Kindheitstagen Ferien verbrachte. Am 31. Oktober 2007 fuhren wir das erste Mal gemeinsam nach Sylt, mit dabei Groenewolds damalige Freundin. Wir wollten zu viert Bettinas Geburtstag nachfeiern, an dem ich wieder einmal wegen politischer Verpflichtungen keine Zeit gehabt hatte. Wir fuhren am Mittwoch los und blieben bis Samstag. Da die IG Metall für den Samstag in Osnabrück eine große Demonstration gegen den Stellenabbau bei dem Automobilbauer

Karmann angekündigt hatte, reiste ich in aller Herrgottsfrühe vor den anderen ab.

David Groenewold hatte über sein Reisebüro zwei Doppelzimmer im Hotel Stadt Hamburg in Westerland gebucht und per Voucher bezahlt, die verauslagten Kosten erstattete ich ihm auf Sylt in bar. Die Buchung war über ihn erfolgt, weil auf diese Weise Diskretion gewahrt wurde und ich verhindern konnte, dass zum Beispiel ein Hotelmitarbeiter beim Inselblättchen oder bei der *Bild*-Zeitung anruft und erzählt, Wulff kommt mit seiner neuen Lebensgefährtin. Solche Überlegungen waren nicht abwegig; wir mussten immer damit rechnen, dass Reporter der Regenbogenpresse auf uns warteten, wenn wir irgendwo eintrafen.

Wer aus drei kurzen Sylt-Aufenthalten in sechs Jahren ableitet, dass ich den Jetset gesucht hätte, will mich in ein Klischee zwängen, das mir nicht entspricht. Die Welt von Sylt ist mir, bei aller Sympathie für die Inselbewohner, im Grunde fremd. Ich liebe Norderney. Niedersachsen hat Borkum, Juist, Norderney, Baltrum, Langeoog, Spiekeroog, Wangerooge – lauter wunderschöne Inseln, da gibt es für den niedersächsischen Ministerpräsidenten keinen Grund, Urlaub auf Sylt zu machen. Sylt ist Schleswig-Holstein, das war Peter-Harry-Carstensen-Land. Auch deshalb wollte ich bei der Planung der Reise Vorsicht walten lassen: Wulff auf Sylt, das wäre, zumal drei Monate vor den Landtagswahlen, nicht gut angekommen. Als Politiker muss man sich immer wieder fragen, wie etwas ausgelegt werden könnte, und leider gilt dies selbst bei privaten Urlauben.

Gut vier Jahre nach unserem gemeinsamen Sylt-Ausflug geriet David Groenewold im Zuge der gegen mich erhobenen Vorwürfe ins Visier der Journalisten. Viele Menschen aus meinem privaten Umfeld waren damals Nachstellungen der Presse ausgesetzt, und bei denen, die verschont blieben, meldete sich nach meinem Rücktritt die Staatsanwaltschaft. Als David Groenewold Anfang Januar 2012 vom *Spiegel* mit einem Fragenkatalog zum Oktoberfest 2008 konfrontiert wurde und nur unzureichend Auskunft geben konnte, weil ihm die nötigen Unterlagen fehlten, riet ihm sein Anwalt, sich auf weitere Überraschungen dieser Art vorzubereiten, eine Liste aller

Kontakte mit mir aufzustellen und die entsprechenden Belege bereitzuhalten. Am 16. Januar rief er im Hotel Stadt Hamburg an und bat zunächst die Assistentin des Direktors und dann den Direktor selbst um Übersendung von Kopien der Rechnungen aus dem Jahr 2007. Der Direktor lehnte dies aus Datenschutzgründen ab: Herr Groenewold müsse schon persönlich vorbeikommen. Am 19. Januar fuhr er nach Westerland und bekam die gewünschten Kopien gegen Vorlage seines Personalausweises ausgehändigt.

Den gesamten Vorgang erläuterte der Rechtsanwalt von David Groenewold am 24. Januar auf Anfrage des NDR für die NDR-Fernsehsendung «Menschen und Schlagzeilen». Die *Bild*-Zeitung will den Namen des Hotels neun Tage später selbst herausgefunden haben. Die Behauptung, man habe etwas «enthüllt», was ein anderer zuvor offengelegt hat, nannte das Landgericht Berlin in einer Einstweiligen Verfügung gegen den Springer-Verlag eine «Persönlichkeitsverletzung aufgrund einer unwahren Tatsachenbehauptung». Nach ähnlichem Muster hatte die *Bild*-Zeitung am 12. Dezember den Namen von Edith Geerkens «enthüllt», obwohl Herrn Heidemanns der Kreditvertrag mit ihrem Namen am 6. Dezember im Bellevue aus freien Stücken vorgelegt worden war.

Am Montag, den 30. Januar, kam der Nachtportier des Hotels Stadt Hamburg aus seinen Ferien zurück. Ich kenne diesen Nachtportier nur aus den Vernehmungsprotokollen des LKA. In dem Buch, das die *Bild*-Redakteure Heidemanns und Harbusch Ende 2012 über ihre sogenannten Recherchen vorgelegt haben, hat er den Decknamen «Tamara». In der dazugehörigen Anmerkung heißt es: «Identität zum Schutz der Quelle verändert». «Tamara» also rief am 31. Januar bei *Bild* an, es gebe einen Hinweis, dass ein von Herrn Groenewold bezahlter Aufenthalt von Herrn Wulff auf Sylt verschleiert werden solle. Zwei Tage später ging in der Poststelle von Springer angeblich ein Umschlag ohne Absender ein, in dem eine Kopie der Notiz des Hotels Stadt Hamburg vom 16. Januar lag. Weitere Dokumente könnten bei einem persönlichen Treffen übergeben werden. «Wie die Übergabe erfolgt, auch das bleibt Redaktionsgeheimnis», heißt es in dem Buch von Heidemanns und Harbusch. «Im

Krimi hilft oft Kommissar Zufall». Schon am 3. Februar habe man weitere Unterlagen auswerten können.

Ich erlaube mir kein Urteil über die Motive des Nachtportiers. Wem tagaus, tagein auf allen Kanälen und besonders suggestiv über die *Bild*-Zeitung der Eindruck vermittelt wurde, dass der Bundespräsident ein Schnäppchenjäger ist, ein Bonus-Präsident, ein Schnorrer, ein Kleber, ein Pattex-Präsident, ein Mann mit dubiosen Freunden, kurz: eine schwere Belastung für das Land – wie lange noch? –, der durfte vielleicht zwischenzeitlich durchaus dem Glauben verfallen, er erweise der Nation mit seinem Anruf bei *Bild* einen Dienst.

In der gerichtlichen Auseinandersetzung mit dem Volksschauspieler Ottfried Fischer vertrat der Anwalt des angeschuldigten *Bild*-Reporters offensiv den Standpunkt, «dass der Ankauf von Informationsmaterial eine berufstypische Handlung von Journalisten ist».

Bis heute kann im Hotel Stadt Hamburg niemand erklären, wie die erste handschriftliche Notiz vom 16. Januar – «lt. tel. 16.1. keine Daten von Hr. Groenewold rausgeben! (War 2007 mit Hr. Wulff hier & hat den Aufenthalt übernommen)» – den Weg in die internen Hotelunterlagen gefunden hat. Es handele sich mit Sicherheit nicht um die Handschrift einer Mitarbeiterin oder eines Mitarbeiters, sagte die Direktionsassistentin bei ihrer polizeilichen Vernehmung aus.

Am Mittag des 7. Februar rief Herr Heidemanns im Büro Groenewold an, den er nicht erreichte. Dann wählte er die Nummer von Groenewolds Rechtsanwalt und konfrontierte ihn mit den Vertuschungsvorwürfen. David Groenewold wandte sich umgehend an den Direktor des Hotels Stadt Hamburg, der die Chefredaktion der *Bild*-Zeitung per Fax und per Mail um 16.41 Uhr über den wahren Sachverhalt in Kenntnis setzte und betonte, es habe nie einen Versuch durch Herrn Groenewold gegeben, etwas zu vertuschen oder zu vernichten. Herr Groenewold habe lediglich Kopien für seine Unterlagen erbeten. Der Axel Springer Verlag teilte dazu später auf Anfrage mit, das Schreiben des Hoteldirektors sei nicht relevant gewesen, weil es in dem Artikel nicht darum gegangen sei, dass Herr Groenewold Originale angefordert habe.

Der manipulierte Artikel ging in Druck. «Nur ein Staatsanwalt, der gegen Wulff ermittelt, kann dem Spuk im Schloss Bellevue noch ein Ende bereiten», heißt es an dieser Stelle in dem Buch von Heidemanns und Harbusch. Diesen Staatsanwalt wollten sie mit ihrer Mär von der angeblich drohenden Beseitigung von Beweismitteln jetzt zum Einschreiten zwingen.

Wie sagte Mathias Döpfner beim Neujahrsempfang der *Berliner Morgenpost* am 13. Januar 2012, dem «gesellschaftlichen Auftakt des Jahres», vor knapp vierhundert geladenen Gästen? Er wolle «nicht über die seit vier Wochen andauernde Selbstdemontage des deutschen Staatsoberhaupts sprechen. Die Angelegenheit hat mir – dazu gehört einiges – die Sprache verschlagen.»

Am 8. Februar, dem Tag des Erscheinens des Artikels, reichte der Nachtportier beim Hotel Stadt Hamburg seine Kündigung ein – fristlos. Die Staatsanwaltschaft stellte auffällige Ähnlichkeiten zwischen seiner Handschrift und der Handschrift auf dem Umschlag fest, in dem Kopien der Hotelunterlagen am 14. Februar anonym bei der Generalstaatsanwaltschaft Celle eingingen. Weil der *Bild*-Artikel vom 8. Februar nicht sofortige Wirkung zeigte, wollte jemand nachhelfen. «Hierzu bedarf es weiterer Ermittlungen», heißt es in den Untersuchungsakten. Diese Ermittlungen wurden bis heute nicht aufgenommen.

Es lagen inzwischen 60 Tage im Ausnahmezustand für meine Familie und mich hinter mir. Woran erinnere ich mich, wenn ich an diese Wochen des Jahreswechsels 2011/2012 denke? An schlaflose Nächte, an Momente großer Verzweiflung, an meine Ohnmacht. An die hundert investigativen Journalisten, die mich täglich mit Fragen konfrontierten – am Ende waren es fast eintausend –, an Talkshows fast jeden Tag, an Hörfunknachrichten rund um die Uhr. Ohne wahre Freunde und ohne den unermüdlichen Einsatz von Mitarbeiterinnen und Mitarbeitern, die sich auch menschlich bewährten, hätte ich diese Zeit nicht durchgestanden. Die Niedertracht kannte keine Grenzen mehr. Wir sahen uns Menschen gegenüber, die jedes Maß und Mitgefühl vermissen ließen. Mit engen Freunden sprach ich manchmal darüber, wie viel die Psyche eines Menschen wohl aushält. Bei öffentlichen Auftritten Journalisten gegenüber zu stehen, die kein anderes Ziel mehr kannten, als mich mit allen Mitteln aus dem Amt zu treiben, erforderte Disziplin und Selbstbeherrschung. Geholfen haben Briefe aus der Bevölkerung oder Rufe nach Veranstaltungen –»Treten Sie nicht zurück, Herr Präsident!»

Wenn ich heute durch die Presseordner blättere – ein prall gefüllter Leitz-Ordner pro Woche –, schmunzele ich gelegentlich. Nicht nur über die Karikaturen. Da hält ein *Bild*-Zeitungsleser seinem Hund eine *Bild*-Zeitung hin, der Hund macht «Wulff, Wulff, Wulff», und der Mann sagt zu seiner Frau: «Man muss ihm nur die *Bild*-Zeitung hinhalten!» Das war in der *tageszeitung*, die immer wieder gegen den Diekmann-Stachel löckte.

Der Historiker Götz Aly, gefürchtet wegen seiner ungewöhnlichen Recherchen, machte sich den Spaß, einmal aufzulisten, was deutschen Journalisten aufgrund ihres Berufsstandes an Vergünstigungen alles zustand: halber Preis auf die Bahncard 50 (auch für Lebenspartner); halber Preis bei Air Berlin (reduziert auf 25 Prozent, aber ebenfalls einschließlich Partner); 50 Prozent bei Condor (nicht für Partner, was im Internet gleich zu Meckereien führte); auf die meisten Neuwagen 15 Prozent; günstige Immobilienkredite bei der Bayerischen Landesbausparkasse; bei der Allianz 25 Prozent auf die Autohaftpflicht-, auf private Haftpflicht- und Hausratsversicherungen bis zu 60 Prozent. Es gab zwei Internetplattformen mit 1310 beziehungsweise 1700 speziellen Preisrabatten für Journalisten. «Frage an den Bundesfinanzminister: Wie viele Journalisten versteuern solche Geschenke als geldwerte Vorteile? ... Der Fall Wulff ist eine schöne Gelegenheit, vor der eigenen Türe zu kehren.»

In der *Frankfurter Allgemeinen Zeitung* gab es den üblichen Zynismus: «Auch Wulff gehört zu Deutschland» stand am 13. Januar über einem Artikel von Majid Sattar, selber Sohn irakischer Staatsbürger. Sechs Tage später schaffte es ein Bobbycar als Titelfoto auf Seite eins der *FAZ* – allerdings nicht das Original aus der Spielecke in meinem Arbeitszimmer im Bellevue. Auch hier – es war die Bobbycar-Woche – war die *tageszeitung* origineller als die anderen und titelte auf Seite eins: «Wulffs neue Dienstwagenaffäre». Ein Lichtblick für mich waren die regelmäßigen Kommentare von Hans-Ulrich Jörges im *Stern,* der seine Journalistenkollegen Woche für Woche fragte: Habt ihr sie noch alle? Autoren wie Heribert Prantl und Hans Leyendecker von der *Süddeutschen Zeitung* oder Josef Joffe von der *Zeit* und *Cicero*-Herausgeber Michael Naumann stimmten ebensowenig in den Chor mit ein wie Malte Lehming vom *Tagesspiegel,* Dunja Hayali im ZDF-Morgenmagazin, Burkhard Ewert von der *Neuen Osnabrücker Zeitung* oder später, während des Prozesses, die Gerichtsreporterin des *Spiegels,* Gisela Friedrichsen.

In der Auslandspresse wurde der mediale Hype mit Erschrecken konstatiert. Die *Neue Zürcher Zeitung* sprach von «eitlen Balzritualen und Empörungsexerzitien», vom «Furor einer selbstgerechten Meute, die Blut geleckt hatte», einem «fast hormonellen Mechanismus». Ein Jahr später bilanzierte der *Economist* die Anklageerhebung mit einem Seitenhieb gegen die deutschen Kollegen unter der Schlagzeile «Hetzjagd» – «The Hounding of a president». In derselben Woche prägte Hans-Ulrich Jörges im *Stern* das Wort vom «Rudeljournalismus» und bekannte selbstkritisch: «Ich war Teil der Meute».

Fernsehen und Hörfunk waren bei der Stimmungsmache dabei. Zehn Wochen lang garantierte das Thema Wulff traumhafte Einschaltquoten für sämtliche Talkshows. Günther Jauch hatte das neue Talk-Jahr mit einer weiteren Sendung über mich als «Problem-Präsidenten» eröffnet. 5,81 Millionen schauten zu – laut Media Control so viele wie bei keiner Jauch-Sendung zuvor. «Seit Bundespräsident Christian Wulff in der Klemme steckt, gewinnt Günther Jauch an Souveränität», kommentierte *Stern online.* Diese Souveränität ließ er nicht nur in der übernächsten Sendung zu mir am 12. Februar für einen kurzen Moment vermissen: «Von dem wird wohl niemand ein Stück Brot mehr nehmen».

Wer die Sendung heute im Internet aufruft, findet den Satz in Minute 52:25 nicht mehr. Er wurde herausgeschnitten. Der Grund dürfte gewesen sein, dass ein Bürger nach der Sendung Strafanzeige angekündigt hatte.

Das Internet folgt eigenen Gesetzen. Drei Tage vor der Jauch-Sendung hatte Hape Kerkeling ein Plädoyer zu meiner Unterstützung auf seiner privaten Facebook-Seite veröffentlicht. Es sei ein «Skandal unserer maroden und degenerierten Mediengesellschaft», wie über den Fall Wulff diskutiert werde. «Die Frage, die sich hier stellt, lautet nicht: Wulff oder ein Neuer, sondern vielmehr: Wulff oder Bild? Wie soll Deutschland in Zukunft aussehen?» Für ihn, Kerkeling, sei die Antwort klar: «Ich bin eindeutig für Wulff!!!» Tausende von Kerkeling-Fans posteten ihren Protest, Kerkeling antwortete, er lasse sich den Mund nicht verbieten. Daraufhin wurde die Echtheit der Facebook-Seite angezweifelt: Es handele sich gar nicht um den echten Hape, sondern um einen Trittbrettfahrer. Kerkelings Facebook-Seite wurde auf ominöse Weise gesperrt.

Das Thema bescherte auch den Privatsendern hohe Einschaltquoten. Am 10. Januar übertrug n-tv den traditionellen Neujahrsempfang für das Diplomatische Corps erstmals live in voller Länge. Das hatte es noch nie gegeben, es war eine tolle Werbung für die täglichen Aufgaben des Bundespräsidenten. Normalerweise sieht man am nächsten Tag in den Zeitungen ein Foto, auf dem der Bundespräsident dem Botschafter oder der Botschafterin mit der auffälligsten Nationaltracht die Hand schüttelt, dazu gibt es einen knappen Text. Jetzt waren wir anderthalb Stunden auf Sendung: alle 170 Repräsentanten in alphabetischer Folge der von ihnen vertretenen Länder und die akkreditierten Vertreter der internationalen Organisationen. Der letzte war wohl der Internationale UN-Beauftragte für den Schutz der Fledermäuse.

Der Fernsehzuschauer konnte jeden Moment etwas Spektakuläres erwarten: Vielleicht bricht Wulff jetzt zusammen! Wenn etwas zum Thema «Bundespräsident in der Krise» lief, war die Quote doppelt so hoch, weil Menschen auf ganz unterschiedliche Weise Anteil nahmen. Die Produktionskosten tendierten gegen null, und an den Werbeblöcken, die nach Zuschauerzahlen abgerechnet werden, verdienten die Privaten dank meiner ungewollten Mitwirkung mehr als sonst. Die suggestive Wirkung der Bilder war übrigens einer der Gründe dafür, dass ich Anfang Januar den Vorschlag von Kai Diekmann abgelehnt hatte, meine Mailbox-Nachricht zur Veröffentlichung freizugeben. Ich konnte mir genau vorstellen, wie das ausgesehen hätte: ein möglichst unscharfes Standfoto des Bundespräsidenten mit Handy, meine Stimme aus dem Off und unten die Live-Ticker-Endlosschleife: «Wulff bedroht Chefredakteur». Auf n-tv und N24 wäre das vermutlich rund um die Uhr gelaufen.

Aus den Reihen der Politiker war wenig zu hören. Am 12. Januar meldete sich Karl-Georg Wellmann, CDU-Bundestagsabgeordneter aus Berlin, Stadtteil Steglitz-Zehlendorf – Schwerpunktthema: Fluglärm. Er sagte in alle Mikrofone, dass ich zurücktreten müsse, und brachte es damit am selben Abend in die Sendung von Reinhold Beckmann. «Wenn in den großen Leitmedien der Republik immer wieder dieselbe Meinung vertreten wird, dann müssen wir das zur Kenntnis nehmen». Er habe «bisher keine negativen Rückmeldungen bekommen ... Um 19 Uhr gingen pro Minute zehn E-Mails bei mir ein.» Ähnlich autosuggestiv hatte eine Woche vor Weihnachten schon der Bundestagsabgeordnete Erwin Lotter von der bayerischen FDP ein Interview nach dem anderen gegeben.

Ernster zu nehmen war die Entgleisung des Fraktionsvorsitzenden der Grünen im niedersächsischen Landtag Stefan Wenzel – derselbe, der zweieinhalb Wochen später in der *Bild* nach dem Staatsanwalt rief. Er nannte mich in einem Interview des Deutschlandradios am 21. Januar einen «Lügner». Im Parlament sind solche Verbalinjurien – leider – nichts Ungewöhnliches; in der Regel erfolgt ein Ordnungsruf. Außerhalb des Parlaments könnten sie unter das Strafgesetzbuch fallen, das bei einer Verunglimpfung des Bundespräsidenten nach § 90 eine Gefängnisstrafe bis zu fünf Jahren vorsieht. Bürger, die gegen Wenzel Anzeige erstatteten, erhielten von der hannoverschen Staatsanwaltschaft die Auskunft, die Bezeichnung «Lügner» sei unabhängig vom Wahrheitsgehalt unter Politikern generell nicht justiziabel.

Bild am Sonntag stilisierte Wenzels Provokation am nächsten Tag zu einer Frage der Ehre und zimmerte eine Kulisse wie in dem Western «Zwölf Uhr mittags»: «Sieht sich der Präsident nicht in der Lage, gegen die Verunglimpfung vorzugehen, weil er fürchten muss, das Verfahren zu verlieren, darf das deutsche Staatsoberhaupt künftig ungestraft als Lügner bezeichnet werden – eine unerträgliche Vorstellung.» Aber wohl kaum für den Kommentator und stellvertretenden Chefredakteur der *Bild am Sonntag*, der diesen Satz schrieb.

An diesem 22. Januar 2012 machte Renate Künast noch einmal eine Kehre um 180 Grad und forderte als erste prominente Bundespolitikerin im ZDF meinen Rücktritt: «Es ist untragbar. Herr Bundespräsident, erlösen Sie uns. Und ich hoffe, das ist das letzte Mal, dass man ihn ‹Herr Bundespräsident› nennen muss, weil da wird nichts mehr draus.»

Am selben Tag fand im Berliner Ensemble eine *Zeit*-Matinée mit dem Herausgeber Josef Joffe statt. Es war mein erstes Interview seit dem ARD/ZDF-Gespräch am 4. Januar. Und ist bis zum heutigen Tag mein letztes Interview geblieben. Ich hatte ein halbes Jahr vorher meine Zusage gegeben und sah keinen Grund, sie zurückzuziehen, zumal die *Zeit* eine gewisse Distanz zur allgemeinen Hetze wahrte. Joffe nannte das «sehr sportlich». Ich hätte ihm das Kompliment zurückgeben können, denn im Vorfeld war aus den Reihen der Presse gehöriger Druck auf die *Zeit* ausgeübt worden, die Matinée mit mir abzusagen und mir keine Plattform zu bieten.

Thema der Veranstaltung war die Frage, was ist deutsch. Es ging um preußische Tugenden und um Friedrich den Großen, dessen 300. Geburtstag zwei Tage später gefeiert wurde. So schwer wie Friedrich der Große hätte ich es in den letzten sechs Wochen sicher nicht gehabt, sagte ich, schließlich habe dem König eine wichtige Erfahrung gefehlt: gewählt worden und sich deshalb des Rückhalts einer Mehrheit der Bevölkerung sicher zu sein. Der vielfache Zuspruch, den ich aus allen Teilen der Bevölkerung erhalte, sei für mich außerordentlich wichtig; die Bürger bildeten sich ihr eigenes Urteil, unabhängig von der Presse, das sollte man nicht unterschätzen. In den letzten Wochen habe man viel Irritierendes lesen können, die Bürger seien dadurch verständlicherweise verunsichert, aber alles werde aufgeklärt werden. Zum Glück lebten wir nicht mehr im Mittelalter, «da wäre ich vielleicht schon auf dem Scheiterhaufen verbrannt worden».

Welche positive Erfahrung ich aus den letzten sechs Wochen ziehen könnte, wollte mein Gesprächspartner wissen. Ich müsste gelassener werden, antwortete ich, meine Kommunikationsformen überdenken und – weniger telefonieren. Zum Schluss sollte ich aus drei Devisen des großen Königs, die Josef Joffe vorlas, eine wählen. Ich entschied mich für diese: Man muss seinen Ärger hinunterschlucken, wenn einem das Glück zuwider ist.

Weil die gegen mich erhobenen Vorwürfe allesamt in meine Zeit als Ministerpräsident zurückreichten und von mir strikt getrennt wurden vom Amt des Bundespräsidenten, hatte ich Mitte Dezember Rechtsanwalt Gernot Lehr ein Mandat erteilt. Ich ging weiter allen meinen Amtsgeschäften und Verpflichtungen nach: am 24. Januar Festakt aus Anlass des 300. Geburtstages von Friedrich dem Großen im Konzerthaus am Gendarmenmarkt; am 26. Januar Festakt anlässlich des 50. Deutschen Verkehrsgerichtstages in Goslar; am 27. Januar, dem Tag des Gedenkens an die Opfer des Nationalsozialismus, Feierstunde im Deutschen Bundestag. Von Sonntag, den 29. Januar, bis Samstag, den 4. Februar, machte ich mit meiner Frau und unserem Sohn Linus Ferien am Rennsteig in Thüringen. Von Ferien konnte allerdings keine Rede sein.

Als ich am Morgen des 8. Februar die *Bild*-Zeitung sah, war ich am Boden zerstört. Nur auf eine Person konnte ich mich jetzt noch verlassen, die Bundeskanzlerin. In der dritten Januarwoche hatten wir uns zuletzt gesehen, sie war in die Pücklerstraße gekommen, der Termin unterlag höchster Geheimhaltungsstufe. Wenn Redaktionen von diesem Besuch erfahren hätten – darin waren wir uns einig –, würden die meisten am selben Abend noch online stellen: «Merkel drängt Wulff zum Rücktritt!»

Aus der kleinen Kanzlerrunde am 8. Februar erhielt ich die Nachricht, dass die Bundeskanzlerin mir fest vertraue und weiterhin unverbrüchlich zu mir stehe. Sie habe sich immer auf meine Angaben verlassen können. Am nächsten Tag fand in der Akademie der Künste eine Gesprächsrunde der Deutschen Welthungerhilfe statt, deren Schirmherr ich war. Eine der Teilnehmerinnen twitterte aus der Runde: «Wulff hat eiskalte Hände».

Alles hing jetzt davon ab, wie viele Tage David Groenewold brauchte, das Konstrukt der *Bild*-Zeitung zu enttarnen. Am 14. Februar lag eine Einstweilige Verfügung des Landgerichts Köln vor, die es der Axel Springer AG untersagte, die auf Unterdrückung von Beweismitteln hindeutenden Sätze des *Bild*-Artikels vom 8. Februar weiter zu verbreiten. Laut Gerichtsbeschluss durfte die *Bild*-Zeitung nicht mehr behaupten, dass auf Sylt Beweismittel beseitigt werden sollten. Noch am selben Tag leitete Groenewolds Anwalt die Einstweilige Verfügung an die Staatsanwaltschaft Hannover weiter.

Der Beschluss des Landgerichts Köln sei in dem Antrag auf Aufhebung meiner Immunität «ausdrücklich zitiert» worden, teilte die Staatsanwaltschaft Hannover später zu ihrer Rechtfertigung mit. Man habe jedoch zugleich darauf hinweisen müssen, dass die Veröffentlichung des Artikels noch am selben Tag zu «lautstarken Forderungen» nach einem Eingreifen der Staatsanwaltschaft geführt habe. In den Medien erhobene «lautstarke Forderungen» wurden von der Staatsanwaltschaft Hannover und der niedersächsischen Justiz demnach höher gewertet als ein Gerichtsbeschluss.

Groenewolds Anwalt schickte eine Kopie der Einstweiligen Verfügung auch an die dpa. Die Deutsche Presse-Agentur hatte Meldungen zur Affäre stets gern und schnell verbreitet. Nur dieses Mal klappte es nicht. Man habe die Information bekommen, so die Agentur in einer späteren Stellungnahme, aber «aufgrund unseres Grundsatzes, immer auch die Gegenseite zu hören, haben wir dann erst bei Axel Springer angefragt und nicht sofort Antwort erhalten». Wen wundert's? Ausreichend wäre es gewesen, man hätte bei der Pressestelle des Gerichts nachgefragt. Anschließend sei die Meldung «tatsächlich leider in unserem Nachrichtenfluss stecken geblieben». Vier Monate später, am 18. Juni 2012, erkannte die Axel Springer AG die Einstweilige Verfügung in allen acht Punkten rechtskräftig an. Das hatte allerdings keine Bedeutung mehr, das Ziel war erreicht.

Die Situation empfand ich jetzt nur noch als surreal. Es standen kurz hintereinander zwei Auslandsreisen an: Am 9. Februar, einen Tag nach Veröffentlichung des Sylt-Artikels, sollte ich abends zum Treffen der nicht-exekutiven Präsidenten Europas nach Helsinki fliegen. Am Sonntag, den 12. Februar, gab es einen Bellevue-Empfang anlässlich der Berlinale. Am darauf folgenden Morgen begann der dreitägige Staatsbesuch in Italien. Ich telefonierte unterdessen regelmäßig mit meinen Anwälten. In Helsinki machte ich am 10. Februar bei minus dreißig Grad einen kurzen Spaziergang mit meiner Pressesprecherin. Ich erwog aufzugeben. Der Rückflug war für den nächsten Tag, Samstag halb eins geplant. Kurz vor dem Einstieg, so meine Überlegung, könnten wir die Presse für 15.00 Uhr ins Bellevue zu meiner Rücktrittserklärung einladen.

Das Treffen mit den acht Staatsoberhäuptern lenkte mich ab. Es gab viel Zuspruch und manche Ermutigung, aber auch Kurioses. Der ungarische Präsident Pál Schmitt nahm mich zur Seite: Er habe zu Hause auch ein Problem, seine Doktorarbeit werde wegen Plagiatsverdachts gefilzt. Am 2. April musste Schmitt zurücktreten. Zum Glück habe ich nie meinen Doktor gemacht, dachte ich bei mir, den hätte mir Herr Heidemanns sicher als erstes aberkannt.

Warum trat ich an diesem Wochenende nicht zurück? Ich wollte mir nicht vorwerfen müssen, gegen eine mediale Inszenierung der *Bild* nicht standgehalten zu haben. Für mich wäre es einer Kapitulation gleichgekommen, aus Erschöpfung zu kneifen und damit am Ende das Zerrbild zu stützen, das die Medien von mir zeichneten. Was sich seit dem 12. Dezember abspielte, war in meinen Augen eine so nie dagewesene Machtprobe zwischen Medien und Politik. Ich wollte nicht zulassen, dass die *Bild*-Zeitung am Staatsoberhaupt ein Exempel statuierte. Dies wäre auf eine gefährliche Verschiebung der Machtverhältnisse in unserem Land hinausgelaufen, deshalb musste das Amt des Bundespräsidenten gegenüber konstruierten Vorwürfen eine von den Medien uneinnehmbare Bastion bleiben.

An dem Freitag, an dem ich beim Spaziergang im eisig-kalten Helsinki zum ersten Mal daran dachte, hinzuschmeißen, erschien in der *Bild*-Zeitung ein Kommentar von Nikolaus Blome. «Wenn nicht alles täuscht, wird die Affäre des Bundespräsidenten die politischen Bedingungen für Rücktritte in Deutschland neu definieren.» Blome ging davon aus, dass ich durchhielt, und das kam für ihn einem Verfall der politischen Kultur gleich, denn dann könne sich ein Politiker in Zukunft «annähernd alles leisten, was er will». Wie recht er hatte mit seiner düsteren Prophezeiung, erwies sich eine Woche später, als ich aufgab und damit indirekt einräumte, dass «die politischen Bedingungen für Rücktritte in Deutschland» von der *Bild*-Zeitung diktiert werden.

Beziehungsweise von deren Chefredakteur, der auf dem Höhepunkt der Affäre den Verdacht, es handele sich um eine persönliche Fehde, weit von sich wies: «Wer den Fall und die Probleme des Bundespräsidenten jetzt zu einem Machtkampf zwischen dem ersten Mann im Staat und der größten Zeitung im Land aufpumpt, der geht wahrhaft völlig in die Irre». Wer etwas derart Abwegiges unterstelle – so die Dialektik dieses gespreizten Satzes –, verkenne die Objektivität von *Bild*. Ihn habe die morgendliche Zeitungslektüre jedenfalls «oft zum Lachen gebracht. Und so entstand die Idee, die Karikaturen im Original zu kaufen, die sich mit *Bild* und Christian Wulff befasst haben». Diekmann erwarb gut zwei Dutzend Originalkarikaturen – Jagdtrophäen sozusagen.

Ich war zum Abwarten verurteilt, und die Vorstellung, dass ich von mir aus nichts mehr unternehmen konnte, lähmte mich. Gleichzeitig spürte ich, dass mein Rückhalt in der Bevölkerung schwand, dass meine Unterstützer nachhaltig verunsichert waren und dass der Druck auf die niedersächsische Justiz mit jedem Tag zunahm. Mir blieb in dieser Situation kaum eine andere Möglichkeit, als Disziplin zu üben und mich an meinen Terminkalender zu halten. An dem Treffen der Arraiolos-Gruppe in Helsinki nahm auch der Staatspräsident Italiens, der damals 86-jährige Giorgio Napolitano, teil. Wir sprachen über meinen bevorstehenden Besuch und über die angespannte Situation, in der sich Ministerpräsident Monti befand. Die sorgfältig vorbereitete Reise hätte im Falle meines Rücktritts abgesagt werden müssen.

Samstagmittag flog ich zurück. Berlin stand an diesem Wochenende ganz im Zeichen der Berlinale. Ich hatte im Jahr zuvor angeregt, anlässlich der Internationalen Filmfestspiele erstmals einen Empfang im Bellevue auszurichten, als eine weitere Öffnung in Richtung junge kreative Republik. Studenten der Universität der Künste hatten die

Idee entwickelt, das Schloss an diesem Abend per Videoinstallation mit Sequenzen aus Berlinale-Filmen zu bestrahlen – eine großartige Idee, um das Bellevue in Filmfeststimmung zu versetzen. Jetzt war das Bundespräsidialamt in heller Aufregung: Ein solcher Empfang auf dem Höhepunkt einer Krise, in der es auch um einen Filmfinanzier ging, werde als ungeheure Provokation verstanden. Ich habe daraufhin auf die Illumination verzichtet, aber der Empfang sollte selbstverständlich stattfinden.

Unterdessen war wieder viel Stimmung gemacht worden. Am Samstag tauchten vor dem Schloss etwa drei Dutzend Demonstranten auf, die mir einen großen selbstgebastelten Holzstuhl vor die Einfahrt stellten, um mich so zum Rücktritt aufzufordern. Ein paar andere wiederholten eine Aktion von Anfang Januar und hielten noch einmal Schuhe hoch – eine Geste, die in der Welt des Islam als Ausdruck der Verachtung gilt. Die im Netz groß angekündigten Proteste, zu denen sich mehr Fotografen als Demonstranten einfanden, verliefen ebenso kläglich wie der Versuch diverser Zeitungen, Berlinale-Gäste von der Teilnahme am Empfang abzubringen. Journalisten hatten überall angerufen und gefragt: Gehen Sie hin? Solchem Druck muss man erst einmal standhalten. Ein Regisseur gab die geschmacklose Antwort, die Teilnahme würde ihn in Verlegenheit bringen, weil er nicht wüsste, wie er reagieren sollte, wenn ich ihn um eine Freikarte für seinen neuesten Film bitten würde. Solche Sätze wollten Journalisten hören, und folglich wurde dieser Regisseur überall zitiert.

An Bord der Regierungsmaschine, die am Montagmorgen um 7.45 Uhr von Berlin-Tegel nach Rom startete, herrschte eine gespenstische Stimmung. Noch bevor der Airbus abhob, gingen meine Frau und ich nach hinten und begrüßten die Mitreisenden einzeln: die Bundestagsabgeordneten und die Vertreter der Wirtschaft im Mittelteil, die Journalisten im hinteren Teil des Flugzeugs. Aus dem *Stern*-Redakteur Hans-Martin Tillack platzte es heraus: Ob ich nur aus «Angst vor Mittellosigkeit» nicht zurücktreten würde. Als ich mich später während des Fluges mit den Journalisten zusammensetzte, um ihnen das Besuchsprogramm zu erläutern, und sagte, dass es mir vor allem um ein Zeichen der Solidarität mit den Reformen der Regierung Monti gehe, verlor Tillack zum zweiten Mal die Fassung: «Glauben Sie im Ernst, dass sich irgend jemand dafür interessiert, was Sie in Italien vorhaben?»

Wäre es nach einigen der mitreisenden Journalisten gegangen, wäre es zu einer Art Showdown über den Wolken gekommen. Aber ich ließ mich nicht provozieren. Alle an Bord richteten ihre Blicke auf mich, als wollten sie sagen: Es muss doch endlich einmal Schluss sein, einer muss dem Spuk jetzt doch ein Ende machen. Aber warum ich? Aufgeputscht durch Gerüchte, Halbwahrheiten und Unwahrheiten der *Bild*-Zeitung, hatten sich viele in einen kollektiven Wutrausch geschrieben, aus dem sie nicht mehr heraus fanden. Warum sollte ausgerechnet ich ihnen dabei helfen? Als die Maschine zur Landung in Rom ansetzte und alle wieder ihre Plätze einnahmen, empfahl ich den Journalisten, sich anzuschnallen. Sonst heiße es noch, wir hätten sie zu Schaden kommen lassen.

Nach Artikel 61 des Grundgesetzes können der Bundestag oder der Bundesrat den Bundespräsidenten «wegen vorsätzlicher Verletzung des Grundgesetzes oder eines anderen Bundesgesetzes vor dem Bundesverfassungsgericht anklagen». Der Beschluss zur Erhebung der Anklage bedarf der Zweidrittelmehrheit. Stellt das Bundesverfassungsgericht eine solche vorsätzliche Verletzung fest, kann es den Bundespräsidenten des Amtes entheben. Ich habe weder das Grundgesetz noch andere Bundesgesetze verletzt. Diese Möglichkeit, mich aus dem Amt zu entfernen, war definitiv nicht gegeben. Staatsanwaltliche Ermittlungen zu Vorgängen aus meiner Zeit als Ministerpräsident hatte ich ausgeschlossen, weil ich niemals etwas Ungesetzliches getan und mich stets korrekt verhalten hatte. Trotzdem musste ich seit dem *Bild*-Artikel vom 8. Februar die Möglichkeit in Betracht ziehen, dass ein Antrag auf Aufhebung meiner Immunität gestellt werden könnte. Der in dem *Bild*-Artikel unterstellte Versuch der Beseitigung von Beweismitteln durch David Groenewold war schließlich ein gravierender Vorwurf.

Am 12. Februar erläuterten meine Anwälte in einem Schreiben an die Staatsanwaltschaft Hannover die Einzelheiten des Sylt-Aufenthaltes vom Herbst 2007 einschließlich aller Zahlungsmodalitäten. Zwei Tage später erging die Einstweilige Verfügung des Landgerichts Köln gegen die Axel Springer AG auf Unterlassung der Behauptungen der *Bild*-Zeitung. Trotzdem stellte die Staatsanwaltschaft Hannover am 16. Februar bei Bundestagspräsident Norbert Lammert einen Antrag auf Aufhebung meiner Immunität. Als Generalstaatsanwalt Lüttig im April 2013 in einem Interview mit Ulrich Exner in der *Welt* die Ermittlungen bilanzierte, nannte er als Grund für die Eröffnung des Verfahrens den Bericht der *Bild*-Zeitung: «In dem Moment, als in der Presse zu lesen war, dass David Groenewold versucht, Beweise aus der Welt zu schaffen … da war die Sache gelaufen. Da durfte eine Staatsanwaltschaft nicht drüber hinweggehen.» Warum aber ging sie hinweg über das Schreiben meiner Anwälte vom 12. und die Einstweilige Verfügung des Landgerichts Köln vom 14. Februar?

Weil es politisch offenbar so gewollt war. Die beiden Männer, die den Schritt zu verantworten haben, waren der niedersächsische Justizminister Bernd Busemann und der Leiter der Strafrechtsabteilung im niedersächsischen Justizministerium, Frank Lüttig. Busemann kannte ich gut, vielleicht zu gut.

Ich erinnere mich zum Beispiel an den September 1999. Ich war als Vorsitzender der CDU-Niedersachsen zugleich Fraktionsvorsitzender meiner Partei im niedersächsischen Landtag, Bernd Busemann war mein Stellvertreter. Ohne mich zu unterrichten, hatte Busemann ein Gutachten des Gesetzgebungs- und Beratungsdienstes des Landtags angefordert, um Entscheidungen von mir, die er für falsch hielt, überprüfen zu lassen. Damit kam er zu mir und behauptete, ich hätte die Satzung der Fraktion falsch ausgelegt. Ein merkwürdiges Vorgehen, dachte ich, dass ein Vize sich beim Landtag über die Rechtmäßigkeit der Entscheidungen seines Vorsitzenden erkundigt, ohne ihn darüber zumindest zu informieren.

Einen Tag nach der Sitzung des Fraktionsvorstandes am 14. September 1999 verteilte Busemann ein Strategiepapier, in dem er sich von meinem Kurs als Partei- und Fraktionsvorsitzender absetzte. Er erläuterte das Papier ausgewählten Journalisten und ließ es danach in die Fächer sämtlicher Fraktionsmitglieder, also auch meines, legen. Ein Mitarbeiter informierte mich, ich war bereits auf dem Weg nach Osnabrück. Als ich das Auto in der Einfahrt unseres Hauses neben der Garage parkte, klingelte das Autotelefon. Ein Korrespondent der *Hannoverschen Allgemeinen* war dran: Ihr Stellvertreter hat gerade ein Strategiepapier verkündet, das eine massive Kritik an Ihnen beinhaltet, was sagen Sie zu dem Papier von Herrn Busemann? Ich begrüße das Papier, sagte ich, es ist wunderbar, wenn sich Menschen Gedanken machen, selbstverständlich werden wir dieses Papier in den Gremien umfassend beraten, es ist sicher ein wichtiger Denkanstoß. Beerdigung durch Belobigung.

Am nächsten Tag wurde Busemann in einem Pressegespräch deutlicher. Die CDU dürfe nicht noch einmal so unvorbereitet und konzeptionslos wie beim letzten Mal in eine Landtagswahl gehen. Dann entwickelte er ein paar Ideen zur Privatisierung von Häfen, zur Zuordnung des Landwirtschaftsministeriums zum Wirtschaftsministerium (im Agrarland Niedersachsen!) und zur Erhebung von Studiengebühren. Seine wichtigste Empfehlung lautete, dass sich die CDU von der FDP abkoppeln müsse, weil diese 2003 voraussichtlich nicht mehr in den Landtag einziehen werde. Und dann ließ er noch den schönen Satz fallen: «Wulff ist von der Papierform her der Spitzenkandidat». Diese Steilvorlage ließ sich der Fraktionsvorsitzende der SPD, Sigmar Gabriel, nicht entgehen: Offenbar werde Wulff in seiner eigenen Partei nur noch als «Papiertiger» gehandelt.

Ich hatte den Eindruck, dass Busemann sich für den Besseren hielt. Er war in der Fraktion gut vernetzt, erfreute immer wieder mit einem markigen Spruch und ließ ungern eine Feier aus. Obwohl sein Verhalten mir gegenüber schwierig war, ernannte ich ihn 2003 zum Kultusminister. Zum einen lag mir an einer größeren Bandbreite der Regierung, zum anderen konnte ich ihn so in die Kabinettsdisziplin einbinden. Die Kultusminister haben in Deutschland großen Einfluss, weil Universitäten, Schulen und das gesamte Bildungswesen Sache der Länder sind. Busemann verunsicherte mir dann allerdings zu viele am Schulleben Beteiligte.

Statt ihn zu Beginn meiner zweiten Amtszeit 2008 aus dem Kabinett zu verabschieden, begnügte ich mich mit einer Rochade: Justizministerin Elisabeth Heister-Neumann übernahm das Kultusministerium, und Bernd Busemann wurde Justizminister. Auf diesem Posten, dachte ich, kann er weniger Verunsicherung auslösen. Der Handlungsspielraum der Länderjustizminister ist normalerweise beschränkt, sie führen in erster Linie Aufsicht über die Gefängnisse und die Staatsanwaltschaften. Dass ausgerechnet das niedersächsische Justizministerium eines Tages von entscheidender Bedeutung für mich persönlich werden würde, konnte ich nicht ahnen.

Die Entscheidung vom 16. Februar 2012, die Aufhebung meiner Immunität zu beantragen, um ein Ermittlungsverfahren gegen mich zu eröffnen, verantwortete Bernd Busemann als zuständiger Minister zusammen mit Frank Lüttig, dem Leiter der Abteilung IV (Strafrecht, Strafprozessrecht, Soziale Dienste) im niedersächsischen Justizministerium. Auch Frank Lüttig dürfte nicht gut auf mich zu sprechen gewesen sein, hatte ich doch personelle Wünsche des Justizministeriums aus Kostengründen abgelehnt und damit gerade ihn am Aufstieg gehindert. Erst nach meinem Wechsel nach Berlin konnte Lüttig Abteilungsleiter werden. Kurz vor seinem Ausscheiden als Justizminister ernannte Busemann ihn dann zum Leiter der Generalstaatsanwaltschaft Celle; er war damit Nachfolger von Harald Range, der als Generalbundesanwalt nach Karlsruhe berufen worden war. Celle, eine von drei niedersächsischen Generalstaatsanwaltschaften, ist die vorgesetzte Behörde der Staatsanwaltschaft Hannover. Damit übernahm Frank Lüttig die Aufsicht über das Ermittlungsverfahren gegen mich, dessen Eröffnung er als Abteilungsleiter mit zu verantworten gehabt hatte.

Was sich genau am 16. Februar in Hannover abspielte, kann ich lediglich aus Aussagen Dritter rekonstruieren. Ich selbst habe weder an diesem Tag noch sonst je mit einem der Beteiligten über meinen Fall gesprochen. Das erschien mir unangemessen. Ich wollte die Unabhängigkeit der Justiz keinen Moment in Abrede stellen. *Bild*-Redakteur Heidemanns war an diesem Tag offenbar eigens nach Hannover gefahren, um letzte Hand anzulegen. Gegen Abend war er zurück in Berlin und traf sich um 19.00 Uhr bei einem Italiener am

Kurfürstendamm erstmals mit David Groenewold und dessen Anwalt. Er käme gerade von der Staatsanwaltschaft in Hannover, sagte er vieldeutig. Ob man solchen Aufschneidereien Glauben schenkt oder nicht: Die Presseinformation zum Antrag auf Aufhebung meiner Immunität erhielt am Abend, kurz nach 19.00 Uhr, zuerst *Bild*. Die Zeitung scheint so gedrängt zu haben, dass man in der Staatsanwaltschaft Hannover offenbar den Grundsatz vergaß, erst den Betroffenen zu unterrichten.

Am Vormittag des 16. Februar saßen beim niedersächsischen Justizminister Bernd Busemann Staatssekretär Oehlerking, der Strafrechtsabteilungsleiter Lüttig sowie Vertreter der Staatsanwaltschaften Hannover und Celle. Die Staatssekretärin aus dem Finanzministerium rief im Auftrag ihres Ministers an diesem Morgen an. Sie informierte Staatssekretär Oehlerking, der aus der Sitzung kam, dass das Finanzministerium nachweisen könne, dass ich mit einer Bürgschaftszusage aus dem Jahr 2006 im Zusammenhang mit David Groenewold nichts zu tun gehabt hätte. Wo man die entsprechenden Akten hinbringen solle? Daraufhin wurde ihr gesagt, dass die Würfel gefallen seien, die Aufhebung der Immunität werde noch am selben Tag beantragt. Die Staatsanwaltschaft Hannover habe die Entscheidung «unabhängig nach intensiver kollegialer Beratung getroffen», hieß es am Abend in der Pressemitteilung. Das war an sich schon ungewöhnlich. Vorsichtshalber fügte man hinzu: «Weisungen vorgesetzter Behörden hat es nicht gegeben».

Warum hat in diesen Tagen niemand von der Staatsanwaltschaft im Hotel Stadt Hamburg angerufen und sich erkundigt, ob mit dem Gästebuch alles in Ordnung sei und ob es Vertuschungsversuche gegeben habe? Spätestens nach der Einstweiligen Verfügung des Landgerichts Köln vom 14. Februar wäre das doch geboten gewesen. Eine solche Klärung eines Anfangsverdachts hätte nicht die Aufnahme von Ermittlungen bedeutet. Wie hoch war die Wahrscheinlichkeit, dass eine verfolgbare Straftat vorliegen könnte? Diese Frage wurde auch bei den Staatsanwaltschaften Berlin und Stuttgart gestellt, wo gegen mich erhobene Anschuldigungen auf ihre Evidenz geprüft und verworfen wurden. Nur in Hannover hat sich offenbar niemand bemüht, den Wahrheitsgehalt des Berichts der *Bild*-Zeitung vorab zu klären. Dabei war nach Aussage des späteren Generalstaatsanwalts Lüttig allen Beteiligten kar: «Wenn es zu Ermittlungen gegen den amtierenden Bundespräsidenten kommt, dann hat das erhebliche Konsequenzen».

Der 16. Februar war Weiberfastnacht, am Nachmittag fand in der Kantine des Bellevue eine Feier statt, an der ich ursprünglich teilnehmen wollte. Von 12.30 Uhr bis 14.00 Uhr führte ich mit Journalisten ein Hintergrundgespräch über den Euro und die EZB. Anschließend diskutierte ich mit Mitarbeitern des Bundespräsidialamtes meine Rede für die Gedenkveranstaltung für die Opfer rechtsextremistischer Gewalt am 23. Februar. Nach meinem Rücktritt erfuhr ich, dass kurz nach 16.00 Uhr Ministerpräsident McAllister die Bundeskanzlerin angerufen hatte, um ihr mitzuteilen, dass der Antrag gestellt werde. Etwa anderthalb Stunden später erhielt das Bundespräsidialamt einen Anruf von Professor Gerd Langguth, der Deutschlandfunk habe ihn für den Abend zu einem Interview über die Folgen der Aufhebung der Immunität gebeten; dies war für mich der erste Hinweis, dass der Antrag erfolgen würde.

Immunitäten von Abgeordneten werden jeden Monat aufgehoben, meistens geht es um Verkehrsdelikte. Die Staatsanwaltschaft darf dann ermitteln, der Betreffende macht seine Arbeit weiter. Das gleiche gilt für Minister und Ministerpräsidenten. Der bekannteste Fall in letzter Zeit war die so genannte Sprecher-Affäre der Ministerpräsidentin von Thüringen, Christine Lieberknecht. Ihr wurde vorgeworfen, im Sommer 2013 ihren Regierungssprecher in den einstweiligen Ruhestand versetzt zu haben, um ihm eine Anschlusstätigkeit in der Privatwirtschaft zu ermöglichen; durch diese Art der Entlassung seien zu hohe Versorgungsansprüche des Beamten begründet worden. Die Untreue-Ermittlungen der Staatsanwaltschaft Erfurt wurden am 3. Februar 2014 eingestellt. Ein Beamter, der wegen eines Strafverfahrens seine Tätigkeit ruhen lassen muss – auch das sei hier erwähnt –, hat im Falle eines Freispruchs das Recht auf Wiedereinsetzung in den vorherigen Stand.

Ein Bundespräsident kann weder bei einem Anfangsverdacht

noch nach einem Freispruch so argumentieren wie Abgeordnete und Beamte, er ist in dieser Hinsicht schlechter gestellt. Es war für mich politisch undenkbar, nach Aufhebung der Immunität meine Amtsgeschäfte weiterhin wahrzunehmen. Rechtlich wäre das möglich gewesen. Die Verfassung nennt als einzigen möglichen Grund für eine Amtsenthebung des Bundespräsidenten die vorsätzliche Verletzung des Grundgesetzes oder eines anderen Bundesgesetzes. Die Kommentare der Staatsrechtler zu Artikel 61 GG sind eindeutig: «Die Verletzung kann nur durch eine Amtshandlung erfolgen, private Tätigkeiten und Handlungen fallen nicht in den Anwendungsbereich von Art 61 GG.» Die Verletzung der Amtshandlung muss in die Amtszeit als Bundespräsident fallen.

Einen kurzen Moment habe ich mir die Frage gestellt, ob die Mitglieder des Immunitätsausschusses des Deutschen Bundestages eine Beratung des Schreibens der Staatsanwaltschaft Hannover in Betracht ziehen und erwägen könnten, wegen der Dürftigkeit der Verdachtsmomente dem Verlangen der Staatsanwaltschaft Hannover nicht nachzugeben. Es handelte sich um Vorwürfe aus meiner Zeit als Ministerpräsident, die in Frage stehende Summe belief sich auf insgesamt 2500 Euro. Vergehen solcher Geringfügigkeit werden in vielen Staaten *nach* Ende der Amtszeit (unter Aufhebung der Verjährung) geklärt. Warum nicht auch in Deutschland? Die Antwort war einfach: Weil keiner in den Reihen der Regierungsparteien das Lärmen der Opposition – nicht zu reden von der Empörung der Medien – auch nur einen Tag durchgestanden hätte. Deshalb rief ich die Bundeskanzlerin in dem Moment an, als mir der Antrag auf Aufhebung der Immunität bekannt wurde, und teilte ihr mit, dass ich am nächsten Morgen meinen Rücktritt erklären werde. Am Freitagmorgen vor 8.00 Uhr, bevor die Eilmeldung der dpa zur bevorstehenden Demission über die Schirme lief, unterrichtete ich auch Horst Seehofer für die CSU und Philipp Rösler für die FDP von meiner Entscheidung.

Kein Weg führte an der Erkenntnis vorbei, dass ich die Auseinandersetzung verloren hatte.

Unser Land brauche einen Präsidenten, der sich uneingeschränkt seinen Aufgaben widmen könne, sagte ich in meiner Rücktrittserklärung kurz nach 11.00 Uhr, «einen Präsidenten, der vom Vertrauen, nicht nur einer Mehrheit, sondern einer breiten Mehrheit der Bürgerinnen und Bürger getragen wird. Die Entwicklung der vergangenen Tage und Wochen hat gezeigt, dass dieses Vertrauen und damit meine Wirkungsmöglichkeiten nachhaltig beeinträchtigt sind ... Was die anstehende rechtliche Klärung angeht, bin ich davon überzeugt, dass sie zu einer vollständigen Entlastung führen wird. Ich habe mich in meinen Ämtern stets rechtlich korrekt verhalten. Ich habe Fehler gemacht, aber ich war immer aufrichtig. Die Berichterstattungen, die wir in den vergangenen zwei Monaten erlebt haben, haben meine Frau und mich verletzt.»

Am Nachmittag dieses 17. Februar fuhren meine Frau und ich mit unseren Kindern Linus und Leander nach Großburgwedel, in jene «hundselendigliche Gegend» (Voltaire), in die meine Kritiker aus *FAZ* und *Welt* und *Spiegel* mich seit meiner Nominierung im Juni 2010 zurückwünschten. Als die *Bild*-Zeitung anderthalb Jahre später auf diese Linie einschwenkte – aus Gründen, die offenbar in meiner Haltung zum Islam und im persönlichen Ehrgeiz ihres Chefredakteurs zu suchen waren –, geriet ich mehr als in Bedrängnis. 598 Tage hatte ich alles gegeben. 67 Tage hatte ich gegen alle öffentlich erhobenen Vorwürfe standgehalten. Dann war es vorbei.

Dachte ich zumindest. Was die Medien, angestachelt durch die *Bild*-Zeitung, in den folgenden zwei Wochen veranstalteten, stand dem, was ich bereits durchgemacht hatte, in nichts nach. Es war schamlos und entwürdigend.

Die erste Wutwelle richtete sich gegen den Ehrensold. Der Haushaltsausschuss des Bundestages verwies darauf, dass die Entscheidung beim zuständigen Behördenchef lag, also dem Leiter des Bundespräsidialamtes, Staatssekretär Hagebölling. Dieser hatte geprüft und den unzweifelhaften Anspruch rechtlich eindeutig festgestellt. Trotzdem gingen die Anwürfe weiter – «Ab morgen kostet uns Wulff über 1 Million Euro» (*Bild*, 7. März). Der Haushaltsausschuss des Bundestages akzeptierte die Rechtslage und machte dem Treiben ein Ende. Ich hätte gern als Bundespräsident weitergearbeitet.

Die SPD nutzte die öffentliche Diskussion über Ruhebezüge von Bundespräsidenten und brachte im Bundestag einen Antrag ein, wie in Zukunft ihrer Meinung nach mit dem Thema umgegangen werden sollte, nämlich mit einer Absenkung der Bezüge entsprechend der Amtsdauer. Als viele Monate später der Innenausschuss über diese Initiative abstimmte, stand nicht einmal die SPD geschlossen hinter dem Antrag; Linke, Grüne, FDP, CDU und CSU stimmten dagegen. Keine Zeitung berichtete über die Beerdigung dieser populistischen Initiative.

Nicht weniger populistisch als die allseits erhobenen Forderungen, mir Bezüge zu versagen, waren die Aufrufe, mir keine Büroräume zur Verfügung zu stellen. Jeder Altpräsident hat über seine Amtszeit hinaus vielfältige Kontakte in aller Welt im deutschen Interesse zu pflegen. Dafür benötigt er ein persönliches Büro, das aus dem Etat des Bundespräsidialamtes bezahlt wird. Der Bundestag wies mir zwei kleine, bis dahin ungenutzte Dachkammern im hintersten Winkel eines Nebengebäudes zu. Durch die Dachfenster sah man die große Flagge über der russischen Botschaft. Der Direktor des Bundestages begrüßte mich als ersten Bundespräsidenten, der sein Büro kostengünstig in den Räumen des Bundestages einrichtete – in Zukunft werden alle Altpräsidenten und Altkanzler dort und nicht mehr an einem Ort ihrer Wahl untergebracht werden. Ich hätte ablehnen können, aber höhnische Artikel der *Bild*-Zeitung über meine angebliche Anmaßung wollte ich mir ersparen. Ich suchte mir ein paar Möbel aus dem Bestand des Bundestages aus – anders als meine Vorgänger nahm ich aus dem Bellevue nichts mit – und richtete mich zwischen unzähligen Aktenkartons ein.

Nach einiger Zeit lud ich die für den Etat des Bundespräsidialamtes zuständigen Abgeordneten, den stellvertretenden Vorsitzenden des Haushaltsausschusses Herbert Frankenhauser und den Haushaltssprecher der FDP-Fraktion, Jürgen Koppelin, in mein Büro ein, um mich dafür zu bedanken, dass sie mich so unkompliziert untergebracht hätten und dass es auch einen Telefonanschluss gäbe. Frankenhauser ging ein paar Tage später am Rande einer CDU/CSU-Fraktionssitzung zu Frau Merkel und meinte, das sei ein unhaltbarer Zustand. Und ironisch fügte er hinzu: Wenn demnächst der Emir von Qatar komme, um seinen Freund Christian Wulff zu besuchen, und sehe, wie der untergebracht sei, werde er ihm wohl umgehend eine Villa in Grunewald zur Verfügung stellen. Dann hätte ich wieder ein Hausproblem. Auf diese Weise bekam ich alsbald ein Büro Unter den Linden 71, in dem ich in- und ausländische Gäste und Freunde unseres Landes empfangen kann.

Anfang März machte *Bild* erneut mobil. Bundesverteidigungsminister Thomas de Maizière hatte mir den Großen Zapfenstreich angeboten, der einem Bundespräsidenten zum Abschied aus dem Amt gewährt wird. Ich habe mich der Bundeswehr immer eng verbunden gefühlt. Gleich nach Amtsantritt hatte ich die Marineschule Mürwik besucht. Ich war wiederholt in den Standorten zur Vorbereitung von Auslandseinsätzen gewesen und hatte Soldaten in Afghanistan besucht. Ich hatte beim Reservistenverband gesprochen und Veteranen eingeladen, die sich bei Kriegseinsätzen in Afghanistan schwerste Verwundungen zugezogen hatten. Am 20. Juli 2011 hatte ich bei der Gelöbnisfeier vor dem Reichstag gesprochen. «Für die Soldaten war er ein guter und fürsorglicher Bundespräsident», sagte der Wehrbeauftragte des Deutschen Bundestages, Hellmut Königshaus. Angesichts meiner regelmäßigen und engen Beziehungen zur Bundeswehr war mir der Zapfenstreich wichtig. Insbesondere dem Wachbataillon, das bei Staatsempfängen und festlichen Anlässen auch in Regen und Kälte stets zuverlässig die Ehrenformation bildete, wollte ich meinen Dank zum Ausdruck bringen. Deshalb nahm ich den Großen Zapfenstreich an, wie übrigens alle meine Vorgänger mit Ausnahme Gustav Heinemanns.

Der Große Zapfenstreich fand am Abend des 8. März im Garten von Schloss Bellevue statt. «Das ist kein Zapfenstreich. Das ist ein Narrenstreich!», schrieb *Bild* am Vortag und veröffentlichte «Wulffs geheime Gästeliste. Exklusiv! Wer absagt, wer kommt.» Überall wurde nachgefragt: Gehen Sie hin? Die Teilnehmer, die die Einladung bestätigten, fanden sich am 8. März im Internet auf einer «Liste der Schande».

Gleichzeitig wurde über Blogs dazu aufgerufen, die Veranstaltung durch den Lärm von Vuvuzelas zu stören. Auf einer eigens eingerichteten Facebook-Seite gab es eine Anleitung zum effizienten Gebrauch der bei der Fußball-WM in Südafrika populären Blasinstrumente. Am Morgen des Zapfenstreichs waren in Berlin angeblich alle Vuvuzelas ausverkauft. Die Meldungen wurden auf den online-Portalen deutscher Medien und über Twitter unablässig aktualisiert. Am Abend tauchten dann etwa hundert Versprengte in der Nähe des Bellevue auf.

Beim Zapfenstreich darf man sich drei bis vier persönliche Lieder wünschen. Das Stabsmusikkorps spielte: den Alexandermarsch, das Lied der in Hannover stationierten 1. Panzerdivision, als Verbeugung vor den Auslandseinsätzen der Bundeswehr; «Over the Rainbow» stellvertretend für die bunte Republik Deutschland; und das Kirchentagslied «Da berühren sich Himmel und Erde» als Dank für den wichtigen Beitrag der Kirchen in unserem Land. Am Schluss sollte obligatorisch die Nationalhymne gespielt werden, ich bat zusätzlich um die Europahymne. Das sei nicht möglich, hieß es. Nach den Vorschriften des Protokolls dürfe Beethovens Ode an die Freude beim Zapfenstreich nicht als Europäische Hymne neben der Nationalhymne gespielt werden. Deshalb spielte man die Ode an die Freude zusammen mit den drei von mir ausgewählten Liedern, also vier – was sogleich von einigen Medien skandalisiert wurde, ich sei nun einmal von Natur aus unbescheiden.

In erster Linie empfand ich Erleichterung: Ich war entkommen. Wie es mir in solchen Situationen zu eigen ist, gab ich den Vorgängen eine positive Bedeutung und sagte mir, es ist doch viel schöner, den Zapfenstreich mit 52 Jahren zu erleben, als wenn man schon in den Siebzigern ist. Da ich immer eine besondere Nähe zu den Soldaten des Wachbataillons verspürt hatte, die jetzt zum letzten Mal vor mir standen, litt ich doppelt unter den Tröten. Viele Freunde hatten sich eingefunden. Vor der Zeremonie hatte ich mich mit einer kleinen Ansprache von Mitarbeiterinnen und Mitarbeitern verabschiedet. Jedem einzelnen konnte ich in die Augen sehen, ich wusste, nichts von den Vorwürfen würde bleiben.

Am Sonntag, den 19. Februar, zwei Tage nach meinem Rücktritt, war mein Nachfolger bestimmt worden. Zwischen CDU/CSU und FDP kam es an diesem Tag zu erheblichen Differenzen, weil die FDP die von der CDU/CSU ins Gespräch gebrachten möglichen Kandidaten nicht akzeptierte. Um 15.00 Uhr zog sich der FDP-Vorsitzende und Vizekanzler Philipp Rösler zu einer Telefonkonferenz mit dem FDP-Präsidium zurück. Das Ergebnis war zu diesem Zeitpunkt so überraschend wie eindeutig: Die FDP legte sich auf Joachim Gauck als ihren Kandidaten fest. Um den Druck auf die Union zu erhöhen, ließ man die Nachricht durchsickern. In Unionskreisen war von Erpressung die Rede. Es kam zu einem lautstarken Disput zwischen Philipp Rösler und Angela Merkel, die sich zu diesem Zeitpunkt noch nicht auf Joachim Gauck einlassen wollte. Um die Koalition zu retten, gab die Bundeskanzlerin kurz vor 20.00 Uhr nach. Um 21.20 Uhr wurde der Kandidat in einem gemeinsamen Presseauftritt mit den Vorsitzenden aller im Bundestag vertretenen Parteien mit Ausnahme der Linken vorgestellt.

Philipp Rösler telefonierte nicht nur mit seinem Präsidium. Er wurde auch von Mathias Döpfner angerufen. Der Weg war jetzt frei gemacht für Joachim Gauck.

Vier Stunden nach Bekanntgabe der Nominierung stellte Mathias Döpfner seinen Kommentar, der am nächsten Morgen in der *Bild*-Zeitung erschien, online:

«Die Mehrheit der Deutschen wollte Joachim Gauck als Bundespräsidenten. Die SPD wollte ihn. Die FDP wollte ihn. Und sogar im CDU-Präsidium gab es eine lange schweigende Mehrheit für ihn. Nur eine wollte Gauck lange nicht: Angela Merkel. Der Himmel weiß warum. Im letzten Moment hat sie ihre Meinung geändert. Schon beim letzten Mal tat sie alles, um Gauck zu verhindern. Das Resultat ist bekannt. Noch einmal wollte sie dieses Risiko nicht eingehen. Sie hätte damit der FDP ein weiteres und wohl letztes Mal das Rückgrat gebrochen, und sie hätte ihre Wähler vergrätzt, weil die nicht verstanden hätten, warum es wieder nicht der beste Kandidat werden durfte. Nun ist er es. Und das ist kein Gesichtsverlust der Kanzlerin, sondern gute demokratische Tradition. Vor allem aber ist es der Standhaftigkeit der FDP und ihres Vorsitzenden Philipp Rösler zu verdanken, die an dieser Frage die Koalition hätten platzen lassen.»

«Deutschland gewinnt auf jeden Fall», hatte Kai Diekmann zur Wahl 2010 geschrieben. So war es. Am 18. März wurde Joachim Gauck von der Bundesversammlung mit großer Mehrheit in guter demokratischer Tradition zum elften Bundespräsidenten der Bundesrepublik Deutschland gewählt.

DAS RECHT

Wer beim Zuknöpfen einer Strickjacke das erste Knopfloch falsch knöpft, wird es im Fortgang nie schaffen, die Jacke ansehnlich zuzuknöpfen. Der politisch motivierte fehlerhafte Beginn der Ermittlungen erklärt für mich die Maßlosigkeit und die mangelnde Objektivität der Staatsanwälte. Es musste etwas herauskommen, um jeden Preis, und deshalb war kein Aufwand zu groß. Hätten die Ermittlungen nicht zu einer Anklage geführt, wäre die Staatsanwaltschaft Hannover blamiert gewesen, denn die von ihr beantragte Aufhebung meiner Immunität war es, die zu meinem Sturz geführt hatte. Der Rücktrittsgrund wäre im Nachhinein entfallen. Also musste eine Anklage her – unter nie zuvor dagewesener Begleitmusik aus Indiskretionen und Durchstechereien.

Der Generalstaatsanwalt machte keinen Hehl daraus, dass die Ermittlungen von Anfang an nur in eine Richtung geführt wurden. Man habe sich «nach der Aufnahme der Ermittlungen und dem damit verbundenen Sturz des Bundespräsidenten nicht dem Vorwurf aussetzen» wollen, «dieses oder jenes belastende Detail übersehen zu haben». Nach § 160 der Strafprozessordnung ist die Staatsanwaltschaft allerdings verpflichtet, «mit der gleichen Sorgfalt und Objektivität», mit der sie Belastungsmaterial zusammenträgt, auch Hinweisen nachzugehen, die den Beschuldigten entlasten könnten. Dennoch unterblieb die Vernehmung von mir benannter Zeugen.

Auf Nachfrage des Gerichts, wie man denn zu bestimmten Erkenntnissen gelangt sei, räumte der leitende Kriminalhauptkommissar ein, ihm habe sich hier «der weite Raum der Spekulationen» eröffnet. Die LKA-Beamten mussten sich wiederholt den Vorwurf des Gerichts gefallen lassen, einseitig ermittelt zu haben. In den Tagen vor Weihnachten empfahlen die Richter, das Verfahren einzustellen, weil sich mir eine Schuld nicht nachweisen lasse, aber die Staatsanwaltschaft beharrte auf einer Fortführung des Prozesses: Ich hätte in den bisherigen Verhandlungstagen versäumt, Beweise für meine Unschuld vorzulegen.

Viele Beobachter konnten sich schon zu einem frühen Zeitpunkt nicht des Eindrucks erwehren, dass der von der Staatsanwaltschaft betriebene Aufwand unverhältnismäßig sei, und sprachen von Ermittlungsexzessen. Ich liste kurz auf, was 24 Kriminalbeamte des Landeskriminalamtes Niedersachsen und vier Staatsanwälte der Staatsanwaltschaft beim Landgericht Hannover in 14 Monaten ermittelten. Allein die Hauptakten umfassen mehr als 30000 Blatt. Jeder private Winkel meines Lebens wurde ausgeleuchtet: Man fragte nach den Filmtiteln privater Kinobesuche meiner Familie, vernahm die Kosmetikerin meiner Frau und überprüfte, ob ich auf Norderney die Fähren und Strandkörbe bezahlt hatte. Hundert Zeugen wurden zum Teil mehrfach, zum Teil über mehrere Tage vernommen. Es wurden elektronische Dateien auf stationären Computern und Notebooks, Tablets, Festplatten, USB-Sticks und Mobiltelefonen in einem Gesamtvolumen von fünf Terabytes ausgewertet und etwa eine Million Dateien, unter anderem aus SMS en und E-Mails, sowie fast vierhundert Aktenordner mit Schriftstücken sichergestellt. 45 Bankkonten und 37 Telefonanschlüsse wurden überprüft. Es kam zu acht Hausdurchsuchungen. Drei ausländische Staaten wurden um Rechtshilfe gebeten. Im Zuge der Ermittlungen wurden verfassungsrechtlich geschützte Bereiche des Regierungshandelns durchbrochen, Grundrechte eingeschränkt, so das Brief-, Post- und Fernmeldegeheimnis, das Recht auf Unverletzlichkeit der Wohnung, das Akten- und Behördengeheimnis sowie das Bankgeheimnis.

Wer jemals eine Hausdurchsuchung über sich hat ergehen lassen müssen, weiß, was es bedeutet, wenn Kriminalbeamte jeden Winkel des Hauses durchsuchen – das Schlafzimmer, die Kinderzimmer, das Badezimmer, die Kellerräume. Als Ministerpräsident war ich über viele Jahre oberster Dienstherr von fast 200000 Landesbeamten gewesen. Die Kriminalkommissarin, die jetzt in meine Kleiderschränke griff, war die Frau eines meiner früheren Personenschützer. Es war allen irgendwie peinlich. Draußen standen Heerscharen von Journalisten und Kamerateams, die noch spät am Abend bei ihren Live-Schaltungen die Wohnzimmer meiner Nachbarn ausleuchteten.

Die Vernehmung meiner Personenschützer gehört zu den schlimmen Kapiteln dieser 14 Monate. Das Landeskriminalamt hatte bei der Landesregierung beantragt, sie von ihrer Verschwiegenheitspflicht zu entbinden und ihnen uneingeschränkte Aussagegenehmigung zu erteilen. Personenschützer sind Tag und Nacht um einen, sie kennen jede Bewegung, jede Gewohnheit, und im Laufe der Jahre entwickeln viele zu ihrer Schutzperson auch ein fürsorgliches Verhältnis. Für ihre Einsatzbereitschaft, Zuverlässigkeit und Diskretion schätze ich meine Sicherheitsbeamten, ihre Familienverhältnisse kenne ich fast ebenso gut wie sie die meinen. Jetzt wurden sie von ihren Kollegen aus dem Landeskriminalamt zu den intimsten Details meines Privatlebens vernommen. Wann ich mich wo mit wem unterhalten hätte, ob ich mein Eis immer selbst bezahlt hätte und in welcher Hosentasche ich mein Bargeld trage? Was ist Ihnen am Verhalten des Herrn Wulff sonst noch aufgefallen?

Die Beamten fühlten sich äußerst unwohl. Wäre ich verantwortlich gewesen in Niedersachsen und hätte entscheiden müssen, ob LKA-Beamte wegen des Verdachts einer unrechtmäßigen Einladung an einen meiner Vorgänger vernommen werden dürfen, hätte ich die Erlaubnis mit Sicherheit nur eingeschränkt erteilt. In welchen Konflikt bringt man die Beamten, die ja alles wissen und die hinterher das Vertrauen nur schwer zurückgewinnen können! Hat sich Herr Wulff gegenüber seiner zweiten Frau anders verhalten als gegenüber seiner ersten? War sein Lebenswandel ein anderer, war er öfter eingeladen als früher, bevorzugte er andere Lokale – solche Fragen wurden gestellt. Einige der Beamten waren erstaunt, dass Entlastendes gar nicht erst protokolliert wurde.

Am 12. April wurde die Anklageschrift zugestellt und noch am selben Tag von der *Süddeutschen Zeitung* als «lächerliches Konstrukt» zerpflückt. Zehn Tage später erklärte Generalstaatsanwalt Lüttig im *Spiegel*, man habe «eine lückenlose und sehr plausible Kette von Beweisen»; am selben Tage antwortete er auf die Frage des *Focus*, ob Indizien denn genügten: «Wir haben nicht nur Indizien, wir haben Beweise. Und die sind im Fall Wulff sehr stark». In der Anklageschrift seiner Staatsanwaltschaft war freilich das Gegenteil zu lesen: «Nach dem bisherigen Ergebnis der Ermittlungen konnten keine unmittelbaren Beweise gewonnen werden, die die Einlassungen des Angeschuldigten bestätigen oder widerlegen.» Statt harter Fakten präsentierte man Hypothesen und Vermutungen. Nach den gesetzlichen Anforderungen geht es bei einer Anklage aber um tatsächliche Anhaltspunkte, die eine Verurteilung wegen des erhobenen Vorwurfs objektiv erwarten lassen.

Ausgangspunkt der staatsanwaltlichen Ermittlungen waren die seit Dezember 2011 in der Presse gegen mich erhobenen Vorwürfe. «Es waren so viele möglicherweise belastende Informationen an die Öffentlichkeit gelangt, dass einem verantwortlichen Staatsanwalt gar keine andere Wahl blieb, als diese Informationen zu überprüfen», rechtfertigte Generalstaatsanwalt Lüttig die Aufnahme der Ermittlungen. Die Medien hatten nicht nur enormen Druck aufgebaut, sie blieben auch während des gesamten Ermittlungszeitraums am Ball. Es war ein Geschäft auf Gegenseitigkeit: Dafür, dass zahlreiche Medien der Staatsanwaltschaft aktive Hilfestellung boten, revanchierte sich diese mit pikanten Details aus den laufenden Ermittlungen. Einzelne Sätze aus einer beschlagnahmten SMS, aus denen sofort neue Verstrickungen abgeleitet wurden, Kontostände, die Größe meiner Hotelzimmer – nichts war indiskret genug, um von den Medien nicht gnadenlos ausgeschlachtet zu werden. Für mich und meine Familie war es der Alptraum.

Die Weitergabe von geheimen Dokumenten ist bei uns nach §§ 202 und 203 StGB mit Freiheitsstrafe bis zu zwei Jahren bedroht. Bürger stellten deshalb Strafanzeige gegen unbekannt. Die Ermittlungen wurden nach kurzer Zeit jedoch eingestellt, weil man keinen Täter ausfindig machen konnte; es gab einfach zu viele mögliche undichte Stellen. In der Praxis lässt jemand Akten oder Vernehmungsprotokolle nach einem Journalistengespräch einfach liegen, ähnlich wie im Film. Die wegen Geheimnisverrats ermittelnde Staatsanwaltschaft hat es allerdings unterlassen, wegen der Lecks zu ermitteln und Justizminister Bernd Busemann als obersten Dienstherrn intensiv zu befragen.

Wenn die Ermittlungen ins Stocken gerieten, lieferte einer aus der Menge der Journalisten zuverlässig neue Munition. Bereits am 1. März 2012 meldete sich ein bedeutendes Wirtschaftsblatt beim Sprecher der Staatsanwaltschaft Hannover. «Hallo Herr Lendeckel, im Zusammenhang mit dem Fall Wulff haben wir zwei Fragen: 1. Geht die Staatsanwaltschaft dem Verdacht nach, dass Herr Wulff kurz vor seiner Einlassung bei der Staatsanwaltschaft (rechtliches Gehör) den Vorstand eines niedersächsischen Konzerns angerufen und um Abgabe einer falschen eidesstattlichen Versicherung gebeten hat – mit dem Wunsch anzugeben, dieser Vorstand habe Wulff vor ein paar Jahren Bargeld geliehen? 2. Hat die Staatsanwaltschaft vor, in diesem Zusammenhang die Telefonverbindungen, -gespräche von Herrn Wulff dahingehend zu überprüfen? Mit freundlichen Grüßen.» Es gibt für mich nur ein Wort für einen solchen Vorgang: Denunziation.

Auf der mir vorliegenden Kopie habe ich mir seinerzeit notiert: «Strafanzeige wegen falscher Verdächtigung?» Ich hätte gegen Dutzende ähnlicher Anschuldigungen mit Strafanzeigen vorgehen können, wäre aus dem Prozessieren nicht herausgekommen – und hätte am Ende doch nichts gewonnen. Erstaunlich für mich bleibt, dass die Staatsanwaltschaft einem solchen Hinweis tatsächlich nachging und ein Richter den erbetenen Beschluss erließ, die Telefonverbindungsdaten angesehener Unternehmer in Niedersachsen zu überprüfen, zum Beispiel die von Jürgen Großmann, damals Vorstandsvorsitzender von RWE, und Michael Frenzel, damals Vorstandsvorsitzender der TUI.

Die Kollegen blieben dran. Er habe heute den Anruf eines *Focus*-Redakteurs erhalten, notierte der Oberstaatsanwalt am 24. April 2012, der ihm von «Gerüchten» erzählte, ich hätte einen VW-Vorstand gebeten, wahrheitswidrig zu erklären, er habe mir Bargeld geliehen. Weil der Hinweis mit anderen Informationen «teilweise korrespondierte», seien LKA und Staatsanwaltschaft tätig geworden, so die Notiz des Oberstaatsanwalts. Mit Ermittlungen dieser Art wurden 24 Kriminalbeamte und vier Staatsanwälte 14 Monate lang beschäftigt. Sie haben vermutlich mehr Tage auf Sylt verbracht als ich in meinem ganzen Leben.

Bei der Hausdurchsuchung in Großburgwedel fanden die Kriminalbeamten Fotos vom Oktoberfest 2008, die auch David Groenewold, Maria Furtwängler und Hubert Burda in ausgelassener Stimmung zeigen. Ich bat, diese Fotos nicht zu beschlagnahmen, da ich befürchten müsse, dass sie in die Zeitung kommen. Das bedeute noch lange nicht, dass es sich um Abzüge der Staatsanwaltschaft handele, so der Kommissar, schließlich gebe es von jedem Foto auch ein Negativ. Im Beschlagnahmeprotokoll wurde festgehalten, Herr Wulff bitte darum, dass bestimmte Fotos bei ihm verbleiben, und Herr Oberstaatsanwalt Eimterbäumer erkläre, der Bitte stattzugeben. Genau so stand es dann im *Spiegel*, dem das Protokoll zugespielt wurde. Der *Spiegel* hätte sicher lieber eines der Fotos veröffentlicht.

Der *Spiegel* hatte nicht nur exzellente Verbindungen in die Staatsanwaltschaft, er war auch über die Vorgänge in der Staatskanzlei bestens unterrichtet. Genauer gesagt, interessierte er sich weniger für den Ministerpräsidenten David McAllister als für mich, seinen Vorgänger. Das eine hing mit dem anderen allerdings auf wirksame Weise zusammen.

Mein letzter Kontakt zu David McAllister vor der Landtagswahl 2013 datierte auf Dezember 2011, als ich ihm eine SMS schickte, in der ich ihm versicherte, ich könne zu allen Vorwürfen Aufklärung geben. Im niedersächsischen Kabinett war es in jenen Tagen zu heftigen Auseinandersetzungen darüber gekommen, wie man sich in der Affäre um den Bundespräsidenten verhalten solle. Bernd Busemann führte die Riege derer an, die eine scharfe Abgrenzung und eine härtere Gangart verlangten. Fast jeden Dienstag hörte ich aus den Kabinettsitzungen, dass Busemann Stimmung machte nach dem Prinzip «Oh, oh, oh ...» Im Januar 2013 standen Wahlen an, und McAllister gab die Linie aus, sich nicht nur mit Solidaritätsbekundungen für mich zurückzuhalten, sondern auch auf Abstand zu achten.

Nachdem sich Rechtsanwalt Gernot Lehr zum Jahreswechsel in meinen Fall eingearbeitet hatte, teilte er mir mit, dass er leider einen wesentlichen Unterschied zum Fall seines früheren Mandanten Johannes Rau konstatieren müsse. Im Fall Rau habe die Staatskanzlei Düsseldorf ihren ehemaligen Ministerpräsidenten gegen alle Vorwürfe rund um die WestLB geschlossen verteidigt. In Hannover dagegen versuche sich die Spitze der Staatskanzlei in eine neutrale Position zu begeben. Sollen sie es doch machen, wie sie es für richtig halten, dachte ich mir und habe mich nicht einmal am 16. Februar, als abends der Antrag auf Aufhebung meiner Immunität gestellt wurde, überwinden können, meine Kontakte nach Hannover zu nutzen und Ministerpräsident David McAllister anzurufen.

Warum sich die Staatskanzlei insbesondere gegenüber dem *Spiegel* so kooperativ erwies, erschloss sich mir erst im Herbst 2012, als ich Kenntnis erhielt von der Mail eines *Spiegel*-Redakteurs an den stellvertretenden Regierungssprecher. Zunächst wurden die üblichen Verdächtigungen aufgelistet. Unter Punkt 6 hieß es, dass ich als Schirmherr des Filmfestes «Seepferdchen» am 1. März 2010 mit Schülern über den Film «John Rabe» diskutiert hätte. Wie es zur Auswahl des Filmes gekommen sei, ob das Land Niedersachsen das Festival beziehungsweise die Veranstaltung finanziell unterstützt habe und wie viele Schüler den Film im Rahmen des Festivals gesehen hätten. Eine Beantwortung sei «aus produktionstechnischen Gründen» bis Donnerstagabend erforderlich, das hieß binnen 48 Stunden.

Dann kam der *Spiegel*-Redakteur zur Sache. Er bitte, «noch einmal wohlwollend zu prüfen», ob er nicht doch Einblick in den «Aktenordner der nicht strafrechtlich relevanten Unterlagen» nehmen dürfe. Sollte die Akteneinsicht gewährt werden, sichere er zu, dass der Bericht «sich keinesfalls gegen die aktuelle Landesregierung richten wird». Der letzte Absatz der Mail machte dann unmissverständlich klar, was gemeint war:

«Vielen Dank auch noch einmal für die Unterlagen über den von McAllister geliehenen VW Golf. Ich habe inzwischen zwar recherchiert, dass der von Herrn Ministerpräsident gezahlte Preis deutlich unter den marktüblichen Konditionen der bekannten Leihwagen-Unternehmen liegt. Derzeit plant der *Spiegel* allerdings keine Veröffentlichung, weil ich mich um wichtigere Dinge kümmern muss – wie die Causa Wulff.»

So etwas nennen manche eine Nötigung.

Die Staatskanzlei reichte die vom *Spiegel* erbetenen Unterlagen anschließend an die Staatsanwaltschaft weiter. Es handelte sich um die interne Kommunikation zwischen dem Ministerpräsidenten und seinem Regierungssprecher zu sämtlichen Vorgängen der Landesregierung, Vorgängen von höchster Vertraulichkeit. Die Daten waren ordnungsgemäß gelöscht gewesen, aber im Zuge der Ermittlungen gegen mich hatten IT-Experten der Landesregierung auch solche politischen Vermerke wieder sichtbar gemacht. Nichts davon war für die Aufklärung der gegen mich erhobenen Vorwürfe relevant. Das Sprengstoffpotenzial dieser Dokumente dürfte jedoch die Phantasie von *Spiegel*-Redakteuren sehr beflügelt haben. Die Staatskanzlei wollte das Material schnell loswerden. Die Bestände liegen heute im Panzerschrank der Staatsanwaltschaft Hannover.

Am 12. April 2013 wurde meinen Anwälten die Anklageschrift der Staatsanwaltschaft Hannover zugestellt. Sie war nach den Worten von Heribert Prantl perfide und ridikül. Mit der Wirklichkeit in meiner Zeit als Ministerpräsident von Niedersachsen hatte sie nichts zu tun, und als Mensch konnte ich mich darin schon gar nicht wiedererkennen. Vierzehn Monate nach meinem erzwungenen Rücktritt blickte ich erneut in einen Abgrund.

Am 27. August wurde die Anklage vom Landgericht Hannover zugelassen – mit einer ersten Einschränkung: Den Vorwurf der Bestechung beziehungsweise Bestechlichkeit sah das Landgericht durch die Anklageschrift nicht hinreichend begründet und stufte die Anklage auf Vorteilsannahme beziehungsweise Vorteilsgewährung herunter. Das Gericht sah selbst dafür keine hinreichende Wahrscheinlichkeit der Verurteilung, die das Gesetz fordert, hielt aber eine Aufklärung in der Hauptverhandlung für nötig. Mit meinen Anwälten war ich der Überzeugung gewesen, dass nach rechtsstaatlichen

Grundsätzen die Anklage nicht hätte zugelassen werden dürfen. Die Strafkammer erklärte sinngemäß, dass ihr die von der Staatsanwaltschaft vorgelegten Indizien allein nicht genügten und sie sich in einer umfassenden Beweisaufnahme vor Gericht ein Bild machen wolle. Über die von der Staatsanwaltschaft benannten 25 Zeugen hinaus wollte das Gericht zwanzig weitere Zeugen vernehmen, insgesamt also 45. Es wurden 22 Verhandlungstage veranschlagt, der Prozess würde sich erst einmal bis in den April 2014 ziehen.

Im Nachhinein kann ich die Entscheidung der Richter nur begrüßen. Hätten sie die Anklage zurückgewiesen, wären sofort Fragen laut geworden, welche politischen Interessen dahintersteckten, welche Absprachen es in den Hinterzimmern von Hannover wohl gegeben habe. Man hätte die Richter öffentlich gevierteilt. Die Kleinen hängt man, die Großen lässt man laufen – solche Sätze waren seit Beginn der Affäre immer wieder zu lesen gewesen. In den Talkshows wurde im Zusammenhang mit mir gern auch die Geschichte von «Emmely» erzählt, der Supermarktkassiererin, die wegen Unterschlagung von zwei Pfandbons im Wert von 1,30 Euro fristlos entlassen worden war. So betrachtet, durfte es natürlich keinen Unterschied zwischen Emmely und mir geben.

Ich erinnerte mich, was mir der frühere Ministerpräsident von Sachsen-Anhalt, Werner Münch, zur Ermutigung erzählt hatte. Münch war im November 1993 zurückgetreten. Als ein halbes Jahr später Rot-Grün die Regierungsgeschäfte in Magdeburg übernahm, wurde gegen den früheren Ministerpräsidenten der Vorwurf erhoben, er habe mehr Gehalt bezogen, als ihm nach den Bestimmungen des Landes Sachsen-Anhalt zustand. Ein paar Tage nach seinem Freispruch in der so genannten Gehälteraffäre durch das Oberverwaltungsgericht rief Münch den Richter an, um sich für die faire Verhandlungsführung zu bedanken. Er habe der Anklage angesehen, meinte der Richter, dass sie auf sehr wackligen Beinen stand. Er habe sich jedoch für eine Zulassung entschieden, um Münch nach allem, was ihm widerfahren sei, die Möglichkeit zu geben, die Anschuldigungen vor der Öffentlichkeit zu widerlegen. Vielleicht dachten der Vorsitzende Richter Rosenow und seine Strafkammer ähnlich.

Von Hunderten von Unterstellungen, denen die Staatsanwaltschaft 14 Monate lang mit größter Akribie nachgegangen war, blieb ein einziger Vorwurf übrig. Auf 79 Seiten Anklageschrift versuchte die Staatsanwaltschaft den Nachweis zu führen, dass es einen Zusammenhang geben müsse zwischen meiner Teilnahme am Oktoberfest in München Ende September 2008 und einem Brief von mir an den Vorstandsvorsitzenden der Siemens AG, Peter Löscher, vom 15. Dezember 2008. Ich will mich bei der Wiedergabe des Vorgangs so kurz wie möglich fassen. Erstens wurde ich ohne Wenn und Aber freigesprochen, und zweitens hat die angebliche Oktoberfestsause eine so breite Spur in der deutschen Presselandschaft gezogen, dass der Leser wahrscheinlich nichts mehr davon hören will. Aber wenn man vorne anfängt, liest sich die Geschichte eben doch anders, als sie in der Presse dargestellt wurde. Man muss die Jacke nur richtig zuknöpfen.

Ich fange mit China an, denn um China ging es in meinem Brief an den Siemens-Chef. Anfang Oktober 2008 – nach dem Oktoberfest – hatte ich mit einer niedersächsischen Delegation die Volksrepublik besucht. China zählt seit langem zu den wichtigsten Handelspartnern Niedersachsens. Bereits 2005 und 2007 waren wir jeweils mit einer großen Wirtschaftsdelegation dort gewesen, für Anfang Juli 2010 war die nächste Reise geplant, die nach meiner Wahl zum Bundespräsidenten dann von meinem Nachfolger durchgeführt wurde. Der deutsche Generalkonsul in Shanghai, Wolfgang Röhr, hatte mich bereits bei meinem ersten China-Besuch auf den ehemaligen Siemens-Manager John Rabe aufmerksam gemacht und dafür geworben, dass deutsche Unternehmen gemeinsam mit dem Bund die Pflege seines Andenkens in Nanjing unterstützen. Ich versprach, das Thema im Auge zu behalten.

John Rabe, seit 1911 für Siemens in China tätig, war 1931 Geschäftsführer der Siemens-Zentrale in Nanjing geworden, jahrhundertelang die Hauptstadt Chinas. Bei der Besetzung der Stadt durch die Japaner 1937/1938 rettete er als Leiter der von ihm gemeinsam mit Amerikanern, Briten und einem Dänen gegründeten Internationalen Schutzzone etwa 200000 Chinesen das Leben. Heute wird er deshalb als der «Oskar Schindler Chinas» oder auch «der gute Deutsche von Nanjing» verehrt. Auf Initiative des deutschen Generalkonsuls in Shanghai wurde das Haus, in dem John Rabe zuletzt gelebt hatte, mit Mitteln des Auswärtigen Amtes und deutscher Unternehmen renoviert und 2006 als Begegnungsstätte für internationale Verständigung eröffnet.

Mehrere deutsche Unternehmen unterstützen den Fonds, der das Haus seither trägt, auch die Firma Siemens ließ sich zu einem stärkeren Engagement bewegen. In meinen Augen konnte John Rabe für Siemens zu einem idealen «Botschafter» werden, um die traditionell guten Beziehungen des Konzerns in China weiter auszubauen. Die Siemens AG ist in China seit über hundert Jahren erfolgreich. Aufträge aus China haben zugleich aber auch unmittelbare Rückwirkung auf Arbeitsplätze in Niedersachsen, weil die Konzernzentrale Verkehrstechnik in Braunschweig beheimatet ist und der Sitz der Siemens AG für Norddeutschland bis vor kurzem in Hannover war. Auch die Zukunft der Transrapidversuchsstrecke in Lathen im Emsland war damals davon abhängig, dass in China nach der Flughafenanbindung Shanghai weitere Transrapidstrecken gebaut würden.

Einem historisch interessierten Publikum war der Name John Rabe seit Erscheinen der von Erwin Wickert Ende der neunziger Jahre herausgegebenen Tagebücher geläufig. Im Herbst 2007 wurde Rabes Einsatz für die chinesische Bevölkerung während der japanischen Besatzung von Nanjing verfilmt. Hauptproduzent war die Majestic Filmproduktion von David Groenewold, das Budget belief sich auf 18 Millionen Euro. Der Film «John Rabe» mit Ulrich Tukur in der Hauptrolle war im Dezember 2008 fertig, wurde auf der Berlinale 2009 uraufgeführt, mehrfach ausgezeichnet und lief wiederholt im Fernsehen.

Als ich im Oktober 2008 nach China flog, wusste ich von dem Filmprojekt, und ich wusste auch, dass Siemens sich finanziell nicht daran beteiligt hatte. In Peking sprach ich mit dem deutschen Botschafter über John Rabe und den Film. Nach Einschätzung des Botschafters lag der Film wegen des überragenden Ansehens von John Rabe in China im deutschen Interesse, deshalb gab er 2009 auch einen Empfang in der Botschaft mit dem Schauspieler Ulrich Tukur, um für den Film zu werben.

Auch mit dem ranghöchsten Ansprechpartner auf chinesischer Seite, dem stellvertretenden Ministerpräsidenten Zhang Dejiang, unterhielt ich mich über den Film. Im Bericht der Deutschen Botschaft über die Delegationsreise heißt es dazu: «Obwohl als Höflichkeitstermin gedacht, weitete sich der Termin auf eine Stunde aus. Wulff charakterisierte die Beziehungen zu Niedersachsen als ‹Wirtschafts- und Forschungspartnerschaft›; Zhang zeigte sich kenntnisreich und emotional berührt vom inzwischen abgedrehten Film ‹John Rabe›, über den gleichnamigen Siemens-Mitarbeiter, der in Nanjing 1937 mehrere Hunderttausend Chinesen vor den anrückenden Japanern rettete. Eine Tatsache, die die Gesprächspartner nutzten, um die enge Verbundenheit beider Länder über rein wirtschaftliche Fragen hinaus zu betonen.»

Als mir der Reisebericht des Auswärtigen Amtes und der Deutschen Botschaft Mitte November vorlag, bat ich den Leiter der Internationalen Abteilung der Staatskanzlei um den Entwurf eines Briefes an den Vorstandsvorsitzenden der Siemens AG. Ich würde Herrn Löscher gern über die Ergebnisse meiner Reise unterrichten und ihm insbesondere mitteilen wollen, dass ich bei allen Gesprächspartnern für Siemens geworben hätte. Mit Bezug auf John Rabe wolle ich mir aber auch den Hinweis erlauben, «dass ich es schon etwas befremdlich gefunden hätte, dass Siemens es nicht schafft, diese Frage im China-Geschäft angemessen einzuordnen». Aus eigener Erfahrung wusste ich, dass in der Hierarchie unten manches anders gesehen wird als oben. Peter Löscher sollte unmittelbar informiert sein; was er mit der Information machen würde, war allein seine Sache. Mir ging es um die Rolle von Siemens in China und um die deutsch-chinesischen Beziehungen.

Die entsprechende Passage in meinem Schreiben an Peter Löscher vom 15. Dezember 2008 lautete: «Herr Vizepremierminister Zhang zeigte sich auch kenntnisreich und emotional angesprochen bei dem Thema ‹John Rabe›. Es handelt sich um einen inzwischen abgedrehten Film über einen couragierten und hilfsbereiten Siemensmitarbeiter aus dem Shanghai der dreißiger Jahre, der Hunderttausenden von Chinesen das Leben vor den vorrückenden Japanern rettete und deshalb heute in ganz China ein überragendes Ansehen genießt. Ich habe die Bitte, dass die Siemens AG sich stärker als bisher in das Projekt einbringt. Politik, Wirtschaft und Kultur leben vom gemeinsam Erlebten. Hier haben wir mit der historischen Figur des John Rabe eine hervorragende Chance, Deutsche und Chinesen zusammenzuführen. Ich kann mir vorstellen, dass eine Beteiligung von Siemens an der Auswertung des Filmes und bei einer Veranstaltung auf der Berlinale hilfreich wäre.»

Es ging mir um eine sichtbare Positionierung deutscher Interessen im Ausland mit den Mitteln des Films und gleichzeitig um ein gemeinsames Engagement im repräsentativen Rahmen der Berlinale. Es war weder von finanzieller Unterstützung noch sonstigen wirtschaftlichen Vorteilen die Rede, sondern allein von den Möglichkeiten, mit den Mitteln der Kultur Auslandsbeziehungen – und damit mittelbar auch internationale Wirtschaftsbeziehungen – zu gestalten. Ein ähnliches Projekt hatten wir schon einmal genutzt, die deutsch-japanische Koproduktion «Bando – Ode an die Freude». Der Film spielt in einem japanischen Kriegsgefangenenlager für deutsche Marineeinheiten während des Ersten Weltkrieges. Dieses Lager war durch seine relativ liberalen und humanen Haftbedingungen bekannt geworden. Die deutschen Kriegsgefangenen hatten ein Orchester bilden können und brachten zum ersten Mal in Japan Beethovens 9. Sinfonie zur Aufführung. Zum hundertjährigen Jubiläum der Erstaufführung habe ich meinen Freunden in Naruto/Tokushima für Juni 2018 mein Kommen zugesagt. Die Vorbereitungen laufen bereits.

Der Vollständigkeit halber sei hinzugefügt, dass sich Siemens weder auf der Berlinale 2009 noch zu einem späteren Zeitpunkt in irgendeiner Weise für den John-Rabe-Film engagierte. In der PR-Abteilung des Hauses Siemens folgte man offenbar einem anderen Konzept, in das die Förderung des Filmes nicht passte. Ich kann das auch heute nur bedauern.

Die Staatsanwaltschaft Hannover dröselte die gesamte Vorgeschichte des Films «John Rabe» minutiös auf und kam auf Seite 70 ihrer Anklageschrift zu dem Ergebnis, mein *eigentliches* Motiv sei «durch die politisch motivierte Begründung der Förderung der deutsch-chinesischen Beziehungen nur vordergründig kaschiert» worden. Die China-Reise und der Botschaftsbericht als Vorwand: Dieser Vorwurf war ungeheuerlich. Was aber war nach Ansicht der Staatsanwaltschaft mein eigentliches Motiv? Was stand der angeblichen Vorteilsgewährung zu Gunsten von David Groenewold gegenüber? Wie begründete die Staatsanwaltschaft ihren Verdacht auf Vorteilsannahme?

Ende September 2008 waren David Groenewold, meine Frau und ich gemeinsam auf dem Oktoberfest gewesen. Die Staatsanwaltschaft erkannte einen engen zeitlichen Zusammenhang zwischen dem Besuch des Oktoberfestes am 27. September und meinem Brief an den Siemens-Chef vom 15. Dezember. Das sind elf Wochen, in denen ich unter anderem in China war, eine Reise, die für die Staatsanwaltschaft aber nicht weiter ins Gewicht fiel. Die Höhe des angeblichen Vorteils bezifferte sie mit 753,90 Euro, die sich wie folgt zusammensetzten: 400 Euro Hotelzuschuss, 110 Euro für eine Babysitterin, 140 Euro Bewirtung auf der Wiesn und 103,90 Euro für ein Abendessen im Bayerischen Hof. Dazu stellte mein Rechtsanwalt, Professor Müssig, in seinem Schlussplädoyer fest: «Man wagt ja gar nicht, die Frage zu stellen, so sehr sträuben sich einem die Nackenhaare. Vorausgesetzt, die von der Staatsanwaltschaft fälschlich vermuteten Vorteile in Höhe von knapp 770 Euro hätten sich bestätigt (was zwar nicht der Fall ist, aber mal angenommen): Halten Sie tatsächlich die Annahme für lebensnah, der Ministerpräsident und studierte Jurist riskiert Kopf und Kragen und lässt sich in eine korruptive Beziehung ein für Einladungsvorteile in Höhe von 770 Euro?» Müssig nannte diese Vorstellung «schlichtweg abenteuerlich». Der Richter schloss sich dieser Auffassung in seiner Urteilsbegründung an.

Es erübrigt sich, an dieser Stelle noch einmal auf die Rechenkünste der Staatsanwaltschaft einzugehen, die Hotelrechnungen, Bewirtungsbelege und sonstige Kosten dieses Oktoberfestwochenendes unter die ganz große Lupe nahm. Ich will ein einziges Beispiel herausgreifen, um den Surrealismus zu veranschaulichen, mit dem ich mich zwei Jahre lang herumplagen musste. Es wurde eine Rechnung präsentiert über ein Essen im Trader Vic's, einem Restaurant des Hotels Bayerischer Hof, in dem David Groenewold, meine Frau und ich samt unserem vier Monate alten Baby untergebracht waren.

In der Anklageschrift heißt es dazu wörtlich: «Die ersparten Bewirtungskosten im Hotel-Restaurant Trader Vic's beruhen auf folgenden Überlegungen: Es wurden drei Personen bewirtet und dabei drei Vorspeisen (auf der Rechnung gekennzeichnet als ‹1›) sowie drei Hauptgerichte (auf der Rechnung gekennzeichnet als ‹2›) serviert. Zugunsten des Angeschuldigten Wulff sollen dabei die beiden jeweils günstigsten Gerichte für ihn und seine Ehefrau in Anrechnung gebracht werden. Bei den Vorspeisen wären dies 1 x ‹Cho Cho› (= Rindfleischspießchen in Sojasauce) für 9,20 und 1 x ‹Cosmo Tidbits› (= gemischte Vorspeisenauswahl) für 15,80 . Als Hauptgerichte fallen 1 x ‹Chateaubriand› für 31,50 und 1 x ‹Prawns Mimosa› (= Riesengarnelen) für 16,00 an. Ferner wurden 2 Liter Wasser ‹Evian› bestellt, von denen eine Flasche zu 1 Liter für 12,00 dem Ehepaar Wulff zugerechnet werden soll. Die übrigen Rechnungsposten betreffen im wesentlichen Getränke, von denen die vier günstigsten mit insgesamt 19,40 auf das Ehepaar Wulff entfallen mögen. Demnach ergibt sich ein Gesamtbetrag an ersparten Bewirtungsaufwendungen in Höhe von 103,90 . Dieser dürfte noch äußerst niedrig veranschlagt sein, betrachtet man den Gesamtrechnungsbetrag von 209,40 und den Umstand, dass das Ehepaar Wulff zu zweit, der Angeschuldigte Groenewold jedoch allein war.»

Manche meinen, ein Land könne sich glücklich schätzen, das keine größeren Probleme hat, als sich die Klärung der Frage, ob ein Staatsoberhaupt vor fünf Jahren eventuell mit einem Freund privat gegessen hat und vielleicht deshalb drei Monate später einen Brief geschrieben haben könnte, vier bis fünf Millionen Euro kosten zu lassen.

Vollends surreal wurde die Anklage dadurch, dass weder David Groenewold noch meine Frau noch ich uns an ein solches Essen im

Restaurant des Bayerischen Hofes erinnern konnten. Und es der Staatsanwaltschaft in 14-monatigen Ermittlungen nicht gelungen war, einen einzigen Zeugen für dieses Essen aufzutreiben, keinen Kellner, niemanden. Der ermittelnde Kriminalhauptkommissar hielt das Chateaubriand zudem für einen Rotwein und glaubte deshalb, meiner Frau gleich noch eine Unwahrheit nachweisen zu können, weil sie ausgesagt hatte, als stillende Mutter zu dieser Zeit keinen Alkohol getrunken zu haben.

Es ist ziemlich unwahrscheinlich, dass wir am späten Abend noch mit David Groenewold gegessen haben. Es war ein anstrengender Freitag gewesen. Vormittags hatte ich einen Termin bei der Firma Deichmann in Essen, dann ging es in einer langen Autobahnfahrt mit quälenden Staus nach München, wo ich zur CSU-Abschlusskundgebung am Marienplatz erwartet wurde. Am Sonntag wurde in Bayern gewählt, und es ist traditionell Brauch in der Union, dass man sich bei den Freunden sehen lässt. Ministerpräsident Beckstein und der CSU-Vorsitzende Erwin Huber hatten mich im Landtagswahlkampf 2007/2008 ihrerseits unterstützt. Nach der Kundgebung unterhielt ich mich im Innenhof des Münchner Rathauses mit Erwin Huber; wir wussten, dass es am Sonntag einen herben Rückschlag für die CSU geben würde.

Nach einem solchen Tag freute ich mich, den Rest des Abends auf dem Zimmer mit meiner Frau verbringen zu können, die ich in diesen Wochen wenig sah. Mit David Groenewold waren wir für den nächsten Abend ohnehin auf dem Oktoberfest verabredet. Er hatte den Tisch reservieren lassen – ursprünglich für acht Personen –, konnte sich aber nicht erinnern, mit wem er an diesem Abend dort gegessen hat. David Groenewold wurde auch erst im Januar 2012 durch die Fragen der Presse darauf aufmerksam, dass das Zimmer meines Sicherheitsbeamten damals über seine Kreditkarte abgebucht worden war. Im Landeskriminalamt – dies sei am Rande vermerkt – ist niemandem aufgefallen, dass der Personenschützer offenbar zwei Nächte zu Lasten David Groenewolds im Bayerischen Hof gewohnt hatte. Auszug aus der Spurenakte Nr. 10: «Da der Beamte keinen persönlichen Vorteil hatte und es auch keine Unrechtsvereinbarung zwischen ihm und Herrn Groenewold gegeben haben dürfte, sieht Oberstaatsanwalt Eimterbäumer keinen Anfangsverdacht.»

Es war unendlich mühsam, alle diese Konfusionen zu enträtseln. Die Ereignisse lagen in der Hauptverhandlung über fünf Jahre zurück, mein Terminkalender für das Jahr 2008 listete 1144 Termine auf. Wie sollte ich mich da erinnern, wer was beim Oktoberfest konsumiert hatte. Auch meine Frau wurde zu der angeblichen «Sause» vernommen. Wenn ihr Mann es mal richtig krachen lassen wolle, hatte sie bei einer früheren Gelegenheit gesagt, dann würde er sich ein Glas Bananensaft genehmigen. Und auf die Frage des Richters, ob der Abend beim Oktoberfest ihrer Meinung nach denn nun ein privater oder ein dienstlicher Abend gewesen sei, antwortete Bettina trocken: Ach, wissen Sie, mein Mann war immer im Dienst, und wenn es am schönsten war, ist er gegangen. Übrigens konnte sich die Bedienung noch Jahre später erinnern, dass ich sie damals bat, den Champagnerkühler unter den Tisch zu stellen.

In der ersten Novemberhälfte 2013 eröffneten die großen Strafkammern des Landgerichts Hannover Hauptverhandlungen unter anderem wegen versuchten Totschlags (1. November), Vergewaltigung (4. November), besonders schweren Raubes (7. November), sexuellen Missbrauchs eines Kindes (12. November) und versuchten Raubes (15. November). Dazwischen, am 14. November, wurde der Prozess gegen David Groenewold und mich eröffnet. Die Anklage lautete auf Vorteilsannahme und Vorteilsgewährung; Groenewold soll außerdem eine falsche Versicherung an Eides statt abgegeben haben. Am 21. November begann die Beweisaufnahme mit der Vernehmung von Mitarbeitern des Hotels Bayerischer Hof, die dem Gericht das Buchungssystem «Fidelio» erläuterten, das die Teilübernahme meiner Hotelkosten in Höhe von 400 Euro durch Herrn Groenewold möglich machte, ohne dass ich dies beim Auschecken bemerken konnte. Wäre mir der Betrag in Rechnung gestellt worden, hätten ihn mir die Staatskanzlei und die Landespartei erstattet.

Ich begann auf Details zu achten und mich mit Fragen zu beschäftigen, die ich bis dahin für nebensächlich gehalten hatte. Sollte ich zu Fuß zum Gericht gehen oder mit dem Wagen samt Begleitfahrzeug vorfahren, welche Krawatte sollte ich tragen, sollte ich vor dem Gerichtsgebäude einige Sätze sagen? Vom ersten Prozesstag an achtete ich darauf, mich nicht auf die Anklagebank zu setzen, solange die Fotografen im Gerichtssaal zugegen waren. Erst wenn die Fotografen den Raum verlassen hatten, sollten meine Anwälte ihre Roben überziehen. Es ist die Macht der Bilder, die in der Öffentlichkeit die Wahrnehmung eines Prozesses wesentlich bestimmen. Nach dem ersten Prozesstag wurde thematisiert, ob ich das Bundesverdienstkreuz am Revers hätte tragen dürfen. Manche hielten das offenbar bereits für eine Provokation.

Obwohl ich stets absolut sicher war, dass sich alle gegen mich erhobenen Vorwürfe in nichts auflösen würden, hatte ich vor jedem neuen Prozesstag Zweifel. Zweifel, ob das alles real war, was sich da vor meinen Augen abspielte. Ein Angeklagter hängt an den Lippen jedes einzelnen Zeugen – was sagt er, wie sagt er es, was meint er, verstehen ihn auch die anderen so, wie ich ihn verstehe? Es ist ein Akt höchster Konzentration, und die Anspannung wächst mit jedem Tag, den der Prozess dauert. Das Ganze stand unter Beobachtung von siebzig Medienvertretern.

Am Ende eines Verhandlungstages habe ich meine persönlichen Eindrücke zusammengefasst und per SMS an Freunde verschickt, die von mir hören wollten, wie es mir ging und wie es mir in der Verhandlung ergangen ist. In diesen privaten Aufzeichnungen zum jeweiligen Stand des Prozesses wurde die seelische Belastung spürbar, unter der ich stand. Meinem Freund David Groenewold erging es in diesen Wochen nicht anders, auch für ihn war es der reine Alptraum.

Im Sommer hatte mir meine Tochter Annalena ein Fragment von Franz Kafka geschickt, es hieß «Schlag gegen das Hoftor». Die Geschichte half mir, Abstand zu gewinnen und meine Situation besser zu verstehen. Sie zeigte aber auch die ganze Ausweglosigkeit, in der ich mich befand. «Es war im Sommer, ein heißer Tag. Ich kam auf dem Nachhauseweg mit meiner Schwester an einem Hoftor vorüber. Ich weiß nicht, schlug sie aus Mutwillen ans Tor, oder in Zerstreutheit oder drohte nur mit der Faust und schlug gar nicht.» Mit jedem Satz verstrickt sich der Ich-Erzähler in neue Widersprüche, aus einem Moment ungenauer Erinnerung erwächst ein Schuldbewusstsein, das ihn zunehmend verstört. Dann nehmen Reiter ihn fest und führen ihn in eine Bauernstube, die als Gericht dient. «Als ich die Schwelle der Stube überschritten hatte, sagte der Richter, der vorgesprungen war und mich schon erwartete: ‹Dieser Mann tut mir leid.›» Die Geschichte bricht ab, wie so oft bei Kafka. Auf die Frage, was aus dem Beschuldigten wurde, kann es keine Antwort geben.

Bei mir hatten sich die Ermittler hoffnungslos verrannt, aber mein Vertrauen in den Rechtsstaat war ungebrochen. Das hatte auch mit der souveränen Verhandlungsführung des Vorsitzenden Richters Rosenow zu tun. Noch vor Weihnachten machte er für die Strafkammer, der noch zwei Berufsrichter und zwei Schöffen angehörten, deutlich, dass die Vorwürfe der Staatsanwaltschaft nicht bestätigt worden seien und eine Fortsetzung des Verfahrens daher nicht angemessen erscheine. Von der angeblichen Vorteilsannahme in Höhe von 753,90 Euro waren in acht Verhandlungstagen 613,90 Euro widerlegt, es blieben 140,00 Euro – zwei mal «Mindestverzehr» für meine Frau und mich auf dem Oktoberfest. Die Frage war, ob wir diesen Betrag wirklich verzehrt hatten und ob dieser Verzehr «sozialadäquat» war.

Oberstaatsanwalt Eimterbäumer lehnte nach kurzer Beratung die Einstellung des Verfahrens ab. An diesem Tag, dem 19. Dezember 2013, kippte die Stimmung endgültig. Heribert Prantl nannte Generalstaatsanwalt Lüttig in der *Süddeutschen Zeitung* einen «Generalbluffanwalt». Der schlug am nächsten Tag auf *Focus.online* zurück: Er wundere sich sehr über die mangelnde Unterstützung aus den Reihen der Medien, deren Recherchen das Verfahren doch überhaupt erst ins Rollen gebracht hätten. «Ich finde es jedenfalls unerträglich, dass vor allem diejenigen, für die die Staatsanwaltschaft nicht schnell genug einschreiten konnte, jetzt über Ermittlungsexzesse klagen.»

Ich wäre mit einem Einstellungsbeschluss wegen Geringfügigkeit ohnehin nicht einverstanden gewesen, ich wollte das Urteil. Am

2. Januar ging es deshalb in eine neue Runde. An diesem Tag stand eine angebliche «Vollmassage» meiner Frau im Hotel Stadt Hamburg zur Diskussion. Ob es Gegeneinladungen gegeben habe, wollte Richter Rosenow wissen: «Haben Sie das überprüft?» Antwort des ermittelnden Kriminalbeamten: nein. «Haben Sie Anhaltspunkte für eine Unrechtsvereinbarung gefunden?» Antwort: nein. Am Ende dieses Verhandlungstages kündigte der Vorsitzende Richter an, dass die Kammer beabsichtige, die Beweisaufnahme am 9. Januar zu schließen.

Je näher das Ende rückte, desto nervöser wurde die Staatsanwaltschaft. Am 5. Januar kündigte sie über die Presse für den 9. Januar neue Beweisanträge an und benannte neue Zeugen, darunter Olaf Glaeseker, der an besagtem Wochenende gar nicht mit in München gewesen war. Das Gericht blieb sachlich, lud Glaeseker als Zeugen, mahnte aber, die Staatsanwaltschaft möge endlich einmal zur Sache kommen. Am 6. Februar kam es zwischen dem Richter und dem Oberstaatsanwalt zu einem Wortwechsel. Erneut stellte Eimterbäumer Anträge auf Zulassung weiterer Zeugen und verwies auf einen bisher unbekannten E-Mail-Verkehr, es handele sich um «irre große Datenbestände». – «Ich möchte genau wissen, was bei der Staatsanwaltschaft noch vorhanden ist», insistierte Richter Rosenow und drohte mit einer Aussetzung des Prozesses. Vier Tage später wies er die Staatsanwälte schriftlich zurecht. «Im Hinblick auf den Grundsatz des fairen Verfahrens» erbitte er «die Abgabe einer dienstlichen Äußerung» – deutlicher kann eine Staatsanwaltschaft kaum gemaßregelt werden.

Am 20. Februar 2014 wurden die Plädoyers gehalten. Oberstaatsanwalt Eimterbäumer erläuterte, dass seiner Meinung nach die Beweisaufnahme unvollständig sei, und verzichtete darauf, überhaupt einen Antrag auf Verurteilung zu stellen. Meine Anwälte, Professor Nagel und Professor Müssig, machten noch einmal deutlich, dass die Anklage auf tendenziösen unhaltbaren Spekulationen beruhte und nie hätte erhoben werden dürfen.

«Im Wulff-Prozess hat nur einer gewonnen», bilanzierte Ulrich Exner wenige Tage vor dem Freispruch in der *Welt*. Demnach hatte ich den Freispruch meinem Verteidiger zu verdanken und dem «wenig auffälligen Landrichter», der sich als ein «Glücksfall» für mich erwiesen habe. Es ist gut, dass Richter in Deutschland nicht von Journalisten wie Ulrich Exner, sondern nach dem in der Verfassung verankerten Zufallsprinzip bestimmt werden. Die wahren Helden des Prozesses waren für Exner die Kollegen: «Die Journalisten: ausgezeichnet. Deutschlands Medienvertreter haben sich in den vergangenen gut zwei Jahren sowohl der Staatsaffäre Wulff als auch der Provinzposse Wulff würdig erwiesen.»

Ich hatte mich am ersten Verhandlungstag, dem 14. November 2013, zum ersten Mal seit meinem Rücktritt zur Sache eingelassen. An diesem Tag hatte ich umfassend vorgetragen, was zu sagen war – zu meiner Zuständigkeit für Medienpolitik, zur Bedeutung des Films «John Rabe» und zu meinem Brief an Siemens, zu meiner Freundschaft zu David Groenewold und zum Oktoberfestwochenende 2008 in München. Mit denselben Worten wie damals endete am 20. Februar mein dann sehr kurzes letztes Wort als Angeklagter: «Ich wünsche mir, dass Recht gesprochen wird».

Am 27. Februar verkündete der Vorsitzende Richter Frank Rosenow das Urteil. Er räume ein, dass die von der Staatsanwaltschaft vorgetragenen Indizien in ihrer «Zusammenballung ihre Wirkung nicht verfehlen. Allerdings ist es nicht angängig, wenn man denn eine Gesamtschau vornimmt, sich in dieser Gesamtschau allein auf die belastenden Indizien zu beschränken, denn zu einer Gesamtschau gehören natürlich auch die entlastenden Gesichtspunkte, und auch solche gibt es im vorliegenden Verfahren.» Die «Existenz einer Unrechtsvereinbarung» sei in diesem Verfahren nirgendwo erkennbar geworden, die Indizienkette sei schlicht nicht ausreichend, im Gegenteil. Manches deute darauf hin, «dass der Angeklagte Wulff durchaus bemüht war, das Trennungsprinzip einzuhalten». Die neueste Auflage des Strafgesetzbuchkommentars würde «alltägliche Empfehlungsschreiben» wie meinen Brief an den Siemens-Chef vom 15. Dezember 2008 inzwischen «gar nicht mehr als tauglichen Gegenstand einer Unrechtsvereinbarung ansehen».

Den Freispruch verband der Richter mit einer «ausdrücklichen

Bitte an die Medienvertreter», den Freispruch nicht zu klassifizieren. «Nehmen Sie die Unschuldsvermutung und das Strafprozessrecht in diesem Punkt ernst. Danach gibt es nur schuldig oder unschuldig, was bedeutet, dass jeder, gegen den ein Tatnachweis nicht geführt werden kann, uneingeschränkt unschuldig ist.»

Die Begründung des Freispruchs vom 7. Mai 2014 durch das Landgericht Hannover – im Namen des Volkes – ist an Deutlichkeit nicht zu übertreffen. Die Strafkammer konnte weder einen für mich feststellbaren Vorteil noch eine Vorteilsgewährung durch mich noch eine Unrechtsvereinbarung feststellen. Damit ist keines der drei Tatbestandsmerkmale der Vorteilsnahme erfüllt. Der Tenor des 76-seitigen Urteils ist entsprechend eindeutig: «Der Angeklagte Wulff wird freigesprochen. Ihm steht für die erlittenen Durchsuchungsmaßnahmen eine Entschädigung zu.»

Als Freigesprochener verließ ich den Gerichtssaal. Ich kann nicht mehr sagen, was alles mir in diesem Moment durch den Kopf ging. Ich weiß nur, dass mir die Strecke bis zum Ausgang unendlich lang erschien. Es war die Strecke, für die ich zwei Jahre lang gekämpft hatte, und mit jedem Schritt wurde sie länger, je mehr ich mich erinnerte, wie alles begonnen hatte, je näher ich dem Ausgang kam. Ich dankte den Justizbeamten für ihre Freundlichkeit, und ich war froh, dass es endlich vorbei war. Als ich dann vor dem Portal des Hohen Gerichts stand, sagte ich nur wenige Sätze:

«Ich bin natürlich sehr erleichtert, dass sich das Recht durchgesetzt hat. Ich hatte daran nie einen Zweifel. Ich danke den vielen Menschen, die mir in diesen letzten zwei schwierigen Jahren beigestanden haben, von ganzem Herzen. Und ich werde denen etwas zurückgeben, die es schwerer haben, als ich es hatte. Nun kann ich mich wieder der Zukunft zuwenden und vor allem den Themen, die mir schon immer wichtig waren. – So. Und nun hole ich mit meiner Tochter meinen Sohn aus dem Kindergarten ab, und darauf freue ich mich.»